L'enfance
du bonheur

D1003457

Catalogage avant publication de la Bibliothèque nationale du Canada

Hallowell, Edward M.

L'enfance du bonheur: aider les enfants à intégrer la joie dans leur vie

(Parents aujourd'hui)
Traduction de: The childhood roots of adult happiness.

1. Bonheur chez l'enfant.   2. Joie chez l'enfant.   3. Éducation des enfants.
I. Titre.   II. Collection.

BF723.H37H3414   2004   155.4'1242   C2004-940952-2

DISTRIBUTEURS EXCLUSIFS:

• Pour le Canada
  et les États-Unis:
  MESSAGERIES ADP*
  955, rue Amherst
  Montréal, Québec
  H2L 3K4
  Tél.: (514) 523-1182
  Télécopieur: (514) 939-0406
  * Filiale de Sogides ltée

• Pour la France et les autres pays:
  INTERFORUM
  Immeuble Paryseine, 3, Allée de la Seine
  94854 Ivry Cedex
  Tél.: 01 49 59 11 89 91
  Télécopieur: 01 49 59 11 96
  Commandes: Tél.: 02 38 32 71 00
                       Télécopieur: 02 38 32 71 28

• Pour la Suisse:
  INTERFORUM SUISSE
  Case postale 69 - 1701 Fribourg - Suisse
  Tél.: (41-26) 460-80-60
  Télécopieur: (41-26) 460-80-68
  Internet: www.havas.ch
  Email: office@havas.ch
  DISTRIBUTION: OLF SA
  Z.I. 3, Corminbœuf
  Case postale 1061
  CH-1701 FRIBOURG
  Commandes: Tél.: (41-26) 467-53-33
                       Télécopieur: (41-26) 467-54-66
                       Email: commande@ofl.ch

• Pour la Belgique et le Luxembourg:
  INTERFORUM BENELUX
  Boulevard de l'Europe 117
  B-1301 Wavre
  Tél.: (010) 42-03-20
  Télécopieur: (010) 41-20-24
  http://www.vups.be
  Email: info@vups.be

Dépôt légal: 3e trimestre 2004
Bibliothèque nationale du Québec

ISBN 2-7619-1827-4

Pour en savoir davantage sur nos publications,
visitez notre site: **www.edhomme.com**
Autres sites à visiter: www.edjour.com • www.edtypo.com
www.edvlb.com • www.cdhexagone.com

Gouvernement du Québec – Programme de crédit
d'impôt pour l'édition de livres – Gestion SODEC –
www.sodec.gouv.qc.ca

L'Éditeur bénéficie du soutien de la Société de
développement des entreprises culturelles du Québec
pour son programme d'édition.

Nous reconnaissons l'aide financière du gouvernement
du Canada par l'entremise du Programme d'aide au
développement de l'industrie de l'édition (PADIÉ) pour
nos activités d'édition.

Dr Edward M. Hallowell

L'enfance
du bonheur

Aider les enfants à intégrer la joie dans leur vie

*Traduit de l'américain
par Louise Chrétien et Marie-Josée Chrétien*

LES ÉDITIONS DE
L'HOMME

L'école est finie. Nous sommes en juin et le jardin m'attire.

Je caresse toujours de grands espoirs pour l'été.

L'été est comme l'enfance. Il passe trop vite. Avec un peu de chance, cependant, il nous laisse des souvenirs qui nous réconfortent pendant les jours froids.

L'été est aussi comme l'enfance parce que nous nous rendons compte seulement plus tard que ce que nous faisions alors était beaucoup plus important que nous le croyions.

L'été est fait de journées chaudes, de pique-niques, de chantiers routiers et de baignades. L'été passe plus lentement que le reste de l'année, et ses journées sont les plus longues. L'été aime les enfants. Comme l'enfance, cependant, l'été nous réserve aussi une leçon : aime-moi maintenant ; je ne durerai pas.

Comme un enfant, l'été nous montre ce qu'il y a de plus beau dans la vie. L'été nous incite à faire ce que nous devrions enseigner à nos enfants : jouer, se relaxer, explorer le monde et grandir.

Je dédie ce livre à l'été et à tous les enfants qui s'amusent au soleil.

Remerciements

J'ai sollicité l'aide de nombreuses personnes pour rédiger le présent ouvrage. J'ai interviewé des parents, des enseignants, des directeurs d'école, des professeurs d'université, des pédiatres, des psychologues, des travailleurs sociaux, des psychiatres, des spécialistes de l'apprentissage et toute une foule d'autres personnes œuvrant dans des domaines aussi variés que les affaires, la religion, les arts martiaux et le sport. Sans leur aide, jamais je n'aurais pu écrire ce livre.

J'ai aussi interviewé des enfants de tout âge et, naturellement, ils se sont révélés particulièrement utiles. Ils en savent tellement long sur la joie!

De nombreux experts dans les domaines de la psychologie, de l'apprentissage et de la médecine m'ont apporté une aide très précieuse. Janine Bempechat, Robert Brooks, Mihaly Csikszentmihalyi, William Doherty, Anna Fels, Howard Gardner, Peter Jensen, Jerome Kagan, Mindy Kornhaber, Peter Metz, Michael Thompson, Priscilla Vail et George Vaillant m'ont généreusement prêté leur concours. Anna Fels m'a été d'un grand secours en m'expliquant son point de vue sur la nature formative de la reconnaissance.

Des douzaines de directeurs d'école et d'enseignants m'ont aussi servi de guides. Je tiens à remercier spécialement Peter Barrett, Kathy Brownback, Paula Carreiro, Barbara Chase, Martha Cutts, Dary Dunham, Dick Hall, Gwen Hooper, Frank Perrine, Randy Plummer, Bruce Shaw, Sally Smith, Bruce Stewart, Marjo Talbot, Ty Tingley et Aggie Underwood.

J'ai aussi interviewé de manière informelle tant d'autres gens que je soupçonne mes amis d'en avoir eu assez de m'entendre demander à toute nouvelle personne que je rencontrais : «Puis-je vous demander quelles sont, à votre avis, les racines cultivées pendant l'enfance qui assurent le bonheur à l'âge adulte ?» Cette question suscitait presque toujours l'intérêt de mes interlocuteurs, qui réfléchissaient soigneusement avant de me répondre. Quelle a été la réponse la plus courante ? Je ne peux vous le dire ici, mais vous le saurez une fois que vous aurez terminé la lecture du présent ouvrage.

Je dois ajouter, cependant, que je suis entièrement responsable de ce livre et de toute lacune qu'on pourrait lui reprocher.

Nancy Miller et sa merveilleuse assistante, Megan Casey, m'ont aidé en me faisant de précieuses suggestions relatives à la rédaction. Elles ont immensément amélioré ce livre. De sincères remerciements vont aussi à mon agente de longue date, Jill Kneerim. Vous êtes toujours là quand il le faut et vous m'avez apporté l'équivalent de l'amour inconditionncl d'un agcnt. Jc ne pourrai jamais vous remercier assez.

Enfin, je remercie mes enfants, Lucy, Jack et Tucker, et leur mère, ma femme Sue. Le jour où j'ai épousé Sue, ma vie s'est transformée à jamais pour le mieux. Je sais qu'elle serait d'accord avec moi si je disais que nos trois enfants nous ont apporté plus de joie que nous ne l'aurions jamais imaginé. J'ai écrit ce livre pour Sue et pour Lucy, Jack et Tucker. Je ressens pour mes enfants un sentiment si intense que j'ai fait des recherches et rédigé ce livre en me disant : «Je dois trouver ce qu'il y a de mieux pour eux pendant qu'il reste encore assez de temps pour le leur apporter.» En écrivant ces lignes, j'imagine leur visage et j'espère qu'un jour, lorsqu'ils seront grands, ils liront ce livre et souriront en se disant : «Oui, papa. Ça a marché. Nous sommes heureux !»

QU'Y A-T-IL DANS CE LIVRE ?

L orsque je prends un livre en furetant dans une librairie (l'un de mes passe-temps préférés – et j'en ressors toujours avec plus de livres que je ne peux en lire), je me demande toujours : «Qu'est-ce que ce livre a à dire ?» Comme la plupart des gens, je suis trop occupé pour lire beaucoup de livres jusqu'à la fin. C'est pourquoi je demande souvent à mes amis : «Qu'est-ce que tel ou tel auteur a à dire ?» On me répond par quelques remarques précises qui me permettent de classer l'ouvrage. Il m'arrive aussi de lire un bout de critique ou d'écouter les invités à l'émission *Charlie Rose* ou à *Oprah*, de lire l'extrait d'un livre dans un magazine ou encore d'acheter le livre et de jeter un coup d'œil sur la couverture de temps à autre. Peut-être un jour aurai-je le temps d'en lire dix pages ! Au bout d'un certain temps, j'ai l'impression d'avoir absorbé le livre et de savoir ce qu'il contient. Malheureusement, c'est la façon dont nombre d'adultes essaient d'être à jour en cette époque de surcharge d'information.

Alors, qu'y a-t-il vraiment dans mon livre ?

À titre d'auteur, je serais absolument ravi que vous vous donniez la peine de le lire pour le savoir. J'ai fait de mon mieux pour ne pas gaspiller de pages, mais ce livre aurait pu être dix fois plus long.

Cependant, je puis comprendre que vous désiriez lire la version abrégée, ou ce que les gens d'affaires appellent une «présentation d'ascenseur» — le client ne disposant que de l'équivalent du temps qu'il a passé dans l'ascenseur pour se faire valoir.

Voici donc ma présentation :

Ce livre concerne les racines de la joie. Je vous propose des mesures précises pour accroître les chances de bonheur et d'épanouissement de votre enfant, et pour que cette joie se perpétue jusque dans l'âge adulte.

Ces pages — qui se fondent sur les dernières recherches et sur ma propre expérience de parent, d'enseignant et de psychiatre pour enfants — vous guideront dans le monde du bonheur en devenir, sujet auquel nous pensons souvent, mais que nous approfondissons rarement.

Il vaut mieux ne pas laisser le bonheur au hasard. Les parents, les enseignants et les autres personnes qui s'occupent des enfants devraient avoir un plan pour offrir aux enfants une enfance qui mène à la joie permanente.

L'enfance ne dure qu'une quinzaine d'années ensorcelantes, mais elle peut jeter un bon sort qui dure toute la vie. Comment faire ?

J'ai élaboré un plan en cinq étapes que vous pourrez utiliser pour aider vos enfants à devenir des adultes heureux et responsables. Le présent ouvrage décrit ce plan en détail, cite les recherches sur lesquelles il se base et vous propose des suggestions pour l'appliquer dans votre vie quotidienne.

Ce plan repose sur des valeurs que la plupart des gens partagent. Il n'est ni trop libéral ni trop conservateur. Il se fonde sur l'amour des enfants et la puissance de l'enfance. Nous savons ce qui a besoin d'être fait. Maintenant, faisons-le.

Si nous le faisons, si nous rétablissons l'enfance telle qu'elle devrait être, nous servirons nos enfants et nous nous rendrons nous-mêmes plus forts.

Ce livre détaille aussi avec bonheur tout ce que les enfants nous apportent à nous, adultes, si nous leur en donnons la chance, et tout ce que nous pouvons apprendre d'eux quant à la façon d'être plus heureux. Les enfants sont réellement les meilleurs experts en matière de bonheur.

CHAPITRE 1

QU'EST-CE QUE JE VEUX *VRAIMENT* POUR MES ENFANTS ?

Pensez à vos enfants. Imaginez leur visage et posez-vous ensuite la question suivante : Qu'est-ce que je veux vraiment qu'ils aient dans la vie ?

Ne partez pas du principe que vous le savez, mais essayez de répondre à cette question en apparence simple : Qu'est-ce que je veux vraiment pour mes enfants ?

Pensez-vous à des trophées, à des prix de toutes sortes et à la célébrité ? Les imaginez-vous parmi les chefs d'État ? Rêvez-vous pour eux de richesse et de sécurité financière ? de grand amour ? Ou leur souhaitez-vous simplement une vie plus heureuse que la vôtre ?

Il y a des jours où vous répondrez sans hésiter : « Je veux seulement qu'ils rangent leur chambre, qu'ils fassent leurs devoirs et qu'ils m'obéissent sans rouspéter. » Il y aura aussi des jours où vous penserez au stress qu'ils subissent à l'école et, au bord du désespoir, vous direz : « Je veux seulement qu'ils aient de bons résultats aux tests d'aptitude et qu'ils soient acceptés dans une université prestigieuse ! »

Si vous vous attardez à la question, cependant, votre réponse inclura presque toujours un mot particulier, un mot simple qui semble même un peu idiot : le mot *bonheur.* Pour la plupart, nous voulons simplement que nos enfants soient *heureux*, maintenant et pendant toute leur vie. Naturellement, nous voulons aussi qu'ils deviennent des gens bien, qu'ils contribuent au monde, qu'ils se soucient des autres et qu'ils se conduisent en adultes responsables. En notre for intérieur, cependant, nous voulons par-dessus tout qu'ils soient heureux.

Or, certaines mesures peuvent faire en sorte qu'ils le soient. Des recherches récentes ont prouvé que les parents et les enseignants peuvent fortement accroître les chances que leurs enfants et leurs élèves deviennent des adultes heureux et responsables. Ils doivent pour cela leur inculquer certaines qualités qui ne semblent pas d'importance capitale à première vue – comme l'optimisme, l'entrain, la confiance en soi et la connexité, c'est-à-dire le sentiment de faire partie d'un ensemble plus grand que soi. Si les parents s'empressent d'inculquer à leurs enfants la discipline et le sens du travail, ces valeurs ne produisent pas toujours les effets désirés lorsqu'elles sont mises en pratique. L'enfant peut résister ou faire exactement le contraire de ce qu'on lui demande, il peut aussi obéir, mais sans enthousiasme. Dans ce cas, la joie risque d'être absente de sa vie.

Pour trouver un bonheur durable, nous avons besoin de suivre une voie plus fiable que celle que nous montrent les sermons sur la discipline ou les récompenses pour les bonnes notes et le travail acharné. Naturellement, l'effort et la discipline ont leur importance, tout comme les bonnes notes et le civisme. Cependant, la clé réside dans la façon de parvenir à ces buts. Sachez que le moteur du bonheur est alimenté plus efficacement par des sentiments d'appartenance et de joie que par des sentiments de peur et de culpabilité.

Une vie heureuse. Voilà des mots bien simples pour décrire le but universel auquel nous aspirons tous. Peut-être n'arrivez-vous pas à définir le bonheur, mais vous le reconnaissez dès qu'il se pointe. Vous rappelez-vous les jours de bonheur de votre enfance ? Permettez-moi de vous raconter un de mes propres souvenirs.

J'avais huit ans et je vivais à Chatham, dans le Massachusetts. Une nuit, il y avait eu une tempête de neige, une «tempête du nord-est», comme on les appelait en Nouvelle-Angleterre. Les rafales avaient enseveli notre petite ville de Cape Cod sous des amas de neige si énormes que nous pouvions à peine ouvrir la porte. Naturellement, on avait dû fermer l'école ce jour-là.

Mon cousin Jamie vivait dans la maison voisine de la nôtre et j'avais passé la nuit chez lui. Au réveil, au spectacle de la neige qui recouvrait la ville, nous avions hurlé de joie!

Après avoir déblayé l'entrée, nous avions sorti le toboggan que Jamie avait reçu pour Noël et nous nous étions dirigés vers le terrain de golf vallonné. Nous avions grimpé à grand-peine le plus haut monticule. Chacun de nos pas faisait virevolter la neige poudreuse qui remplissait nos bottes et fondait en mouillant nos chaussettes. Nous nous sentions comme de grands explorateurs à l'assaut du mont Toboggan!

Parvenus au sommet de ce qui nous paraissait le paradis des mordus du toboggan, nous nous demandions comment faire pour glisser le plus loin possible. J'avais pris place à l'avant du traîneau et Jamie s'était chargé de me pousser avant de sauter derrière moi. C'est ainsi que notre première descente avait commencé. Nous avions failli chavirer dès le départ, mais nous nous étions redressés et avions pris de la vitesse, glissant d'abord sur les ronces séchées qui bordaient l'étang gelé, puis sur la neige qui le recouvrait. Lorsque nous nous étions finalement arrêtés au milieu de l'«étang aux nénuphars», nous nous étions écriés: «Encore!» Et nous avions recommencé notre difficile escalade.

Ce jour-là, nous avons peut-être glissé une cinquantaine de fois. Chaque fois, nous rendions la descente plus excitante en ajoutant des bosses et des virages au parcours. La neige avait fini par se tasser et nous filions à une vitesse folle sur les plaques de glace. Nous n'étions pas rentrés pour le déjeuner. Nous n'y avions même pas pensé et personne n'était venu nous chercher. On nous savait en sécurité.

J'avais été ce jour-là aussi heureux qu'un enfant puisse l'être, même si mes conditions de vie à cette époque étaient loin d'être parfaites. Mes parents avaient divorcé parce que mon père souffrait d'une maladie mentale, et ma mère s'était mise à fréquenter l'homme qui deviendrait mon beau-père et que je finirais par détester. Mais tout cela m'importait peu : je me sentais aimé et en sécurité dans le monde, même si mon propre univers ne m'offrait en réalité qu'une sécurité toute relative.

Jamie était mon meilleur ami. Même s'il était de deux ans mon aîné, il me traitait en égal et se gardait de me taquiner. Pendant que nous glissions dans le toboggan, loin de l'école, loin des contraintes et libres de faire ce que nous voulions, je me sentais parfaitement heureux. J'étais avec Jamie et nous avions un plaisir fou !

Je ne le savais pas à ce moment-là, mais je faisais exactement ce que je préconise dans le présent ouvrage. J'apprenais à intégrer la joie dans ma vie, ce qui est une habileté extrêmement importante, et je développais simultanément les qualités cruciales que sont l'entrain, l'optimisme, la confiance en soi et la connexité, qualités que j'ai approfondies depuis lors et qui font de moi, en grande partie, un homme heureux.

Ce jour-là et en d'autres jours aussi heureux, j'ai découvert les ingrédients du bonheur. J'imagine que vous avez connu vous aussi des journées de ce genre. Dans le présent ouvrage, je veux vous rappeler ces journées et vous donner des idées pour en offrir de semblables à vos enfants.

Une personne heureuse a le sentiment que tout va bien dans sa vie. Il n'est pas indispensable que ce sentiment prenne racine pendant l'enfance, mais il est plus durable quand il remonte à cette période de la vie. Malheureusement, il n'existe pas de méthode infaillible pour faire *germer le bonheur* à ce moment-là (ou à tout autre moment). Nous nous demandons donc pourquoi certains enfants sont heureux et pourquoi d'autres ne le sont pas, alors même qu'ils vivent dans des conditions semblables; pourquoi certains enfants heureux deviennent des adultes malheureux, tandis que des enfants malheureux deviennent des adultes heureux. À première vue, on peut avoir l'impression que le bonheur est un coup de chance.

Je sais. Je suis moi-même père. Sue et moi sommes les parents de trois enfants qui, au moment où j'écris ces lignes, ont douze, neuf et six ans. Je suis aussi un psychiatre œuvrant auprès d'enfants et d'adultes, et, enfin, je suis l'auteur de divers ouvrages sur les enfants, la famille et l'école. Je me suis immergé dans l'enfance, sur le plan tant professionnel que personnel. J'ai fait de la recherche et j'ai rédigé le présent ouvrage parce que je voulais m'offrir, et offrir aux autres parents, un guide fiable sur ce qui peut — et devrait — bien aller dans la vie des enfants.

Je connais un psychologue au nom imprononçable, Mihaly Csikszentmihalyi, qui est en train de révolutionner la psychologie en étudiant non plus la misère humaine, mais la joie. Ses travaux empiriques détaillés sur les racines du bonheur l'ont amené à conclure que celui-ci n'est pas une chose qui arrive aux gens, mais une chose que les gens provoquent. Ses recherches démontrent que les gens sont le plus heureux lorsqu'ils se trouvent dans un état d'«expérience gratifiante intrinsèque». Dans cet état, une personne est tout entière à ce qu'elle fait.

Les enfants connaissent bien l'état d'expérience gratifiante intrinsèque. C'est ce qu'ils appellent «jouer». Or, le jeu sème dans l'enfance les fruits du bonheur à venir, le bonheur de l'âge adulte. La méthode que je décris dans le présent ouvrage comporte quatre autres éléments qui contribuent à faire pousser les racines du bonheur.

Ainsi, les parents peuvent s'assurer que leurs enfants acquièrent les notions de base qui garantiront leur bonheur futur. Sachons que nous ne sommes pas forcés de laisser le hasard décider, maintenant ou plus tard, du bonheur de nos enfants. Naturellement, nous ne pouvons pas tout contrôler, mais nous pouvons influencer une foule de choses.

Lorsque je dis «nous», je fais référence à la société, mais aussi à chaque individu soucieux du bien-être de ses enfants. Sur le plan sociétal, «nous» devons nous préoccuper de questions comme l'assurance-maladie, la pauvreté et l'instruction publique, tandis que sur le plan familial, «nous» devons nous consacrer à l'éducation de nos enfants. En remplissant bien ces deux rôles, nous pouvons faire pousser dès le plus jeune âge de nos enfants les racines qui assureront leur bonheur.

En tant que parents, nous disposons d'un temps limité pour cultiver les racines du bonheur chez nos enfants. En fait, nous avons une quinzaine d'années pour veiller sur leurs rêves, leurs jeux, leurs désirs et leurs besoins. Car, tout d'un coup, les voilà grands! Récemment, lorsque Tucker a fêté son sixième anniversaire, je me suis rendu compte à quel point le temps passe vite. Me raccrochant désespérément à un espoir insensé, je lui ai demandé, presque suppliant, s'il ne pouvait pas essayer de trouver le moyen de grandir moins vite!

Comme Tucker est le genre d'enfant toujours prêt à faire plaisir, il s'est montré déçu de ne pas pouvoir exaucer mon souhait et m'a répliqué: «Papa, je ne peux pas contrôler ma grandeur!» Puis il a fait une pause pour jauger ma déception avant d'ajouter avec exubérance: «Je dois grandir, grandir encore, et partir!»

Eh oui, il en est ainsi pour tous les enfants et il en sera ainsi pour Tucker. Ils finissent tous par partir. «Me promettez-vous qu'ils partiront?» J'entends déjà les parents d'adolescents et de jeunes adultes difficiles me poser cette question. Oui, je vous le promets. Les années d'enfance prennent fin. Nous finissons tous par grandir, grandir encore et partir, tôt ou tard. Personne ne peut contrôler la *grandeur* de quelqu'un d'autre.

Les années passent, mais nous ne sommes pas impuissants. Nous pouvons faire en sorte que chaque seconde compte. Nous pouvons protéger nos enfants pendant assez longtemps pour qu'un bon sort leur soit jeté, pour que la magie de l'enfance les transforme en adultes libres et heureux.

Les bonnes nouvelles

De nos jours, la plupart des parents font de l'excellent travail. Ne vous laissez pas démoraliser par tout ce qu'il y a de négatif dans les médias et sachez que la présente génération d'enfants est au contraire assez réjouissante. *Idéalistes, ambitieux, sains, optimistes, un peu inquiets* — voilà les mots que je choisirais pour décrire les enfants d'aujourd'hui. Contrairement à ce qu'on dit dans les journaux, dans les livres, à la radio ou à la télé — les médias recherchant davantage le sensationnel que les reportages équilibrés —, la majorité des enfants d'aujourd'hui sont plus sains, plus heureux et plus productifs que les enfants ne l'ont jamais été. En vieillissant, les gens ne peuvent s'empêcher de critiquer les géné-rations montantes, et bon nombre d'adultes ne trouvent que de mau-vais côtés aux jeunes d'aujourd'hui, mais je ne suis pas d'accord avec eux. Au contraire, j'estime que les enfants d'aujourd'hui forment un excellent groupe dont les parents peuvent être heureux et fiers.

Ces enfants ne sont pas seulement performants. Ils ont aussi une conscience sociale plus développée que vous ne le croyez. Ils ne sont pas aussi radicaux que l'étaient les baby-boomers, mais l'époque ne l'exige plus vraiment. Les enfants d'aujourd'hui ont leur propre style. Si les gens de ma génération ont passé leur jeunesse à manifester contre la guerre, je pense que l'idéalisme des jeunes d'aujourd'hui trouve son expression moins dans les luttes que dans la recherche de l'équi-libre et de la sécurité politique et écologique, plus particulièrement depuis le 11 septembre 2001. Les jeunes sont moins bruyants que nous ne l'étions, mais ils sont tout aussi forts, sinon plus. Les caricaturistes nous font croire que les jeunes sont gâtés et égoïstes et qu'ils rêvent d'être des millionnaires. Pourtant, leurs choix de vie ne s'accordent pas avec cette caricature cynique. Par exemple, l'environnement est le domaine d'études le plus populaire à l'université Harvard, et le bénévolat chez les jeunes est en hausse à l'échelle du continent. En outre, on sait que la plupart des jeunes veulent des emplois bien rémunérés — comme tout le monde —, mais les sondages montrent qu'ils accordent plus d'importance au sens et à l'utilité du travail qu'au salaire qui s'y rattache.

Si vous voulez des preuves tangibles du cœur et du cran des jeunes d'aujourd'hui, lisez le passage qui suit, extrait d'un texte rédigé par Latoya Hankey lors de l'obtention de son diplôme d'études secondaires à la Mother Caroline Academy de Boston, un établissement scolaire en milieu urbain pour jeunes filles de familles défavorisées, dirigées pour la plupart par des mères célibataires. Latoya a été élevée dans un milieu très pauvre — une jeune fille ne peut être admise à la Mother Caroline Academy que si elle est pauvre. (L'établissement exige des droits d'inscription de cent dollars par année comme signe d'engagement de la part des parents.) Je crois qu'en lisant les mots de Latoya, vous verrez se façonner les racines du bonheur qu'elle connaîtra à l'âge adulte.

Au cours des quatre dernières années, je me suis traînée jusqu'à l'école la plupart des matins, fatiguée et épuisée par la journée précédente. C'était dans ces moments que je me demandais s'il valait la peine de fréquenter la Mother Caroline Academy. Même si je n'arrivais pas toujours à la même conclusion, je me disais la plupart du temps que, oui, cette expérience me rapporterait quelque chose au bout du compte. Je crois sincèrement que ce sont mes camarades de classe qui m'ont motivée pendant les moments les plus difficiles, parce qu'elles me comprenaient, mais les jours où personne ne pouvait me donner le petit coup de pouce additionnel, j'étais responsable de m'acquitter moi-même de cette tâche. Ces matins éprouvants, je

leur suis maintenant terriblement reconnaissante, car c'est grâce à
eux que j'ai appris à persister dans l'effort…

Le succès. Le Webster *le définit comme la réalisation de*
quelque chose… Bien que M. Webster ait été un homme très intel-
ligent, ne peut-on pas aussi dire que le succès consiste à aider les
autres dans ce qu'ils entreprennent ? Ne peut-on le décrire comme
une générosité altruiste ? Tous les bénévoles généreux de leur temps
et de leur soutien (la plupart des enseignants de l'école étant des
bénévoles) m'ont montré que le succès se définit de plusieurs façons.
Ils m'ont montré que le succès se définit non pas par ce que l'on a,
mais surtout par qui l'on est et ce qu'on fait de ses talents et de ses
dons. C'est pour cette raison que j'ai élaboré ma propre définition
du succès. Le succès est ce qu'on fait de soi-même et comment on
contribue à la vie des autres.

Ayant eu si peu, cette jeune fille aurait toutes les raisons du monde
de rêver de succès matériel, et elle pourrait en rêver puisque ses résultats à Mother Caroline lui ont valu une bourse d'études à la St. Paul's
School, un prestigieux pensionnat du New Hampshire. Cependant, Latoya
entrera dans cette école secondaire en rêvant non pas de réussir finan-
cièrement, mais de contribuer à la vie des autres.

Que pensez-vous du paragraphe qui suit ? Il est extrait du discours
qu'a rédigé un élève de la fin du secondaire lors de l'obtention de son
diplôme de la Phillips Academy à Andover, dans le Massachusetts.

Le travail d'équipe est une bonne chose. Il ne mène pas à la gloire
personnelle, mais il procure d'importantes récompenses. Bon nombre
d'entre nous avons consacré d'interminables heures à des entreprises
qui nous ont valu peu d'avantages individuels, mais qui nous ont
appris malgré tout le plaisir de se serrer les coudes pour en arriver à un
résultat satisfaisant. Conservez vos amis. Un ami est une personne qui
continue à vous aimer malgré tout ce qu'elle sait sur vous. Nous n'avons
pas été des élèves, des camarades, des filles ou des fils parfaits, mais

les êtres qui peuvent comprendre et pardonner sont des êtres loua-
bles. La vie n'est pas un exercice qui sert à se bâtir un curriculum vitæ.
Malgré ce que vos parents vous ont dit, il y a des choses plus impor-
tantes que ce que l'on est sur papier. Faites ce que vous aimez le
mieux. Peut-être y gagnerez-vous sur des plans qui comptent, ou
peut-être pas, mais vous serez quand même une meilleure personne
pour avoir été fidèle à votre passion.

Ce jeune homme, diplômé d'une des plus prestigieuses écoles secondaires des États-Unis, ne semble pas très sensible au prestige. Il s'enthousiasme plutôt à l'idée de «se serrer les coudes».

Outre les rapports d'égoïsme flagrant chez les enfants américains, nous lisons aussi de pompeux comptes rendus sur les insuccès scolaires de nos jeunes — et sur le «nivellement par le bas» de l'Amérique. Comme dans les rapports sur l'égoïsme, il y a une certaine part de vérité. Cependant, on exagère tout ce qu'il y a de mauvais, tout en minimisant les aspects positifs, dans un souci de sensationnalisme pour captiver l'auditoire.

En fait, les jeunes travaillent plus fort que jamais pour être admis dans les universités. Comme les élèves du secondaire et leurs parents peuvent l'attester, la concurrence pour entrer dans les meilleurs établissements n'a jamais été aussi féroce. Pourquoi en est-il ainsi ? Comment tous ces élèves «nivelés par le bas» affichent-ils d'aussi bonnes notes et des résultats aussi impressionnants aux tests d'aptitude ? En réalité, c'est parce qu'ils n'ont pas été nivelés par le bas, mais bien plutôt trop nivelés par le haut. À mon avis, de nombreux établissements sont trop exigeants sur le plan scolaire et ne laissent pas assez de temps aux élèves pour se détendre et s'amuser. Notre culture empreinte d'inquiétude engendre l'insécurité, si bien que les élèves du secondaire font tout pour entrer dans les «meilleures» écoles. (J'emploie les guillemets parce que de nombreux élèves et leurs parents commettent l'erreur de choisir uniquement les établissements de prestige, croyant qu'ils sont les seuls à leur convenir.) Quoi qu'il en soit, il n'y a jamais eu autant de candidats hautement qualifiés pour entrer à l'université. Par exemple, si l'université Harvard le désirait, elle pourrait remplir ses cours de première année uniquement avec des premiers de classe, ce qui n'était pas le cas il y a une génération.

Si de nombreux critiques déclarent la nouvelle génération superficielle, gâtée et carriériste, c'est peut-être parce qu'ils sont jaloux des jeunes. Les jeunes d'aujourd'hui sont pleins d'idées, d'énergie et de bonnes intentions, malgré l'inquiétude que leur inspire l'insécurité dans le monde, et, en général, ils sont extraordinaires.

Malheureusement, les mots «en général» excluent un pourcentage élevé de nos enfants – des enfants qui ont désespérément besoin d'aide. Environ vingt-cinq pour cent des enfants américains n'ont aucune assurance-maladie. Dix-sept pour cent souffre de malnutrition. Aux États-Unis, sur les vingt millions d'enfants âgés de moins de cinq ans, cinq millions vivent sous le seuil de la pauvreté. L'analphabétisme est répandu. Tous les jours, des armes à feu se retrouvent entre les mains d'enfants. Les comportements violents prennent des proportions épidémiques, même si on dit qu'ils diminuent. Les prisons sont pleines d'adultes qui n'ont jamais reçu les soins dont ils auraient eu besoin pour traiter leurs problèmes médicaux, leurs difficultés d'apprentissage ou leurs maladies mentales. Contrairement à d'autres pays, les États-Unis ont les moyens de prendre soin des enfants. Les négliger nous nuit de nombreuses façons.

Sans nous lancer en politique, nous pouvons tous agir personnellement pour aider les enfants, ici et partout dans le monde. Nous pouvons commencer par les élever de la meilleure façon possible en leur assurant une enfance chaleureuse et humaine. Pour cela, il suffit de faire surgir la magie!

La magie ? Quelle magie ?

Outre la nourriture, les vêtements et le gîte, ce dont un enfant a le plus besoin est la sécurité émotionnelle, ce que j'appelle la «connexité». C'est cette connexion au monde qui crée la magie.

J'emprunte le mot *magie* à Selma Fraiberg, dont l'ouvrage classique *The Magic Years*, publié en 1959, demeure l'un des meilleurs livres jamais écrits sur la petite enfance.

Je m'abstiens de définir ce que j'entends par magie, car la définition de ce mot varie énormément d'une personne à une autre. La magie de votre enfance n'a pas été la même que celle de mon enfance, et la magie de l'enfance de vos enfants ne sera pas la même non plus. En fait, la magie de l'enfance diffère d'un enfant à l'autre, mais elle trouve toujours son origine, son génie, dans quelque connexion, c'est-à-dire dans quelque lien d'amour et d'affection.

L'enfance peut être — et devrait être — une période magique pour tous les enfants, partout dans le monde. Pensez-y un instant. Fermez vos yeux d'adulte qui a tout vu et rappelez-vous comment c'était de voir le monde à travers les yeux de l'enfant qui découvrait les choses pour la première fois.

Rappelez-vous cette époque. Avant de grandir et d'apprendre ce que les adultes pensent des géants, des gnomes, des sorcières et des bonnes fées. Il y eut un temps — vous l'avez connu et moi aussi — où les jours étaient beaucoup plus longs qu'ils ne le sont maintenant et où le lendemain semblait ne devoir jamais arriver, surtout si nous l'attendions impatiemment. Cela nous importait peu, car il y avait toujours quelque chose à attendre avec impatience, quelqu'un avec qui faire une espièglerie ou même quelques miettes à réchapper d'un biscuit.

Vous souvenez-vous de l'époque où vos jouets étaient les seules choses dont vous aviez besoin ? Une poupée pouvait vous divertir pendant des heures ! Le vernis à ongles était la substance la plus merveilleuse jamais inventée, et un animal en peluche savait vous réconforter quand vous étiez fâché contre le reste du monde. Vous souvenez-vous de l'époque où votre grand frère pouvait transformer un bout de figurine de plastique trouvé dans la rue en un héros tout-puissant ? L'époque où une gentille grand-maman vous apportait plus de sécurité et de bonheur que vous en apporteraient aujourd'hui dix millions de dollars ?

Il fut une époque où tout ce dont nous avions besoin était une vieille couverture tachée, un ami que nous étions les seuls à aimer, une bande dessinée que nous lisions dans un coin secret. Nous ne cherchions pas à combler nos besoins ; nous le faisions sans y penser.

Mais quels étaient nos *besoins* ? De *quoi* un enfant a-t-il le plus besoin ?

Les enfants ont besoin de peu de chose et il est assez facile d'activer la magie de l'enfance. Il suffit d'un peu d'amour.

La magie elle-même est assez compliquée, mais la mettre en branle n'a rien de sorcier. La magie est mystérieuse, mais la déclencher n'a rien de mystérieux. Nous savons quoi faire. Il suffit d'aimer, et personne n'est aussi facile à aimer qu'un nouveau-né. Laissez simplement votre amour s'exprimer. Ayez confiance en son pouvoir. C'est ce que les parents doivent faire.

Nous, parents, oublions souvent combien la sécurité émotionnelle et la relation aux autres sont importantes dans la vie d'un enfant et nous nous concentrons trop sur la discipline, les bonnes manières, l'acquisition de connaissances et même les réalisations exceptionnelles. Il en est ainsi parce que le rôle d'un parent consiste à maintenir l'ordre et à prendre les mesures qui s'imposent. Cependant, malgré nos multiples tâches et obligations, nous ne devons jamais oublier combien les enfants ont besoin de se sentir en sécurité et de se sentir aimés.

Forts de notre éducation, de notre raffinement et de notre recul — notre enfance étant loin —, nous pouvons facilement oublier la joie très vive que procure le sentiment d'être aimé et de se sentir en sécurité. Si vous avez eu la chance de connaître ce sentiment autrefois, vous êtes privilégié. Si vous n'avez pas eu cette chance, vous éprouvez la douleur d'en avoir été privé. À mon avis, la meilleure façon de compenser ce manque d'amour et de sécurité est d'apporter à un enfant l'amour et la sécurité dont il a besoin. Vous comblerez ainsi le vide en vous.

Les conflits et les épreuves peuvent faire partie de la magie de l'enfance. Tant que l'amour inconditionnel subsiste, la magie s'épanouit et fait croître les racines qui assureront le bonheur à l'âge adulte. L'amour n'est peut-être pas *tout* ce qu'il faut, mais il y a peu qui vaille lorsqu'il est absent. Dans un contexte d'amour, les conflits et les épreuves font grandir. Si vous pouviez parler aux arbres, ils vous le diraient, eux qui doivent tellement grandir. Comme vous ne pouvez pas leur en parler, parlez-en à n'importe quel adulte !

Je décris dans le présent ouvrage une méthode pour cultiver pendant l'enfance les racines qui assurent le bonheur à l'âge adulte. Cependant, je tiens à souligner d'emblée que les racines du bonheur peuvent se cultiver de différentes manières. En effet, il y a autant de systèmes radiculaires qu'il y a d'adultes heureux.

Les bons parents commettent souvent l'erreur de supposer qu'il existe un système de racines meilleur que les autres. Pour illustrer mon propos en poussant la métaphore plus loin, je dirais que ces parents déterrent sans cesse le semis de l'enfance pour en réorganiser les racines de telle ou telle façon, selon les conseils qu'ils ont reçus sur le meilleur système radiculaire pour cet arbre en particulier. Comme tout agriculteur vous le dira, cependant, il vaut toujours mieux laisser faire la nature.

C'est là une leçon que nous, parents, apprenons lentement. Comment pouvons-nous laisser la nature suivre son cours lorsqu'il s'agit de nos enfants ? Je ne vous recommande pas d'être passifs. Loin de là. Le présent ouvrage a pour objet de vous montrer ce que vous pouvez *faire* et de vous présenter un plan d'action efficace. Le cultivateur choisit où semer, ajoute de l'engrais à la terre, arrose ses plants et prie pour qu'il fasse beau ; mais il ne dérange pas les racines lorsqu'il arrache les mauvaises herbes, et c'est exactement ce que devraient faire les parents : cesser de vouloir tout contrôler jusqu'au moindre détail pour se conformer à quelque schéma du bonheur qui leur fait croire qu'un seul établissement scolaire, qu'un seul sport ou qu'un seul ami peut être digne de leur enfant. Les enfants doivent prendre certaines décisions eux-mêmes.

Le rôle de parent s'apparente au jeu qui consiste à se laisser tomber à la renverse. Une fois que nous nous sommes assurés qu'on nous attrapera, nous devons nous abandonner à l'espoir que tout se passera bien. Nous ne pouvons pas nous attraper nous-mêmes, pas plus que nous ne pouvons courir tout le temps pour rattraper nos enfants.

C'est justement dans ces moments-là que nous devons nous en remettre à la magie.

Pour illustrer mes propos, je vous parlerai d'un petit garçon qui n'avait que quatre ans lorsque son père fut interné dans un hôpital psychiatrique. Les médecins n'avaient pas d'espoir de guérir cet homme, aussi sa femme divorça-t-elle deux ans plus tard. Au bout de deux autres années, elle se remaria avec un alcoolique violent. Le petit garçon devait se défendre tous les jours contre son beau-père, car sa mère était incapable d'empêcher les disputes. Ne sachant plus quoi faire, elle envoya son fils en pension lorsqu'il eut dix ans. Heureusement, l'enfant trouva dans cet établissement des parents substituts, ainsi que des amis et des activités qui lui plurent. Malgré des problèmes d'apprentissage, il devint un bon élève. Par la suite, il put faire des études de médecine et devint psychiatre pour enfants. Il est aujourd'hui l'heureux mari d'une femme prénommée Sue, et le fier papa de trois enfants, Lucy, Jack et Tucker. Le même Tucker qui ne peut pas contrôler sa «grandeur». J'étais ce petit garçon. Ce garçon a grandi et est devenu l'homme qui écrit le présent ouvrage − grâce à la magie de son enfance.

Si, à l'époque, vous aviez considéré les obstacles que je devais affronter — un père souffrant de maladie mentale chronique ; le divorce des parents à six ans ; une mère alcoolique ; un beau-père violent ; et des problèmes d'apprentissage —, vous auriez convenu que mon avenir s'annonçait sombre. Vous auriez sans doute cru que les racines de mon bonheur à venir étaient absentes de mon enfance.

Vous auriez eu tort.

Malgré toutes les difficultés auxquelles j'ai fait face, j'ai quand même trouvé dans mon enfance les ingrédients que je décris ici et qui mènent au bonheur à l'âge adulte. J'ai appris à composer avec l'adversité et à intégrer la joie dans ma vie. J'ai toujours su que mon père et ma mère m'aimaient, même si mon père a dû être hospitalisé, même si ma mère fut très souvent éméchée. Je sentais que mon beau-père me détestait, comme je le détestais moi-même, mais j'avais aussi l'impression assez étonnante que nous aurions pu nous aimer si seulement nous avions eu une seconde chance. En y repensant, je crois que cette impression découlait de ma conviction de jouir de l'amour inconditionnel de mon père et de ma mère, un amour tel que j'avais l'impression d'être une personne bien, une personne acceptable et correcte, et si quelqu'un me maltraitait, comme mon beau-père le faisait souvent, je me disais qu'il devait s'agir d'un malentendu. Je me suis toujours senti aimé dans la vie, malgré les querelles d'ivrogne, les coups que ma mère recevait, les remarques obscènes, etc.

Malgré mon enfance perturbée, j'ai développé les racines qui ont fait de moi un homme heureux. J'ai reçu de l'amour de mes parents, même s'ils devaient rester loin de moi. J'avais des amis. On me laissait jouer. J'ai connu des enseignants qui se souciaient de moi. J'ai travaillé fort pour leur faire plaisir. J'ai découvert des activités qui me plaisaient et auxquelles je m'adonnais souvent. Par la pratique, je suis parvenu à la compétence, ce qui m'a valu la reconnaissance de mes pairs et de mes enseignants. Tout cela m'a donné le sentiment d'être connecté à la partie saine du monde, loin de mon foyer détraqué.

J'ai trouvé ma voie vers le monde sain et une vie heureuse, une voie que personne n'aurait imaginée quand j'avais dix ans. Pourtant, les enfants réussissent lorsqu'on leur donne la moitié d'une chance.

Si tout ce dont on a besoin est la moitié d'une chance, imaginez ce qu'on peut faire quand on a toute une chance!

Il y a toujours de l'espoir!

De quoi avons-nous besoin, nous, parents?

Il y a un autre côté de la médaille auquel nous ne pensons pas généralement en évoquant les besoins des enfants: les besoins des parents. En tant que parents, qu'attendons-nous de nos enfants? Plus généralement, qu'est-ce que la société attend d'eux? Les réponses à ces questions sous-tendent le présent ouvrage: nous avons besoin de l'amour que les enfants nous inspirent. Pour jouir de cet amour, il suffit de les laisser nous l'inspirer. Pour activer la magie de l'enfance, il suffit d'aimer nos enfants, et pour connaître une nouvelle vie à travers eux, il suffit de ressentir l'amour qu'ils ressentent, de laisser cet amour s'exprimer et d'avoir confiance en son pouvoir.

Quand on aime un enfant, on constate à quel point ce vieil adage est vrai: «C'est en donnant que l'on reçoit.» Plus nous aimons nos enfants, plus nous recevons les cadeaux qu'ils ont à nous donner.

Que nous ayons ou non des enfants à nous, ceux-ci stimulent toujours notre vitalité. S'ils nous dérangent et nous distraient, ils le font comme nous avons besoin d'être dérangés et distraits. Ils nous font sortir pour jouer. Ils dégonflent notre côté pompeux. Ils nous font rire, même quand nous essayons de nous retenir. Ils nous montrent qu'il y a plus dans la vie que la course à l'argent et la course au sommeil. Ils sollicitent notre aide, même lorsque nous ne savons pas exactement comment faire. Ils nous forcent à improviser. Ils nous montrent à nous émerveiller des petites choses, comme nous avons oublié de le faire depuis longtemps. (Pour les enfants, peu de choses sont banales.) Ils nous font faire de l'exercice. Ils nous enseignent de nouveaux mots. Ils nous empêchent de nous encrasser dans nos vieilles habitudes. Ils nous taquinent. Enfin, ils nous donnent à nous, adultes, le cadeau inestimable que représente «un sens» à la vie.

Nous avons aussi besoin que les enfants posent les nombreuses questions auxquelles nous ne pouvons pas répondre.

Parlons-en, de ces questions! Il y a une vieille anecdote au sujet d'une conversation entre un père et sa fille: «Papa, pourquoi le ciel est-il bleu? demande la petite fille.

— Je ne sais pas, répond le père.

— Papa, comment les éclairs se forment-ils?

— Mon trésor, je ne le sais pas très bien non plus.

— Pourquoi est-ce que je ne me souviens pas de tout ce que j'apprends à l'école?

— Je l'ignore.

— Papa, est-ce que ça t'ennuie que je te pose toutes ces questions?

— Bien sûr que non, répond le père. Sinon, comment ferais-tu pour apprendre quoi que ce soit?»

Nous avons besoin de l'admiration des enfants. Nous avons besoin qu'ils dépendent de nous et qu'ils nous donnent une bonne raison d'essayer de faire de notre mieux.

Les avantages d'être un parent aujourd'hui

Je peux dire sans hésiter que je suis meilleur parent que mes parents l'ont été, non pas parce que je suis une meilleure personne, mais parce que, comme la plupart des gens de ma génération, j'en connais plus long sur les besoins des enfants et que j'accorde à mon rôle de parent un ordre de priorité beaucoup plus élevé.

Les vieilles méthodes n'ont pas disparu, notamment les punitions physiques pénibles; l'enseignement par l'humiliation; les expressions comme «mieux vaut être vu qu'entendu»; et l'exploitation des enfants. Cependant, ces méthodes sont moins fréquentes, car de plus en plus de parents considèrent leur rôle de parent comme le plus important de leur vie. En outre, nos connaissances sont plus vastes que jamais. Au cours des cinquante dernières années, nous avons énormément étendu notre savoir sur le cerveau, les problèmes d'apprentissage, la dépression et l'anxiété chez les enfants, la pédiatrie, les nouvelles méthodes d'éducation, etc. Grâce à tout ce que nous avons appris sur les besoins des enfants, nous pouvons être de meilleurs parents, et nos enfants peuvent être des enfants plus sains.

La plupart d'entre nous essayons de faire de notre mieux pour nos enfants. Cependant, il est bon de définir ce que nous entendons par «faire de notre mieux». Que sommes-nous censés faire? À titre de parents, nous devons avoir une sorte de «stratégie» de base pour élever nos enfants.

Vous constaterez que je crois, comme le démontrent les recherches, qu'une vie heureuse dépend surtout de l'expérience de ce que j'appelle une «enfance connectée». Or, c'est là une excellente nouvelle, puisqu'il est du pouvoir de tous les parents, de toutes les écoles et de tous les intervenants — médecins, leaders communautaires, politiciens, membres du clergé, voisins, etc. — d'offrir aux enfants une enfance connectée.

Sachez cependant qu'une enfance connectée n'est que le point de départ. Je décrirai plus loin un cycle que vous pouvez mettre en mouvement pendant l'enfance et qui se prolonge la vie durant, apportant ce que la plupart des gens appellent le «bonheur».

Pendant des années, les experts ont à la fois minimisé et exagéré les possibilités de l'enfance, insistant trop sur ce que les parents peuvent contrôler et négligeant ce qui peut avoir une issue positive. Pourtant, ce qui se passe bien pendant l'enfance peut se traduire plus tard par des années de satisfaction, de productivité et de joie. C'est pourquoi je me concentre non pas sur les problèmes potentiels, mais sur les aspects positifs.

Nous, parents, entendons parler de toutes les catastrophes possibles. Nous sommes au courant de l'augmentation du stress et de l'inquiétude chez les enfants ; nous connaissons les résultats des dernières études (il semble toujours y avoir une «dernière étude» qui nous inquiète ou nous confond) ; nous nous inquiétons de la disparition de l'enfance et des innombrables activités auxquelles les enfants doivent s'astreindre ; nous nous inquiétons du nombre alarmant d'enfants qui ne savent pas lire, des enfants qui reçoivent des soins médicaux inadéquats, des pressions que subissent les élèves du secondaire pour entrer dans les collèges et les universités, des dangers de la télévision et des jeux vidéo, du déclin de la politesse, de la consommation de drogues, et ainsi de suite.

Où sont donc les bonnes nouvelles ?

Les bonnes nouvelles, ce sont les enfants. Les enfants sont ce que la vie a de mieux à offrir.

J'ai récemment visité l'école Montessori de Princeton, au New Jersey, où j'ai eu la chance de passer une demi-heure sur un tapis en compagnie de dix-sept bébés âgés de douze semaines à quinze mois. Je n'avais pas vécu un tel «paradis sur terre» depuis un bon moment.

Étendu sur le ventre, la tête appuyée sur mon bras replié, je me laissais émerveiller par ces petits paquets grouillants. Fasciné, j'observais leurs mouvements, leurs regards, leur façon de se mordre les lèvres, de bâiller à se décrocher la mâchoire, leur curiosité, leurs coups de pied et leur intérêt pour tout ce qui bouge.

Les bébés ont bientôt commencé à me regarder, en émettant des sons et en faisant même des petits signes (du moins, l'ai-je cru). Certains ont rampé jusqu'à moi pour me voir de plus près. D'autres, qui ne

rampaient pas encore, sont parvenus à s'approcher centimètre par centimètre. Une fois tout près les uns des autres, nous nous sommes mis
à nous faire des grimaces et à nous parler dans le langage des bébés, un
langage qui est toujours réconfortant. Les bébés disaient sans doute à
leur façon : «Quelle découverte intéressante !», «Je suis tellement content
de vous voir ce matin !» ou «Je viens de faire mes besoins, et vous ?»

Peu à peu, en prenant conscience de l'odeur de la poudre et de la
bouillie, du babillage des bébés et de leurs petits soupirs très humains,
j'ai ressenti une formidable poussée d'endorphines. Ces bébés m'ac-
ceptaient dans leur groupe comme l'auraient fait des dauphins nageant
ensemble dans la mer. Une intense énergie positive envahissait la pièce,
particulièrement la région du plancher où les bébés s'affairaient.

Ayez du plaisir avec vos enfants !

Dans le cadre de ma profession, j'ai rencontré des milliers d'enfants de
tous les âges. Les bébés et mes propres enfants ne sont donc pas mes
seuls contacts avec l'enfance. J'aime discuter avec les enfants. J'apprécie
leur compagnie. Lorsque j'étudiais en médecine, l'une de mes activités
préférées consistait à m'introduire dans la pouponnière et à me laisser
envahir par l'énergie dans cette pièce, comme je l'ai fait lorsque je me suis
étendu sur le plancher avec les bébés à l'école Montessori. J'ai toujours
aimé les départements de pédiatrie, même si j'y vois parfois des choses
qui me brisent le cœur. Depuis que j'ai terminé mes études et que je suis
devenu psychiatre pour enfants, j'ai toujours aimé faire des visites dans
les écoles. Lorsqu'on va dans une école, on sent le pouvoir de l'enfance
envelopper l'immeuble comme un champ magnétique. Or, ce pouvoir nous
envahit et nous ramène loin dans le temps, à l'époque où nous étions
jeunes et libres. Lorsque je passe le long d'une rangée de casiers dans un
couloir, je me surprends souvent à distraitement chercher le mien !

De nombreux ouvrages destinés aux parents omettent un point important : les enfants nous apportent plus que nous ne leur apportons. Dans tout livre destiné aux parents, le plus important conseil devrait être le suivant : Ayez du *plaisir* avec vos enfants. Apprenez d'eux, écoutez ce qu'ils disent et jouez avec eux pendant que vous le pouvez. Laissez-les réveiller en vous les parties de votre être qui avaient déjà commencé à s'ankyloser avant leur naissance et laissez ces émotions vous redonner de l'énergie pour votre travail, vos amitiés, votre vie spirituelle et tous les autres aspects de l'existence.

« Vous plaisantez ! » me direz-vous. « Vous me dites que mes enfants m'apportent plus que je ne leur apporte ? Mais mes enfants ne font rien ! Je fais tout ! Ils mangent, salissent leurs vêtements et regardent la télé pendant que je prépare les repas, fais la lessive et paie l'électricité ! Comment pouvez-vous affirmer qu'ils en font plus pour moi que je n'en fais pour eux ? » Peut-être voudrez-vous même ajouter quelques qualificatifs bien sentis pour exprimer votre mépris devant mon absence totale de jugement.

Lorsque vous aurez fini de rager et que vos enfants seront allés se coucher ou qu'ils auront grandi et quitté la maison, vous conviendrez que j'ai raison. Naturellement, nous, parents, sommes les pourvoyeurs — nous nous occupons de la nourriture, des vêtements, du gîte, de l'organisation, de la gestion du temps, de la discipline, des fêtes, des cadeaux, des billets pour les matchs de sport, des visites chez le médecin, de l'amour et de l'affection, et ainsi de suite. Cependant, le rôle de pourvoyeur n'est pas si terrible. Si nous n'étions pas les pourvoyeurs de nos enfants, pour qui ou pour quoi ferions-nous de tels efforts ? Pour notre avancement personnel ? Je sais que, depuis que j'ai des enfants, ma vie et mes buts ont pris un autre sens. Je n'ai jamais travaillé aussi fort et je n'en ai jamais accompli autant. Si j'en fais tant, c'est parce que j'ai une raison de le faire qui va au-delà de ma petite personne.

Il est vrai que nous donnons beaucoup à nos enfants, mais pensez à tout ce qu'ils nous apportent : l'espoir, l'amour, l'énergie, un but, des rires, des peines émouvantes ; une chance d'aimer comme nous ne pensions jamais pouvoir le faire, de s'inquiéter davantage d'une autre personne que de soi-même, de nous faire une vie pleine de sens.

L'une des meilleures façons d'être un excellent parent (et un adulte heureux) consiste à se laisser profondément imprégner de tout ce que signifie être un enfant et de s'en délecter comme l'on se délectait jadis d'un bain de boue. Maintenant, on évite la boue, mais il y eut une époque où l'on adorait sauter dedans à pieds joints et écouter le clapotis que cela faisait, sans parler du gâchis ! Si vous voulez être heureux tout en étant un bon parent, aimez l'enfance sous toutes ses formes. Appréciez la boue comme un enfant l'apprécie. Ne frémissez pas devant les dégâts, le bruit, les choses étranges et les caprices gastronomiques. Appréciez le sentiment d'aller au lit en ayant hâte au lendemain.

Les enfants nous montrent la voie de la joie. En les observant et en apprenant d'eux, nous pouvons finir par leur emboîter le pas.

Si vous passez du temps avec des enfants, ceux-ci vous donneront envie de faire tout ce que vous pouvez pour leur offrir un bon départ dans la vie. Vous ne vous demanderez même pas pourquoi. Vous constaterez simplement que c'est ce que vous avez envie de faire. Sur-le-champ ! Mais *comment* vous y prendre ?

Il n'est pas toujours aisé de trouver les faits et gestes pour traduire l'amour puissant que l'on ressent comme parents.

Quelques questions et réponses de base

Voici des questions que posent fréquemment les parents, et les réponses fondées sur le cycle en cinq étapes que je vous propose pour aider votre enfant.

Question : De quoi les enfants ont-ils le plus besoin ?

Réponse : D'amour. Mais vous devez alors vous demander : De combien d'amour ? De l'amour de qui ? De quelle sorte d'amour ? Quand l'amour devient-il excessif ? Y a-t-il de l'espoir pour l'enfant qui ne reçoit pas d'amour ? Les réponses à ces questions se trouvent dans le chapitre 7.

Q : Comme parent, quelles mesures concrètes puis-je prendre lorsque je m'inquiète au sujet d'un de mes enfants ?

R : Il y a une règle que je place au-dessus de toutes les autres (il s'agit en fait du meilleur conseil anti-inquiétude jamais inventé, et des recherches en ont prouvé l'efficacité à maintes reprises) : ne vous inquiétez jamais seul. Le chapitre 2 explique en détail la façon de surmonter l'inquiétude.

Q : Quel devrait être l'ordre de priorité des dépenses consacrées à mes enfants ?

R : Nourriture, vêtements, gîte, soins médicaux et dentaires, éducation.

Q : De quelles dépenses puis-je me dispenser ?

R : De toutes les autres dépenses, bien que les dépenses liées aux sports se classent, selon moi, juste après celles pour l'éducation. Avec la bonne approche, les sports peuvent être aussi précieux que les activités scolaires pour le bonheur d'un enfant. Si vous en avez les moyens, les leçons de musique sont extraordinaires pour les enfants qui s'y intéressent. Les cadeaux d'anniversaire et de Noël n'ont pas besoin d'être coûteux ; il arrive souvent que les parents dépensent exagérément. Par exemple, renoncez à dépenser des fortunes pour acheter l'ordinateur hors du commun (à moins que votre enfant n'ait des besoins spéciaux, un ordinateur standard fera parfaitement l'affaire), les vêtements griffés, les jouets dispendieux, les vacances extravagantes et tout ce qui est jugé nécessaire «parce que tout le monde l'a» ou parce que «tout le monde le fait».

Q : Qu'en est-il des conclusions de la «plus récente» étude ?

R : Comme je l'ai mentionné, il y a toujours une «plus récente étude» qui vient contredire les autres. C'est inévitable. Les magazines d'actualité en feront mention, ou vous en entendrez parler à la radio ou à la télévision. Peut-être s'agira-t-il de l'effet négatif des garderies et vous frémirez d'inquiétude parce que, en tant que mère au travail, vous ne pouvez pas vous passer de la garderie. Peut-être parlera-t-on des dommages que le divorce cause aux enfants et vous angoisserez à l'idée de votre remariage et des deux enfants issus de votre première union. Ou peut-être traitera-t-on des effets dommageables des jeux vidéo, de la télé, du sucre, des trampolines, des vaccins, du soleil, des pistolets jouets ou des trottinettes. Vous frémirez parce que ces choses «dangereuses» font partie de la vie de vos enfants. Devinez quoi ? Vous n'avez pas besoin de vous en faire à ce point. Si vous avez de bons rapports avec le pédiatre de vos enfants, avec leurs enseignants et avec des amis, vous aurez suffisamment de sens commun pour juger les affirmations des plus récentes études et faire la part des choses.

Q : Avons-nous raison d'accorder beaucoup d'importance aux tests d'aptitude et autres mesures d'évaluation ?

R : Absolument pas. De nos jours, l'importance accordée à ces choses est dangereusement disproportionnée. Nous exagérons l'importance des notes et autres résultats mesurables, tout en minimisant la valeur de la débrouillardise, de l'optimisme, des «qualités humaines», du dynamisme, de la créativité et des nombreuses formes de connexité, comme les amis, la famille, la collectivité, la spiritualité, l'amour de la nature, les jeux d'équipe et ainsi de suite. D'innombrables recherches ont démontré que ce sont les qualités intérieures — l'optimisme, l'extraversion, le sentiment d'être maître de sa vie et l'estime de soi — qui mènent au bonheur à l'âge adulte. Il n'y a rien de mal à insister sur les bonnes notes, mais n'insistez pas exagérément, et préoccupez-vous aussi de la santé émotionnelle de vos enfants. Des études empiriques ont démontré que la connexité à la maison et à l'école est le plus impor- tant facteur qui préviendra chez les adolescents les problèmes de détresse émotionnelle grave, de dépression, de toxicomanie, de com- portements violents, de décrochage scolaire ou de grossesse non dési- rée. En outre, l'élève qui se sent connecté est généralement celui qui a les meilleures notes. Si nous insistions autant sur leurs notes de «connexité» que sur leurs résultats aux tests d'aptitude, nos enfants auraient une meilleure santé émotionnelle et réussiraient mieux à l'école, et ils seraient plus aptes à mener une vie heureuse et productive. Le chapitre 12 traite de ce sujet.

Q: S'il est vrai que l'enfance est en train de disparaître, que pouvons-nous faire, individuellement, pour lui rendre sa place?

R: Beaucoup de choses. Les chapitres 3 et 15 et tout le reste du présent ouvrage l'expliquent. Commencez par vous rappeler votre propre enfance. Le chapitre 3 vous guidera dans cette entreprise.

Q: Il y a des jours où mes enfants me rendent folle et il m'arrive de sentir que je suis une mauvaise mère parce que je n'arrive pas à les contrôler, à les amener à coopérer ou même à se conduire de manière civilisée les uns envers les autres. Que dois-je faire?

R: Soyez la bienvenue dans le vrai monde! À de rares exceptions près, il y a des disputes dans toutes les familles. En fait, le conflit est un signe de connexité. La façon dont vous résolvez les conflits à la mai- son aide vos enfants à solutionner leurs problèmes tout en leur appre- nant une certaine souplesse et le sens du partage. Le contraire de la connexité n'est pas le conflit, mais l'indifférence. Si vous me rendiez visite sans prévenir, vous pourriez être témoin de cris et de hurlements, et peut-être de larmes et d'une porte refermée violemment. Mes enfants ont ce qu'on appelle du «caractère», et Sue et moi ne sommes pas particulièrement portés sur la discipline rigide. En fait, je dois moi- même travailler sur cet aspect de ma personnalité, car Sue a parfois le rôle ingrat d'imposer les limites, tandis que je passe pour le «gentil papa». Comme toute famille, nous évoluons constamment; nous essayons de nous améliorer à certains égards, tout en nous amusant autant que possible. Si vous avez besoin d'aide, vous pouvez consulter un professionnel, un psychiatre ou un psychologue pour enfants, ou encore un travailleur social. Ces personnes peuvent être d'une grande utilité. Assurez-vous cependant de choisir une personne avec qui vous vous sentez à l'aise. Votre pédiatre, un autre parent ou la direction de l'école peut vous recommander quelqu'un si vous ne savez pas à qui vous adresser.

Q: Comment des gens qui ont connu une enfance difficile ont-ils pu s'en sortir?

R: Ils ont développé une relation positive avec un adulte. Pour plus de détail à ce sujet, consultez les chapitres 6 et 7, ainsi que de nombreuses parties du présent ouvrage.

Mes propres enfants me donnent tous les jours les réponses à ces questions. Par exemple, un soir que nous dînions au restaurant, nos trois enfants, ma femme et moi-même, je me suis mis à m'inquiéter à haute voix — au sujet d'une chose dont je ne me souviens pas. Après m'avoir écouté marmonner, Tucker, qui avait cinq ans à l'époque, s'est exclamé: «Papa, tu pourrais toujours regarder le bon côté des choses!»

Il y a beaucoup de chances que Tucker devienne un adulte heureux. Les recherches démontrent que l'optimisme de l'enfant est associé au bonheur de l'adulte.

Quelques jours plus tard, je me trouvais dans le jardin, de nouveau en compagnie de Tucker. Il sautait sur le trampoline en faisant des pirouettes qu'il avait inventées ou qu'il inventait au fur et à mesure. Ces sauts et ces arabesques étaient très élaborés, de même que toutes les précautions nécessaires pour éviter de manquer son coup ou de transgresser les règles. Il avait même intégré dans ses jeux les feuilles et les brindilles tombées sur le trampoline. Tout cela était extrêmement complexe.

M'émerveillant devant les jeux de Tucker, j'ai ressenti aussi un petit pincement au cœur en me souvenant de l'époque où le trampoline était un royaume dont j'étais le roi. J'ai demandé à mon fils s'il était heureux. Habitué aux questions idiotes que posent généralement les pères psychiatres, Tucker a continué à faire ses pirouettes. J'ai donc répété : «Es-tu heureux ?

— Oui, répondit-il, sauf quand je suis triste ou fâché.

— Et qu'est-ce qui te rend heureux ?» lui ai-je demandé pendant qu'il continuait ses pirouettes. Cette fois-ci, il m'a répondu tout de suite : «Maman et papa, et les jouets, les trampolines et les amis.» Toujours en sautant sur le trampoline, il a ajouté : «Et les glaces, les bonbons, les câlins et encore maman et papa.» Après une brève pause, il a conclu en disant : «C'est à peu près tout.»

Le répertoire spontané de Tucker ressemble à mon propre répertoire mûrement réfléchi, que je présente au chapitre 5 comme étant les racines cultivées de l'enfance qui assurent le bonheur à l'âge adulte. Tucker les connaissait, comme la plupart des enfants.

Après un certain âge, cependant, ils ne veulent plus nous en parler. Par exemple, lorsque j'ai demandé à mon fils Jack, qui avait huit ans à l'époque, ce qui le rendait heureux dans la vie, il m'a répondu de mauvaise grâce : «Des trucs.»

Comme nous oublions souvent que nos enfants deviennent moins bavards en vieillissant, je suggère dans le présent ouvrage des idées pour aider les parents à donner à leurs enfants les meilleures chances de trouver le bonheur dans la vie — mais je ne veux surtout pas vous faire croire que j'ai percé le mystère du bonheur humain. Je ne propose ici que le meilleur programme que j'ai réussi à élaborer.

En outre, vous devriez savoir que, dans une certaine mesure, ce que vous faites comme parent importe peu. Une partie de la vie de votre enfant est déjà déterminée à sa naissance, et même au moment de sa conception ; certaines racines du bonheur se trouvent déjà dans ses gènes. Cependant, comme la croissance d'une plante dépend des soins du jardinier, le bonheur d'un enfant dépend des soins de ses parents pendant l'enfance.

Plus encore que les jardiniers, les parents cherchent à bien faire les choses. Nous voulons faire tout ce que nous pouvons pour donner à nos enfants la chance de s'épanouir et de connaître la vie dont nous avons rêvé pour eux à l'époque où nous les bercions encore.

Que de rêves et d'espoirs! Je me revois au bord du lac où nous passions l'été, en train de bercer Lucy, notre premier bébé. Le lac était bien calme, mais Sue et moi avions beaucoup à faire avec ce nouveau-né. En la regardant, nous caressions des rêves et des espoirs, nous adonnant ainsi à l'une des tâches les plus importantes mais les moins exigeantes qui incombent aux parents. En tenant Lucy dans mes bras, j'imaginais son petit visage se transformer et devenir celui d'une jeune femme, et je la voyais sourire d'un sourire d'adulte. Je l'imaginais traversant une pelouse en courant pour aller rejoindre quelqu'un que je ne distinguais pas vraiment, et je la voyais redresser fièrement les épaules en recevant son diplôme universitaire par un beau matin ensoleillé de juin.

Je l'imaginais à l'âge adulte, irradiant d'une assurance que je n'avais jamais vraiment trouvée en moi-même. Cette habitude est répandue: nous souhaitons voir nos enfants développer des compétences que nous ne possédons pas; échapper aux souffrances que nous n'avons pas pu éviter. Je souhaitais vivement que Lucy soit assez sûre d'elle pour ne pas craindre les opinions et les jugements des autres, comme je les avais craints et comme je les crains toujours. Je souhaitais aussi qu'elle se sente bien dans sa peau et qu'elle réussisse à s'amuser sans appréhensions et sans craintes. Je souhaitais pour Lucy tout ce que je n'avais pas eu enfant, et que je n'ai toujours pas, malgré toutes les bonnes choses que la vie m'a données, c'est-à-dire un solide sentiment de sécurité.

Aujourd'hui, douze années plus tard, je sais que Lucy a trouvé, ainsi que nos deux autres enfants, ce sentiment de sécurité qui me fait défaut. Il est faux de penser qu'il est impossible d'élever des enfants émotionnellement sains si l'on a soi-même des difficultés. Sue et moi avons tous les deux été privés d'un sentiment de sécurité durant notre enfance et nous en conservons des cicatrices. Néanmoins, nous n'avons pas transmis cette douleur à nos enfants, et je doute que nous la leur transmettions.

Sue et moi avons commencé à caresser des rêves et des espoirs pour nos enfants avant même de nous rencontrer. Nous voulions tous les deux faire les choses comme il faut. Après notre mariage, nous nous sommes immédiatement mis à la tâche. J'avais trente-neuf ans et Sue, trente-trois, de sorte que nous n'avions pas de temps à perdre.

Lorsque Lucy est née, onze mois après notre mariage, notre vie a changé pour toujours. Une fois qu'on devient parent, on se soucie du bien-être d'une autre personne comme on ne l'a jamais fait auparavant, et on continue de s'en soucier jusqu'à la fin de ses jours. Paradoxalement, cette lourde obligation est aussi pour la plupart des parents le plus beau des cadeaux. Lorsque Lucy est née, elle m'a ouvert la porte du bonheur. Naturellement, elle a aussi ouvert la porte à l'inquiétude, à la fatigue, à l'exaspération, à la frustration et même à un sentiment d'ineptie. Quel parent ne se sent pas inapte de temps en temps ? Chaque âge réserve des défis, mais les bienfaits d'avoir un enfant sont incomparables.

Sue et moi débordions de rêves pour Lucy qui, dès sa naissance, a rempli notre vie de rêves devenus réalité. Au début, elle a dû se battre pour survivre, de sorte que nous avons aussi connu l'inquiétude et le désarroi. Elle est née avec le cœur du mauvais côté de la poitrine, c'est-à-dire du côté droit. Il arrive parfois que cette anomalie, appelée *situs inversus,* mette la vie en danger. Dans le cas de Lucy, heureusement, tout s'est bien arrangé. Elle s'en est sortie en grande forme.

Cependant, nous avons tremblé devant l'avertissement du destin. Les choses peuvent mal tourner. Dès lors, nous ne le savions que trop bien. En quittant l'hôpital pour rentrer à la maison, nous avons « su », mais aussi « senti » à quel point un bébé est précieux et fragile.

Lorsque nous sommes arrivés à la maison, Sue a installé Lucy sur notre lit pour lui ôter sa couche, et Lucy s'est mise à faire pipi comme une petite fontaine. Devant ce geyser inattendu, Sue s'est mise à pleurer. « Je ne sais pas comment être une mère ! » Je l'ai prise dans mes bras, conscient que je n'avais moi-même aucune idée de la manière d'être père. Bien que je sois médecin, que Sue soit travailleuse sociale et que nous ayons eu l'occasion de nous occuper de nombreuses personnes dans toutes sortes de situations, nous nous sentions démunis pour la tâche qui nous attendait. Lorsque la petite fontaine de pipi s'est tarie, ne laissant qu'un grand cercle humide sur le couvre-lit, j'ai continué à tenir Sue dans mes bras et j'ai prononcé les mots que nous avions tous les deux besoin d'entendre : « Tout va bien aller. Des tas de gens ont eu des enfants avant nous. Nous allons apprendre. » J'espérais avoir raison.

En fait, Sue est une personne extraordinairement compétente, beaucoup plus douée pour la vie quotidienne que je ne le suis, mais, ce jour-là, nous nous sommes sentis mortifiés. Nous n'avions pas la moindre idée de ce que nous devions faire. Comment allions-nous transformer cette petite machine biologique en une personne heureuse, confiante et sûre d'elle-même ? La tâche nous semblait au-dessus de nos forces. Pourtant, nous étions heureux, même très heureux, malgré notre sentiment d'ineptie. Le seul fait de regarder Lucy nous rendait heureux.

Le soir, j'avais préparé un repas pour Sue et moi. Sue était en train d'allaiter ; ce qu'elle avait appris à faire à l'hôpital. Malheureusement, on ne lui avait pas montré à manger tout en allaitant Lucy. Comme elle avait besoin de ses deux mains pour tenir Lucy et maintenir le sein en place, elle ne pouvait tenir la fourchette pour manger seule. Lorsque j'ai posé les assiettes sur la table, Sue s'est rendu compte qu'elle ne pouvait pas manger sans échapper Lucy et elle s'est de nouveau mise à pleurer. «Je ne peux même pas manger, et je suis affamée!» Les larmes lui coulaient sur les joues. Elle m'a jeté un regard désespéré en me demandant: «Cela veut-il dire que je serai une catastrophe comme mère? Je veux être une bonne mère, mais j'ai si faim! Lucy veut boire, et je veux manger. Qu'est-ce que je dois faire?» À entendre Sue se lamenter, n'importe qui aurait cru qu'elle allait être jugée inapte sur-le-champ, à moins d'accepter de mourir de faim.

«Chérie, lui ai-je dit avec autant d'assurance que je le pouvais, c'est pour cela que je suis là. Je peux te faire manger pendant que tu nourris Lucy.» J'ai alors pris sa fourchette, j'ai piqué une bouchée de poulet et l'ai portée à sa bouche. Il fallait voir le sourire de satisfaction qui a illuminé son visage! Enfin, le contentement! Elle pouvait manger, Lucy pouvait boire, et je pouvais me rendre utile.

C'est ainsi que les choses se sont passées quand Lucy est arrivée dans notre vie. Tous les jours, nous devions relever de nouveaux défis qui nous faisaient découvrir de nouvelles facettes de notre rôle de parents. Au début, nous ne savions pas quoi faire, et nous avions peur. C'est ce que vivent la plupart des parents. Entre autres raisons, j'ai rédigé ce livre pour leur suggérer des choses que j'ai apprises, plus particulièrement lorsque les enfants grandissent et que les problèmes se complexifient.

Peu à peu, nous avons développé des habitudes et pris de l'assurance. Lucy dormait à côté de nous, dans un berceau antique que nous avions reçu en cadeau de noces. Au bout d'un certain temps, nous l'avons installée dans un lit de bébé dans sa propre chambre, ce qui fut une autre étape de notre vie à trois.

Une fois Lucy installée dans sa propre chambre, nous avons pris l'habitude de commencer la journée en l'emmenant dans notre lit où nous lui fredonnions une chansonnette de notre invention sur l'air d'une pub de café que nous aimions bien. En la regardant faire des gazouillis et ouvrir de grands yeux, Sue et moi nous sentions au paradis. Il était merveilleux de nous réveiller ct d'aller chercher Lucy, tellement merveilleux, en fait, que nous avons eu deux autres enfants.

Lorsque Jack est né, puis Tucker trois ans plus tard, nous avons caressé des rêves et des espoirs pour eux aussi, comme nous l'avions fait pour Lucy. Je me tenais au-dessus de chacun d'eux lorsqu'ils étaient dans leur lit, je les berçais et les observais de loin en m'imaginant des scènes pas trop précises, des moments de bonheur et des moments de joie, bref tout ce que nous souhaitons que nos enfants connaissent.

Malheureusement, il n'y a pas de garantie. Que pouvons-nous faire ?

J'ai la chance de connaître beaucoup de gens heureux, et je suis sûr que vous en connaissez aussi. Vous êtes-vous déjà demandé d'où venait leur bonheur ? Si vous êtes vous-même une personne plus ou moins heureuse, vous demandez-vous parfois comment vous en êtes arrivée là et quel est le rôle qu'a pu jouer votre enfance ?

Bref, que peut-on faire pendant l'enfance pour accroître les chances de bonheur à l'âge adulte ?

La réponse à cette question est le sujet du présent ouvrage.

CHAPITRE 2

UN AMOUR FOU QUI NE SE DÉROBE JAMAIS : L'OUTIL MAGIQUE D'UN PARENT !

Être parent n'est pas une tâche facile, pas plus facile que d'être enseignant, intervenant ou responsable de guider des enfants. Durant l'enfance, l'imprévu est monnaie courante et personne ne connaît toutes les réponses. Permettez-moi toutefois de vous donner de bonnes nouvelles. Vous vous en tirez probablement mieux que vous ne le croyez !

Lorsqu'il était président, John F. Kennedy gardait sur son bureau une plaque qui disait :

Mon Dieu, la mer est tellement immense et ma barque
tellement petite !

Quel parent n'a pas éprouvé des sentiments semblables ? Cela nous est arrivé, à Sue et à moi. Souvent. Les parents n'ont peut-être pas à composer avec des questions aussi importantes que celles auxquelles le président des États-Unis doit faire face, mais ils ont parfois l'impression d'avoir d'aussi grandes responsabilités que lui. Tous les dangers contre lesquels nous devons protéger nos enfants, toutes les décisions que nous avons à prendre, tous les moments cruciaux où nous voulons bien choisir nos mots, les innombrables fois où nous espérons et prions que tout se passe bien — malgré notre absence de contrôle sur l'école, les amis ou le destin —, tout cela sert à nous rappeler, encore et encore, combien notre barque est petite !

Nous avons tous besoin d'aide pour garder notre barque à flot et pour nous faire une idée juste de l'immensité de la mer. Nous avons besoin du réconfort de savoir que ce que nous faisons a déjà été fait. Il faut qu'on nous rappelle que nous avons à notre portée plus de connaissances et plus d'aide que les parents n'en ont jamais eu.

Les bons parents — et la majorité des parents sont de bons parents — s'inquiètent parce qu'ils se soucient véritablement de leurs enfants. Ils s'inquiètent aussi parce que, la plupart du temps, la meilleure voie à suivre n'est ni claire ni évidente. Lorsqu'on veut réellement bien faire, mais qu'on ne sait pas exactement comment s'y prendre, l'inquiétude devient comme un feu de broussailles incontrôlable.

Il vous faut des outils pour éteindre cet incendie, notamment des connaissances et le soutien d'autres personnes, des ressources financières et de la force physique, ainsi qu'une bonne dose de patience et un sens de l'humour à toute épreuve (ce dernier outil étant absolument inestimable !). Cependant, sachez qu'il y a un outil qui est plus efficace que tous les autres, un outil que vous connaissez probablement, mais dont vous sous-estimez la puissance, car cet outil est plus puissant que l'argent, l'intelligence et même les connaissances. Cet outil est l'amour, l'amour fou qui ne se dérobe jamais. C'est une baguette magique qui nous permet de continuer quand les choses deviennent très difficiles, et c'est ce qui fait du rôle de parent une expérience extrêmement exaltante, un voyage au cœur même de la vie.

La plupart des parents tombent amoureux fous de leurs enfants dès leur naissance. Même si les enfants nous en font voir de toutes les couleurs en grandissant, nous ne cessons jamais de les aimer. Peu importe les circonstances. Je vous invite à honorer ce sentiment. Ne le banalisez pas en disant des choses comme : «Tous les parents éprouvent de tels sentiments» ou «Il ne suffit pas d'aimer mon enfant pour régler ses problèmes», ou encore «Mon enfant n'a rien à faire de l'amour, il veut simplement se faire conduire au centre commercial!» Faites confiance à l'amour que vous éprouvez! Plus vous aurez confiance en ce sentiment et plus vous le respecterez, plus il deviendra puissant. Il fera ressortir le meilleur en vous et, à plus long terme, il fera émerger le meilleur en votre enfant. Sentez-vous fier de ce sentiment, pensez-y pendant les moments difficiles, renforcez-le chez les autres et appréciez-le, car il s'agit peut-être de l'émotion la plus précieuse et la plus noble que les humains ressentent.

L'amour d'un parent est comme l'animal en peluche préféré que nos enfants traînent parfois avec eux lorsqu'ils sont jeunes. Au fil des ans, l'animal perd une oreille ou même un œil et subit des blessures qu'on traite avec un sparadrap ou du ruban adhésif. Il perd ses couleurs et se ramollit, mais il gagne en souplesse et l'emprise qu'il a sur leur cœur devient de plus en plus forte.

L'amour ne suffit pas à combler tous les besoins. En plus de l'amour fou qui ne se dérobe jamais, il nous faut aussi des connaissances et le soutien des autres. Enfin, nous devons savoir composer avec l'inquiétude. J'ai une excellente méthode en trois étapes simples que j'utilise moi-même et que je vous recommande pour contrôler l'inquiétude excessive. Je sais que personne ne s'inquiète autant que nous, parents!

Cette méthode, qui fait appel à l'intellect et aux émotions, est la suivante :

1° *Ne vous inquiétez jamais seul.* Le simple fait de parler à une autre personne peut vous aider, même si vous ne résolvez pas le problème. Allez prendre un café ou téléphonez à quelqu'un. Tout d'un coup, l'énorme problème qui vous inquiétait vous semblera moins grave. L'océan vous paraîtra un peu moins vaste et votre barque moins petite.

2° *Rassemblez les faits.* Comme nous le savons tous, il est toujours utile de connaître les faits. Il nous arrive d'avoir peur de poser des questions parce que cela nous embarrasse ou parce que nous avons peur de nous imposer. En conséquence, j'encourage les parents à faire ce que je fais, c'est-à-dire à utiliser leur amour fou qui ne se dérobe jamais pour surmonter tout sentiment de timidité ou autre qui les empêche d'agir. Je qualifie cet amour de «fou» parce qu'il nous donne le pouvoir de faire des choses que nous n'oserions pas faire autrement. Dès que je pense à tout l'amour que j'éprouve pour mes enfants, je téléphone sans hésiter à toute personne à qui je dois parler, qui que ce soit, et que je m'impose ou non. La plupart du temps, je découvre que mes craintes n'étaient pas fondées et que les gens sont généralement heureux de me fournir les renseignements dont j'ai besoin. N'hésitez pas à parler à un enseignant, à téléphoner au médecin ou à vous renseigner auprès d'un spécialiste, quel que soit le problème. Très souvent, l'inquiétude excessive découle d'informations erronées ou d'un manque d'information.

3° Faites-vous un plan. Passez à l'action, même si revenir à la première étape est la seule chose que vous faites. Parler à quelqu'un vous fera toujours du bien. Évitez de ne rien faire ou de jouer à l'autruche. L'inquiétude fait son affaire des gens passifs. Si vous cherchez activement à résoudre vos problèmes, vous serez sur la voie de prendre votre vie en main et vous vous sentirez moins vulnérable, ce qui vous permettra de moins vous inquiéter et d'agir plus efficacement.

Ne vous inquiétez jamais seul. Rassemblez les faits. Faites-vous un plan. Souvenez-vous de cela chaque fois que vous vous inquiétez, c'est-à-dire à peu près tous les jours si vous êtes parent. J'ai passé des années à aider des gens qui souffraient d'inquiétude excessive (y compris ma femme et moi-même), de sorte que la méthode que je recommande est éprouvée et efficace, comme toute l'information que vous trouverez dans le présent livre. Il ne s'agit peut-être pas d'un ouvrage théorique, mais les réponses que je propose sont fondées sur de nombreuses recherches menées par de nombreuses personnes.

À mon avis, la recherche sur l'apprentissage est, depuis vingt ans, le domaine de recherche le plus palpitant. Lorsque j'étais enfant, les mots «brillant» ou «peu doué» servaient à diagnostiquer la compétence d'un enfant. De nos jours, grâce aux travaux audacieux de Howard Gardner, Mel Levine, Robert Sternberg, Priscilla Vail et de nombreux autres, notre vision de l'apprentissage a changé.

Ces recherches ont en fait un aspect très pratique. Par exemple, grâce aux concepts introduits par Howard Gardner, nous disons qu'un enfant a une excellente intelligence musicale ou intrapersonnelle, mais qu'il a une moins grande intelligence linguistique ou logique et mathématique, ce qui est beaucoup plus utile et plus précis que de dire qu'un enfant ne réussit pas bien à l'école, mais qu'il est doué pour la musique et le rêve éveillé. La différence est plus que sémantique. L'ancien vocabulaire a une connotation qui sous-tend une condamnation, laquelle fragilise l'estime de soi-même et entraîne une diminution des efforts, ce qui mine davantage la confiance (comme l'ont démontré les recherches de David Myers) et se traduit par une vie moins heureuse à l'âge adulte.

En plus des travaux révolutionnaires sur l'apprentissage, nous avons assisté au cours des dernières décennies à l'apparition d'un nouveau domaine de recherche sur les ingrédients du bonheur. Ces recherches m'ont été extrêmement utiles pour rédiger le présent ouvrage. Elles m'ont permis de citer des données précises au lieu de me contenter d'hypothèses. Des pionniers comme Martin Seligman (*Learned Optimism and The Optimistic Child*), Mihaly Csikszentmihalyi (*Flow*), George Vaillant (*Adaptation to Life* et *The Wisdom of the Ego*) et David Myers (*The Pursuit of Happiness*) ont scientifiquement étudié la réponse à la question suivante : «D'où vient la joie dans la vie ?» Leurs recherches ont débouché sur des réponses précises et fiables, dont je me suis inspiré. Nous connaissons maintenant aussi bien les sources de succès que les sources de problèmes ; nous savons ce que nous pouvons changer et ce que nous ne pouvons pas changer ; et nous savons ce dont les enfants ont besoin pour avoir les meilleures chances de trouver le bonheur à l'âge adulte.

Par exemple, les recherches de Martin Seligman ont démontré que l'optimisme chez l'enfant est un puissant élément de protection contre la dépression et l'anxiété futures et qu'il est en corrélation avec le bonheur à l'âge adulte. Ses recherches ont aussi montré que, si la génétique influence le développement de l'optimisme, ce trait de caractère peut aussi s'acquérir à tout âge.

Les travaux de Csikszentmihalyi sur le bonheur nous ont procuré le merveilleux concept de l'expérience gratifiante intrinsèque, un état dans lequel on ne fait plus qu'un avec l'activité qu'on pratique, que l'on soit en train de faire du ski, de rédiger un article, de jouer au tennis ou de préparer une éprouvette dans un laboratoire de chimie. Ces recherches rigoureuses démontrent que nous sommes le plus heureux quand nous vivons l'expérience gratifiante intrinsèque. Une personne atteint généralement cet état lorsque le défi que pose une activité est stimulant et que ses compétences pour le relever sont considérables. Par exemple, un skieur de haut niveau vit des expériences gratifiantes intrinsèques lorsqu'il dévale les pentes les plus difficiles. Un sujet vit une expérience gratifiante intrinsèque lorsque ses compétences sont exceptionnelles et que le défi à relever est de taille. Les enseignants, les divers intervenants et les parents devraient savoir cela.

George Vaillant étudie les ingrédients d'une vie heureuse depuis qu'il s'est joint en 1967 à un projet de recherche intitulé *Grant Study of Adult Development* (Étude Grant sur le développement des adultes). L'étude elle-même, en cours depuis 1937, nous a fourni des données empiriques, au lieu d'hypothèses théoriques, pour découvrir le secret de la joie dans la vie. Parmi les nombreuses conclusions de ce chercheur, la plus importante stipule que la façon de composer avec le stress constitue un facteur crucial. Or, composer avec le stress est une habileté qui s'apprend et non un trait inné. Pour un parent, cela signifie qu'il ne doit pas avoir pour but d'éliminer tout stress de la vie de son enfant, mais bien d'aider celui-ci à développer des façons saines de composer avec le stress. Par exemple, apprenez à votre enfant à demander de l'aide au lieu de faire semblant qu'il peut faire ses devoirs de mathématiques tout seul. Vous lui éviterez ainsi d'utiliser le déni pour composer avec le stress et vous lui montrerez à aller vers les autres, ce qui est la meilleure façon de gérer le stress. Vous pouvez aussi lui apprendre à se mettre à la place de l'enfant ridiculisé pour le défendre au lieu de joindre les rangs des méchants. De cette façon, votre enfant sera moins porté à composer avec le stress par la soumission et il découvrira l'empathie et l'altruisme, qui sont deux excellents moyens d'adaptation dans la vie. Vous pouvez exiger qu'il accomplisse des tâches domestiques et qu'il prenne un emploi à l'adolescence pour lui montrer que le travail fait partie de la vie — qu'il est une occasion de s'intégrer à la société et de maîtriser des compétences. Ainsi, il ne fera pas de l'évitement son principal moyen de composer avec le stress du travail. Enfin, à la mort d'un animal de compagnie, vous pouvez lui apprendre à vivre son deuil au lieu de lui dire de ravaler sa peine ou de courir à la première animalerie pour remplacer le disparu. Vous lui montrerez ainsi comment gérer sa peine de manière saine au lieu de se réfugier dans le déni ou de jouer au dur.

David Myers, psychologue au collège Hope, dans le Michigan, étudie le bonheur depuis des années. Toutes ses conclusions se fondent non pas sur des hypothèses, mais sur une immense quantité de données que lui-même ou d'autres personnes ont recueillies. D'après ses travaux, les quatre principaux facteurs observés dans l'enfance et qui sont en corrélation avec le bonheur à l'âge adulte sont : l'optimisme, l'extraversion, le sentiment de contrôler sa vie et l'estime de soi-même. Si les parents et les écoles valorisaient ces qualités autant que les bonnes notes, la santé émotionnelle des enfants (et des adultes qu'ils deviennent) s'améliorerait de manière spectaculaire.

En plus des recherches sur l'apprentissage et sur le bonheur, on a publié au cours des dix ou quinze dernières années un certain nombre de livres très utiles qui remettent en question et renversent même de vieilles suppositions et des tendances plus récentes. *The Nurture Assumption*, de Judith Rich Harris, ébranle l'idée que les parents seuls déterminent le destin de leurs enfants et démontre l'influence importante des pairs. *Reviving Ophelia*, de Mary Pipher, le plus récent *Raising Cain*, de Dan Kindlon et Michael Thompson, et *Real Boys*, de William Pollack, remettent les vieilles méthodes en question et proposent des conseils nouveaux et rafraîchissants sur la façon d'élever les filles et les garçons. *Raising Resilient Children*, de Robert Brooks et Sam Goldstein, contient des conseils pratiques sur la manière d'inculquer aux enfants certaines qualités — l'espoir, l'optimisme et la confiance en soi — qui leur permettent de réagir contre les épreuves. *The Hurried Child*, de David Elkind, et plus récemment *Hyper-parenting*, d'Alvin Rosenfeld et Nicole Wise, de même que *Ready or Not*, de Kay Hymowitz, dénoncent l'accent que nous mettons sur la vitesse, les réalisations et «l'enrichissement» au détriment de l'aventure et des jeux. *The Myth of the First Three Years*, de John T. Bruer, démythifie la théorie fondée sur une interprétation erronée de la nouvelle science du cerveau selon laquelle tout se jouerait avant l'âge de trois ans et qu'il faudrait donc obliger les petits enfants à écouter Mozart et à observer des mobiles. Enfin, le Dr Spock de ma génération de parents, T. Berry Brazelton, a fait équipe avec l'un des grands pédopsychiatres américains, Stanley Greenspan, pour rédiger *The Irreducible Needs of Children*, un ouvrage traitant avec précision de ce dont les enfants ont besoin pour grandir, apprendre et s'épanouir.

Le jour où Sue et moi avons ramené Lucy à la maison, nous l'avons regardée faire pipi sur notre lit, impuissants, et nous nous sommes demandé ce qu'il fallait faire. Je n'avais pas lu toutes les recherches ; en fait, la plupart n'avaient pas encore été publiées, et même si j'avais tout lu, je n'y aurais pas trouvé ce dont j'aurais eu besoin.

J'avais besoin que quelqu'un me dise ce que la plupart des livres ne disent pas, parce qu'ils insistent surtout sur des arguments, l'explication de problèmes complexes ou l'élucidation des dernières recherches.

Sue et moi avions besoin de conseils pratiques de base. Nous avions besoin que quelqu'un nous dise : «Prenez Lucy par les chevilles et soulevez doucement son bassin pour glisser une couche dessous, puis repliez…» Nous avions désespérément besoin d'être rassurés et encouragés, d'entendre quelqu'un nous dire : «Ne vous inquiétez pas. Tout ira bien. Élever des enfants n'est pas aussi difficile que vous le craignez. De nombreux parents ont réussi à bien élever leurs enfants et vous réussirez aussi.» Nous avions besoin de nous faire dire que nos pires craintes ne se réaliseraient pas, que nos inquiétudes étaient normales et que la plupart des gens sont terrifiés à l'idée de faire une chose qu'ils souhaitent faire à la perfection, mais pour laquelle ils ne sont nullement préparés. Imaginez qu'on vous demande de sauter en parachute et qu'on ne vous donne qu'un parachute pour toute explication. C'est un peu ce qui arrive aux nouveaux parents, sauf qu'ils n'ont pas l'impression d'avoir un parachute.

Nous avions besoin que quelqu'un nous dise que l'amour était notre parachute, que l'amour nous permettrait d'atterrir en toute sécurité. L'amour nous motiverait, Sue et moi, à faire tout ce qu'il fallait, par exemple changer des couches, trouver et lire des ouvrages spécialisés, appeler un médecin, trouver la bonne école et, plus tard, rester debout tard dans la soirée à attendre notre adolescent qui ne respecte pas son couvre-feu.

Nous avions besoin qu'une personne expérimentée et digne de confiance nous dise que la balance penchait en notre faveur, que tant que nous nous acquitterions convenablement de nos tâches nous serions de bons parents.

Souvent, les parents des nouveaux parents sont là pour remplir ce rôle : après la naissance du bébé, ils rassurent leurs enfants devenus parents en leur enseignant les compétences de base dont ils ont besoin pour prendre soin d'un nouveau-né. Les grands-parents sont parfois des anges tombés du ciel.

Comme mes parents étaient décédés lorsque Lucy est née et que ceux de Sue vivaient loin, ma cousine Jocelyne s'est attribué le rôle de conseillère. Mère de cinq enfants, elle était experte en la matière. Sue et moi aimions Jocelyne comme une sœur. Lorsqu'elle a décidé de venir passer quelque temps avec nous après la naissance de Lucy, nous avons bu toutes ses paroles. Elle nous a donné des conseils et nous a montré les petits trucs qu'elle avait appris ; elle nous a fait rire et nous a donné confiance en nous. Quelques mois avant la publication du présent ouvrage, nous avons eu la douleur de perdre Jocelyne, emportée par un myélome à l'âge de cinquante-six ans. L'amour qu'elle nous a donné est demeuré présent chez ses enfants, chez son mari, Tom, et chez les centaines de personnes qu'elle a touchées, dont Sue et moi.

Depuis la mort de Jocelyne, j'ai aussi découvert une chose tristement ironique. Les gens qui devraient s'inquiéter de ne pas être de bons parents ne s'en inquiètent pas, tandis que ceux qui ne devraient pas le faire s'en inquiètent. Les gens qui n'éprouvent pas l'amour fou qui ne se dérobe jamais et qui ignorent ou maltraitent leurs enfants sont généralement perturbés à un tel point que cela les empêche de réfléchir à leur comportement et d'y apporter les correctifs qui s'imposent.

Les erreurs que j'ai observées chez les parents sont si évidentes qu'il est difficile de ne pas les voir ; il faut cependant être disposé à les reconnaître lorsqu'une âme charitable les porte à notre attention. Vous n'avez pas besoin d'une dissection psychologique complexe de la dynamique familiale pour faire ce qu'il y a de mieux pour vos enfants. Une telle démarche peut être intéressante, mais elle est rarement nécessaire.

Le nécessaire, vous le connaissez déjà : il s'agit d'*être présent*. Être là pour changer la couche du bébé, le nourrir, réparer la fuite du toit, chanter *Joyeux anniversaire !*, lire une histoire avant le dodo, préparer le petit-déjeuner et apprendre au plus jeune à faire du vélo. Pour être un bon parent, il suffit de le vouloir et de prendre le temps de l'être. L'amour fou qui ne se dérobe jamais donne cette volonté à la plupart des parents.

Permettez-moi de vous dire ce que Sue et moi avions besoin d'entendre quand nous sommes devenus des parents. Être un parent n'est pas aussi difficile que vous le croyez. Ce n'est pas facile, mais vous pouvez trouver beaucoup d'aide à l'extérieur lorsque vous vous heurtez à des problèmes. Il suffit de laisser l'amour vous rattraper et vous porter. Il suffit de vous laisser aller, de laisser l'amour vous emmener jusqu'où vous n'êtes jamais allé.

Le simple fait que vous soyez en train de lire le présent livre indique que vous êtes un bon parent et que vous vous souciez assez de votre enfant pour vous renseigner. J'aimerais vous dire : «Posez ce livre et allez jouer ; vous savez déjà tout ce que vous devez savoir.» Mais je tiens à vous faire part de quelques conseils qui vous seront utiles pour vous acquitter de la tâche la plus importante au monde : élever un enfant.

Mon premier conseil est le suivant : sachez que vous disposez déjà de tout ce dont vous avez besoin : l'amour fou et du temps, des amis et des parents, de l'argent, de l'aide accessible, un pédiatre et une école. C'est à peu près tout ce qu'il vous faut.

Et permettez-moi de déboulonner pour vous ces quelques mythes :

- Vous n'avez pas autant d'influence ou de contrôle que vous le croyez. C'est une bonne nouvelle, puisque cela signifie que vos enfants peuvent survivre à vos erreurs ;
- Il n'y a pas de bonne façon d'élever des enfants. Si vous entendez des conseils contradictoires – sur les langes en tissu et les couches jetables, sur l'attitude à adopter face à la télévision, sur la nécessité de forcer l'enfant à vider son assiette ou non –, ne vous découragez pas. *Il n'y a pas qu'une seule bonne méthode.*

Parlez-en avec vos amis, votre pédiatre, votre conjoint, votre mère ou votre belle-mère, ou avec toute personne vers qui vous vous tournez, une sœur, une enseignante, un prêtre, etc. Prenez ensuite vos propres décisions. Pour les plus importantes décisions, vous constaterez qu'à peu près tout le monde est d'accord avec vous. En ce qui concerne le reste, ce que vous ferez importe peu ;

- Vous n'avez pas besoin d'être un modèle de santé émotionnelle pour vous acquitter de votre tâche. Vous pouvez même me ressembler, venir d'un milieu familial difficile et être quand même un excellent parent ;

- Vous n'avez pas besoin de lire tout ce qui se publie sur le sujet. Dans les magazines, vous trouverez tellement de renseignements que vous en serez étourdi. Si vous lisez beaucoup, vous constaterez qu'il y a de l'information utile, mais aussi de l'information inutile, et même de l'information contradictoire. (Ne vous laissez pas démonter par les conseils contradictoires des experts. Au contraire, réjouissez-vous-en ; cela démontre qu'il n'y a pas qu'une seule voie valable.) Vous retiendrez certaines choses et vous en oublierez d'autres. Ne vous inquiétez pas. Personne ne vous fera passer un test pour savoir ce que vous avez retenu de vos lectures. Les articles de magazine visent simplement à vous réconforter, ils n'ont pas pour but de vous donner l'impression d'être un élève mal préparé ;

- Le destin de votre enfant ne dépend pas entièrement de la génétique, pas plus qu'il ne repose entièrement entre vos mains. La nature et les soins se combinent. Ainsi, des études ont démontré que des jumeaux identiques adoptés et élevés séparément, s'ils partagent quelques similarités, deviennent deux personnes bien distinctes.

Ne vous découragez pas. Vous pouvez y parvenir. En fait, vous réussirez. Votre enfant a autant de veine de vous avoir que vous en avez de l'avoir.

Je me souviens si vivement de Sue et moi collés l'un sur l'autre le jour où nous sommes rentrés de l'hôpital avec Lucy. Nous nous demandions ce qui allait nous arriver. Maintenant que j'ai trois enfants, ma panique a fait place à une question constante. Dorénavant, je me demande si Sue et moi faisons tout ce que nous pouvons pour maximiser les chances que nos enfants grandissent et deviennent des adultes heureux.

Mes questionnements m'ont amené à consulter de nombreux experts sur les racines du bonheur qui se cultivent dès l'enfance, dont Jerome Kagan, professeur de psychologie à Harvard et sommité du développement de l'enfant. Selon lui, il est difficile de répondre à ma question. Si une personne a eu une enfance heureuse, sa vie adulte ne lui semble probablement pas aussi heureuse, la vie d'adulte étant foncièrement difficile. Par contre, si une personne a eu une enfance malheureuse, il y a de fortes chances qu'elle se dise heureuse plus tard dans sa vie, puisqu'elle a déjà connu le pire. Kagan nous étonne toujours et suscite la réflexion. Il m'a ensuite confié que la personne la plus heureuse qu'il connaissait était un homme de Boston, un orphelin qui avait eu une enfance très difficile. Cela ne m'a pas étonné, car, pour l'avoir vécu moi-même, je sais qu'un enfant trouve souvent ce dont il a besoin, même dans les circonstances les plus pénibles.

Kagan ne pouvait pas identifier les racines qui garantissent le bonheur à l'âge adulte ; par ailleurs, il connaissait les racines qui produisent des adultes malheureux.

«Quelles sont-elles ? lui ai-je demandé.

— Les parents qui attendent de leurs enfants ce que ceux-ci sont incapables d'accomplir, m'a répondu Kagan. Les parents qui imposent à leurs enfants des buts et des normes qu'ils ne réussiront jamais à atteindre. Je connais des gens au sommet de leur carrière, même des gens qui ont reçu le prix Nobel, qui ne sont toujours pas heureux et qui ne le seront jamais, parce qu'ils cherchent encore à plaire à un parent depuis longtemps décédé, qu'ils n'auraient jamais pu satisfaire de toute façon. Il est toujours désastreux de trop attendre d'un enfant.»

Si les parents dont Kagan parlait n'avaient pas tant poussé leurs enfants, ceux-ci n'auraient peut-être pas obtenu le prix Nobel. On pourrait toujours dire : «Et puis après?» Comme parent, préféreriez-vous élever des enfants qui deviendront des adultes heureux ou des Prix Nobel?

Arrêtez! Ne répondez pas à cette question piégée! Elle suppose que vous devez faire un choix, alors que ce n'est pas le cas en réalité. Une personne peut être heureuse et remporter un prix Nobel. Il ne s'agit pas de possibilités mutuellement exclusives.

J'insiste sur ce point, parce que de nombreuses personnes enseignent exactement le contraire, affirment qu'un enfant doit choisir entre le bonheur et les grandes réalisations. Elles laissent entendre que la seule façon d'arriver au sommet consiste à sacrifier tous ses temps libres et à travailler, travailler et encore travailler!

Comme je le soulignerai dans d'autres chapitres, les recherches prouvent que, si une personne fait un travail qui lui convient, elle peut réussir tout en connaissant le bonheur. Lorsque vous faites ce que vous aimez, vous voulez travailler aussi fort que possible. Vous voulez vous coucher tôt et vous lever à la première heure. Vous voulez vous entraîner au centre de conditionnement physique, travailler plus longtemps le passage difficile d'une sonate ou vous rendre au labo le week-end pour terminer vos expériences.

Mon travail au département de chimie de l'université Harvard, où sont à l'œuvre cinq Prix Nobel, m'a appris que c'est la joie de la découverte qui alimente la passion du travail. Ces scientifiques de haut niveau ne cherchent pas à plaire à un parent impossible à satisfaire ; ils essaient de satisfaire une brûlante curiosité. Ils travaillent extrêmement fort et sont parfois déçus. La capacité de composer avec l'adversité est une qualité indispensable.

Ceux qui sont heureux de ce qu'ils font ne sont pas motivés par la peur, mais plutôt par une curiosité insatiable et un enthousiasme débordant. Ils peuvent aussi avoir le désir de gagner, d'arriver les premiers au but, de battre leurs concurrents, mais il s'agit d'un esprit de compétition sain qui ne découle pas d'un sentiment de peur. Ils travaillent fort parce qu'ils le veulent et non parce qu'ils ont peur de ne pas travailler assez fort.

Comme parent, il est bon d'encourager les enfants à faire des efforts. Cependant, vous devez adapter votre approche au tempérament de votre enfant. Certains athlètes réussissent bien avec un entraîneur exigeant, tandis que d'autres ont besoin d'une approche plus douce pour donner le meilleur d'eux-mêmes.

Comme je l'expliquerai dans certains chapitres ultérieurs, un parent devrait avoir pour but d'aider son enfant à découvrir le domaine qui éveille sa curiosité et à le laisser ensuite trouver sa motivation dans le désir de satisfaire sa passion. Vous devrez peut-être pousser un peu votre enfant à prendre sa première leçon, mais il découvrira tôt ou tard un domaine d'intérêt qui piquera suffisamment sa curiosité pour qu'il se motive lui-même. Découvrir pendant l'enfance une chose qu'on aime vraiment faire est une des clés du bonheur à l'âge adulte. Plus tard, si des gens sont prêts à nous payer pour faire ce que nous aimons, c'est le bonheur !

L'avertissement de Kagan, qui dit aux parents de ne pas trop attendre de leur enfant, ne porte pas tant sur les pressions en elles-mêmes que sur la nécessité d'exercer les bonnes pressions. «Fais de ton mieux» est un conseil qui crée une pression saine. En revanche, «Fais-moi plaisir» est une exigence qui peut hanter un enfant à jamais, parce qu'elle lui met sur les épaules une pression indue.

Vous voulez vous assurer que votre enfant sait que vous l'aimez, quoi qu'il arrive. L'amour conditionnel d'un parent fait beaucoup de tort. Les enfants devraient savoir que leurs parents les aiment, peu importe les circonstances, maintenant et à jamais. La valeur d'un amour aussi constant est splendidement résumée dans la réponse d'un homme célèbre à qui l'on avait demandé comment il avait réussi à accomplir tant de choses au cours de sa vie. Il a dit : «Dans les yeux de ma mère, je voyais uniquement des sourires!»

Nous, parents, avons peu de temps pour sourire ainsi et pour inculquer à nos enfants les valeurs qui nous importent. Nous devons faire de notre mieux, car il est impossible de revenir en arrière et de recommencer. Quelle que soit la manière dont nous comptons montrer à nos enfants la voie vers une vie heureuse, nous devons la mettre en œuvre le plus tôt possible.

Je reconnais les limites du concept d'une vie heureuse. Je sais que le bonheur va et vient et qu'on le savoure habituellement en souvenir et non dans l'instant présent. Je sais que le bonheur est le sous-produit d'autres activités et qu'il ne devrait pas être un but en lui-même. Je sais que de nombreuses personnes sages voient le bonheur, au mieux, comme un état transitoire qu'il ne vaut pas la peine de chercher et, au pire, comme un but égoïste.

Malgré cela, je veux que mes enfants grandissent et deviennent des adultes heureux. C'est ce que je leur souhaite plus que tout au monde. Je veux qu'ils soient heureux. Pour ce qui est de la définition du bonheur, ma préférée est celle de Sissela Bok : «Le bonheur est le sentiment que tout va bien dans sa vie.» Je veux faire tout ce que je peux pour préparer mes enfants à une vie où tout ira bien.

Il existe d'innombrables ouvrages qui recensent tout ce qui peut aller de travers. Je le sais, j'en ai moi-même écrit un : *When You Worry about the Child You Love.* Il s'agit de livres utiles. Cependant, nous avons aussi besoin d'un livre qui peut nous indiquer ce qui peut et ce qui devrait bien se passer durant l'enfance. Le moment est venu d'examiner quelles sont les racines cultivées dès l'enfance qui peuvent assurer le bonheur à l'âge adulte.

Le moment est venu de le faire, parce que nous disposons maintenant de nouvelles données sur ce dont les enfants ont besoin pour que tout aille bien plus tard dans leur vie.

Avant de nous lancer dans cet examen, je vous invite à faire une pause et à réfléchir à votre propre vie et à l'enfance que vous avez eue.

CHAPITRE 3

PENSEZ AU PASSÉ...
ET TIREZ DES LEÇONS
DE VOTRE PROPRE ENFANCE

S elon les recherches, pouvoir réfléchir à sa propre enfance pour en tirer des leçons est un des éléments cruciaux qui font un bon parent. Ceux qui peuvent tirer des leçons des réussites et des échecs de leur enfance sont beaucoup moins susceptibles de répéter les anciennes erreurs, tandis que ceux qui sont incapables de se souvenir de leur enfance et d'en tirer profit risquent de répéter les faux pas de leurs parents.

Par exemple, les parents qui maltraitent leurs enfants ont souvent été maltraités eux-mêmes. Or, ces parents seraient moins susceptibles de brutaliser leurs enfants s'ils avaient réfléchi aux mauvais traitements qu'ils ont subis, s'ils pouvaient reconnaître combien ils en ont souffert et trouver le moyen de composer avec le stress dans leur vie au lieu de s'en prendre à leurs enfants.

Même si vos inquiétudes sont beaucoup plus subtiles que la crainte de maltraiter votre enfant, la même conclusion s'applique : vous améliorerez vos compétences si vous savez réfléchir à votre propre enfance et en tirer des leçons.

Nous essayons de préserver ce qu'il y a eu de bon dans notre enfance pour le transmettre à nos enfants, et nous ne voulons pas répéter les erreurs dont nous avons été victimes.

Attendez un instant, direz-vous! Pouvez-vous vraiment vous souvenir et exprimer précisément ce qu'il y a eu de bon et de mauvais dans votre vie à une époque aussi lointaine? Vaut-il même la peine d'essayer de s'en souvenir?

Un réputé psychologue britannique, Peter Fonagy, a découvert ceci:

Les mères faisant partie d'un groupe à stress relativement élevé (milieu défavorisé), composé de familles monoparentales aux prises avec des problèmes de criminalité, de chômage, de promiscuité et de maladies psychiatriques, seront plus susceptibles d'avoir des bébés se sentant connectés et en sécurité si elles ont une bonne fonction réflexive. Cette conclusion préliminaire étaye la notion freudienne (1920) selon laquelle ceux qui ne se souviennent pas de leur passé et qui ne le règlent pas sont destinés à répéter le même processus, du moins avec leurs propres enfants[1].

Le sentiment de sécurité que procure un lien solide avec un parent ou avec les deux est un des principaux éléments qui contribuent à faire pousser dès l'enfance les racines du bonheur futur. Selon Fonagy, si vous n'avez pas vécu un tel lien pendant votre enfance, vous devez réfléchir aux raisons pour lesquelles vous en avez été privé, et vous serez moins susceptible de répéter les mêmes erreurs. Bref, il vaut la peine de vous rappeler votre enfance et de tirer des leçons de vos souvenirs. Voilà pourquoi un chapitre du présent ouvrage est destiné à vous aider à organiser vos souvenirs.

Vous souvenez-vous de vous être dit, enfant ou adolescent: *Je n'oublierai jamais ce que je ressens en ce moment et jamais je ne ferai*

1. Peter Fonagy, *Attachment Theory and Psychoanalysis,* New York, Other Press, 2001, p. 27.

à mes enfants ce qu'on vient de me faire? Vous rappelez-vous votre colère en entendant des paroles comme: «Tu traverses une mauvaise période» ou «Tu en reviendras»? Vous souvenez-vous des pensées que vous inspiraient des gens aussi vieux que moi qui faisaient l'éloge de la jeunesse en vous disant d'en profiter pendant qu'elle passait: *Ouais, sûrement; en fait, c'est un cauchemar d'avoir mon âge et jamais je ne deviendrai un vieux sentimental comme ces imbéciles et jamais je n'oublierai combien il est difficile d'être un ado!*

Nous nous sommes dit que nous n'oublierions jamais, mais nous avons quand même oublié. En faisant un petit effort, cependant, nous pouvons nous en souvenir.

En 1802, à l'âge de trente-deux ans, le poète William Wordsworth a écrit ce poème:

Mon cœur s'émerveille
À la vue d'un arc-en-ciel
C'était comme cela quand ma vie a commencé
C'est comme cela maintenant que je suis un homme
Qu'il en soit ainsi quand je serai vieux
Ou je veux mourir!
L'Enfant est le père de l'Homme...

Le poète jure de perpétuer l'émerveillement qui vient si naturellement à un enfant, mais cela est plus facile à théoriser qu'à mettre en pratique. Cinq ans plus tard, Wordsworth sentait son sentiment d'émerveillement lui échapper:

Il y a un arbre, un parmi de nombreux autres
Un seul champ que j'ai contemplé
Tous deux évoquent une chose qui a disparu;
La violette à mes pieds
Répète la même histoire:
Où la lueur visionnaire s'est-elle envolée?
Où sont donc maintenant la gloire et le rêve?

La poésie de Wordsworth exprime un sentiment que nous devons tous accepter : le sentiment d'avoir possédé autrefois quelque chose de spécial, d'avoir eu, enfant, une chose que nous avons perdue.

Quand nous étions petits, tout était possible. Nos cœurs s'embrasaient. C'était tantôt le beau garçon ou la jolie fille que nous espérions voir, tantôt le baiser de bonne nuit de papa ou de maman, tantôt une victoire au baseball. Je ne sais pas comment c'était pour vous, mais il s'est passé pendant mon enfance des choses merveilleuses. Souvent.

Le meilleur expert qui soit

Vous êtes pour vous-même le meilleur expert, la personne la plus digne de confiance. Et c'est vous qui prenez toutes les décisions, qui décidez de l'enfance que vous voulez offrir à vos enfants. En conséquence, vous devez vous rappeler votre jeune âge pour étayer vos conclusions.

Pour ce faire, fermez les yeux et fouillez dans vos souvenirs. Je ne vous demande pas de revoir votre enfance entière, mais de vous rappeler une scène ou deux. Lorsque vous rouvrirez les yeux, j'aurai certaines questions à vous poser. Prenez votre temps. Rien ne presse. Je vous attends.

Heureux de vous voir de retour! Maintenant que votre enfance a refait surface dans votre conscience, je vous invite à vous poser une question à la fois très intéressante et très complexe — une question que les adultes se posent rarement, voire jamais : Quels ont été les aspects positifs de votre enfance? Quels sont ceux (s'il y a lieu) qui ont contribué au bonheur que vous connaissez aujourd'hui?

La plupart des adultes peuvent énoncer sans même y penser les choses qui ont ruiné leurs chances d'être heureux. Un mauvais professeur. Le manque d'argent. Un parent cruel ou distant. Pas de chance dans la vie. La maladie. Les déménagements trop fréquents. Une école médiocre. Une année difficile à la fin du primaire. Un mauvais bagage génétique.

Oubliez ces facteurs et pensez aux aspects positifs, de manière aussi précise que possible. En repensant à votre enfance, de quoi vous sentez-vous reconnaissant ? De quoi êtes-vous content ?

C'est là une question tellement importante que je veux vous aider à organiser votre réflexion en vous proposant comme guide les quatorze étapes qui suivent. J'espère que vous prendrez le temps d'examiner chaque étape et de laisser les souvenirs affluer dans votre esprit. Les réponses aux questions vous ramèneront à votre enfance et vous permettront de vous constituer une réserve d'éléments auxquels vous vous reporterez consciemment et inconsciemment en poursuivant la lecture du présent ouvrage.

Je vous suggère de noter vos réponses, ce qui vous permettra de vous y référer plus tard, même quand vous aurez oublié ce livre. Vous constaterez que vos notes sont très intéressantes à lire.

1. Pensez à des moments heureux avec votre mère ou avec votre père (si vous avez été adopté, pensez à vos parents adoptifs). Y a-t-il des moments dont vous vous souvenez en détail ? Ces moments n'ont pas besoin d'être «importants» ou «significatifs». La seule chose qui importe est qu'ils vous fassent sourire. Il arrive parfois que les moments les plus banals — comme lécher la spatule qui a servi à étendre le glaçage sur le gâteau — sont ceux qui nous font le plus chaud au cœur.

2. Songez à des moments heureux avec vos frères et sœurs, ou avec vos amis. Essayez de vous rappeler en détail certains d'entre eux. Ici encore, la profondeur ou la signification de ces moments importent peu. Il suffit simplement qu'ils vous fassent sourire.

3. Maintenant que vous vous êtes souvenu de moments heureux, pensez à des moments difficiles. Cela vous aidera à déterminer ce que vous ne voulez pas faire avec vos enfants. Quelles sont les choses qui se sont mal passées ? Essayez de vous remémorer quelques moments particuliers.

4. Revenez maintenant dans le monde de votre jeunesse. Essayez de vous souvenir comment le monde vous apparaissait à onze ou douze ans et comment vous vous sentiez dans ce monde. Qu'y avait-il derrière chez vous? À quoi ressemblait votre chambre? Quel type de réfrigérateur aviez-vous? Preniez-vous des douches ou des bains? Quel était votre dessert préféré? Vous souvenez-vous d'un film que vous avez aimé à cette époque? Que pensiez-vous des adultes? À quoi ressemblait votre classe? De quoi les voitures avaient-elles l'air? Comment était la rue principale de votre ville ou la rue que vous habitiez? Vous souvenez-vous d'un animal de compagnie que vous avez beaucoup aimé? Quelles étaient vos fêtes préférées (des anniversaires de naissance ou des soirées pyjamas)? Vous souvenez-vous de fêtes particulières en détail?

5. Qui ont été vos meilleurs amis pendant votre enfance? Pouvez-vous en nommer quelques-uns?

6. Vous souvenez-vous de moments heureux avec vos grands-parents? Prenez quelques instants pour retrouver vos grands-parents et souvenez-vous d'eux.

7. Quelle personne en dehors de votre famille vous a le plus positivement influencé pendant votre enfance? Comment cette personne vous a-t-elle changé? Prenez quelques instants pour vous souvenir de cette personne. Qu'a-t-elle fait? Y a-t-il un moment qui a été particulièrement significatif? Était-ce plutôt une série de moments? Est-ce simplement l'ensemble de vos rapports avec cette personne?

8. Quels sont vos souvenirs les plus positifs de l'école? Quel style d'enseignement vous convenait-il le mieux? Qu'avez-vous appris à l'école qui vous sert encore aujourd'hui? Quels ont été les aspects négatifs de votre éducation? Avez-vous vécu à l'école de mauvaises expériences que vous voulez à tout prix éviter à vos enfants?

9. À votre avis, quelle est la forme de discipline qui vous a le plus aidé? Qu'est-ce qui vous a nui? Avez-vous été soumis à des mesures disciplinaires que vous prendrez soin d'éviter à vos enfants? Y a-t-il une forme de discipline ou une stratégie de motivation qui a donné de bons résultats et que vous voudriez transmettre à vos enfants?

10. Quels sont vos plus heureux souvenirs d'enfance? Y a-t-il des choses que vous avez faites et que vous aimeriez encourager vos enfants à faire? Prendre le temps de lire? Réserver du temps aux amis? Envisager la vie avec optimisme?

11. Qu'est-ce que vous n'avez pas connu mais que vous auriez aimé connaître?

12. Quels sont les traits de caractère que vous aviez, enfant, qui vous semblent les plus précieux aujourd'hui (que vous les ayez conservés ou non)?

13. Quelles sont les racines de votre enfance qui ont préparé votre bonheur actuel?

En répondant à ces questions, vous avez retrouvé en mémoire quelques-unes des années les plus importantes de votre vie. Les premières années.

Permettez-moi de vous poser une dernière question:

14. Qu'est-ce que vos réponses aux questions précédentes peuvent vous apprendre sur la façon dont vous élevez vos enfants?

CHAPITRE 4

LES ENFANTS DYNAMIQUES ET SÛRS D'EUX-MÊMES : D'OÙ VIENNENT-ILS ?

La plupart des gens qui réfléchissent à ce qui s'est bien déroulé dans leur enfance, comme vous l'avez fait au chapitre précédent, évoquent deux sortes de souvenirs. D'abord, ils se souviennent de moments joyeux, se remémorant des personnes qui les ont aimés et guidés, ou des moments spéciaux de victoire ou de compétence. Ensuite, ils pensent aux problèmes qu'ils ont affrontés, aux défaites ou aux injustices, aux difficultés qui les ont façonnés. Les recherches menées par Csikszentmihalyi, Seligman, Vaillant et de nombreux autres étayent la théorie selon laquelle les adultes heureux ont appris à composer avec l'adversité et à intégrer la joie dans leur vie.

Il est particulièrement encourageant de savoir que ces deux choses primordiales ne relèvent pas de la génétique, mais qu'elles s'apprennent.

La façon dont un enfant peut apprendre à composer avec l'adversité et à intégrer la joie dans sa vie fait l'objet des prochains chapitres.

Composer avec l'adversité

À première vue, vous penserez peut-être que les racines cultivées pendant l'enfance et qui assurent le bonheur de l'adulte sont facilement identifiables. Un enfant deviendra un adulte heureux s'il compte à son actif un bon bagage génétique et une enfance heureuse.

Malheureusement, les choses ne sont pas si simples. Du point de vue génétique, des millions d'adultes ont réussi malgré de «mauvais» gènes ; ils ont surmonté des problèmes héréditaires, par exemple un trouble d'apprentissage, une malformation cardiaque ou une dépression. Sur le plan du vécu, des millions d'adultes malheureux ont eu une enfance heureuse.

Permettez-moi de vous parler des premières années de Shantwania Buchanan et de vous inviter ensuite à deviner ce qu'elle fait aujourd'hui.

Shantwania est née dans le Mississippi, d'une mère cocaïnomane sans le sou. Quatre ans plus tard, une petite sœur a vu le jour, puis un frère trois ans plus tard. À la maison, la drogue circulait librement et, la plupart du temps, la mère de Shantwania ne faisait que passer. Seule la vieille grand-mère malade prenait soin des enfants. C'est elle qui a appris à Shantwania à faire la cuisine et à tenir maison. À l'âge de sept ans, la fillette s'occupait déjà de sa sœur et de son frère. Quand Shantwania a eu onze ans, sa grand-mère est morte et sa mère est partie. Les trois enfants se sont retrouvés à la rue.

Heureusement, la grand-mère de Shantwania, qui n'avait pas pu lui laisser de l'argent, lui avait inculqué des choses plus précieuses encore : des sentiments. Par exemple, Shantwania croyait pouvoir surmonter tous les problèmes que la vie lui réserverait. En outre, elle avait développé une loyauté indéfectible envers sa sœur et son frère et une très forte connexité avec eux. Sachant qu'ils risquaient d'être séparés et de se retrouver dans des foyers différents s'ils faisaient appel aux services sociaux, Shantwania a choisi de vivre dans les rues de Jackson avec sa sœur et son frère. Elle gagnait de l'argent en jouant aux dés. Ils dormaient sous des escaliers et parfois dans une cabane à chien sur un terrain privé. Ils utilisaient les toilettes des stations-service ou des restaurants et se trouvaient des vêtements dans les poubelles. Shantwania faisait tout ce qu'il fallait pour survivre et protéger son frère et sa sœur. Elle avait décidé que tous trois réussiraient à former une famille, quoi qu'il arrivât.

Où pensez-vous qu'elle est aujourd'hui ? On aurait pu croire que Shantwania, sa sœur et son frère sombreraient dans la drogue, échoueraient en prison ou mèneraient une existence misérable.

Eh bien, Shantwania, sa sœur et son frère ont fait mentir les statistiques. En juin 2001, Shantwania a obtenu son diplôme de la faculté de médecine de l'université de Boston et, en juillet, elle a commencé sa résidence en obstétrique et en gynécologie. Sa sœur vient de terminer des études collégiales et son frère s'est engagé dans les marines.

On pourrait dire que l'histoire de Shantwania est miraculeuse — et elle l'est. Cependant, elle n'est pas incompréhensible : diverses personnes ont aidé Shantwania, sa sœur et son frère ; certaines les ont beaucoup aidés, d'autres ne l'ont fait qu'en passant. Il est certain que Shantwania a compté sur sa force personnelle, mais cette force ne venait pas de nulle part. Elle venait de sa grand-mère et des autres personnes avec qui elle s'est connectée le long de sa route. C'est ainsi qu'elle a développé le sentiment de vouloir faire sa part en retour, de devenir altruiste. Selon les conclusions de Vaillant, l'altruisme comme moyen de composer avec le stress est non seulement l'une des stratégies les plus saines qui soit, mais aussi une stratégie très étroitement corrélée avec la satisfaction dans la vie. Voici comment Shantwania imagine sa carrière comme médecin : «Pour une raison ou pour une autre, Dieu a toujours mis sur ma route des gens qui m'ont aidée à passer à travers. Maintenant, je veux prendre soin de ces gens.»

Même si nous ne nous identifions pas à Shantwania et même si nous n'avons rien vécu de semblable, je crois que nous pouvons tous tirer des leçons de son expérience et les appliquer dans notre vie au lieu de simplement admirer cette personne – tout en nous sentant très loin d'elle.

Shantwania peut nous enseigner le pouvoir extraordinaire de l'amour lorsqu'il prend la forme d'un circuit de réverbération au sein d'un groupe, une famille par exemple. L'amour qu'elle portait à sa grand-mère et que celle-ci lui portait, tout comme l'amour mutuel qui existait entre les trois enfants lui ont donné une force surhumaine. Tous les jours, pour survivre, elle faisait ce qu'elle avait à faire, non seulement pour elle-même, mais aussi pour les deux enfants qui dépendaient d'elle. Elle avait une mission, nourrie par l'amour et mise à l'épreuve à l'extrême par les réalités les plus dures.

D'après les recherches du Dr Robert Brooks, la grand-mère de Shantwania figure l'adulte charismatique que l'on retrouve presque invariablement dans l'enfance d'une personne qui s'en est sortie malgré tous les obstacles, comme l'a fait Shantwania. La grand-mère de Shantwania était charismatique en ce sens qu'elle a amené sa petite-fille à trouver en elle-même des ressources qu'elle ne croyait pas posséder, à persévérer quoi qu'il arrive et à se sentir chargée d'une grande mission dans la vie. Après avoir méticuleusement passé en revue, en collaboration avec Sam Goldstein, les recherches considérables menées sur ce qui permet aux enfants de se ressaisir, Brooks déclare que le facteur le plus important est un adulte charismatique. Souvent un parent ou un enseignant, mais parfois un membre de la parenté ou un entraîneur, quelqu'un qui arrive comme par magie dans la vie d'un enfant démuni pour le transformer en survivant héroïque. Un adulte qui se soucie d'un tel enfant et qui l'inspire peut provoquer un véritable miracle.

Si la plupart des enfants n'ont pas besoin de faire des miracles pour survivre, tous doivent néanmoins faire face à des moments difficiles, car les déceptions et les chagrins sont inévitables. Par exemple, ne pas être invité à une fête d'anniversaire sera une déception mineure, tandis qu'être refusé dans telle ou telle école se révélera une grande déception, et la perte d'un être cher sera une épreuve douloureuse. Le circuit de réverbération d'amour qui a sauvé Shantwania et les siens peut sauver toutes les familles, la vôtre et la mienne, et empêcher qu'elles soient détruites par les dures réalités que nous devons tous affronter.

Ce que je retiens de l'histoire de Shantwania n'est pas tant un précepte (une chose apprise comme une leçon) qu'un sentiment (une chose que l'on apprend sans avoir à prendre de leçons). Lorsque je pense à Shantwania, je me sens plein d'espoir. Si elle a réussi à faire ce qu'elle a fait, il y a de l'espoir pour tout le monde. Vous n'avez pas besoin de gagner à la loterie ni de rencontrer un bienfaiteur. Il suffit que vous trouviez quelque part un amour qui forme un circuit de réverbération.

Cette connexion ancrée dans l'amour développe la résistance émotionnelle. Des recherches récentes menées par Peter Fonagy, dont j'ai parlé dans le chapitre précédent, ainsi que d'autres travaux de spécialistes de la recherche sur l'attachement, soulignent combien une connexion ancrée dans l'amour est importante pour développer une résistance émotionnelle, même dans des circonstances adverses.

Ces recherches, parmi les plus intéressantes qui se font actuellement dans le domaine du développement de l'enfant, se fondent sur les travaux classiques de John Bowlby, dont les recherches menées il y a un demi-siècle ont démontré que les enfants qui ne développent pas un lien d'attachement solide avec leur mère sont plus susceptibles de manifester des signes de «*privation partielle,* soit un besoin excessif d'amour ou de vengeance, de la culpabilité et de la dépression — ou de *privation complète*, caractérisée par la léthargie, l'indifférence tranquille, des retards de développement et, plus tard, la manifestation d'une nature superficielle et d'un manque de sentiments véritables[1]».

---

1. Cité dans Peter Fonagy, *Attachment Theory and Psychoanalysis,* p. 7.

L'une des meilleures façons de réussir sa vie consiste à avoir un attachement solide et durable envers une personne, habituellement la mère, dès l'âge le plus tendre. Si l'on ne jouit pas d'un tel attachement, peut-on quand même apprendre à composer avec l'adversité? Des recherches intéressantes suggèrent que oui.

Je connais de nombreuses personnes qui avaient toutes les chances contre elles, mais qui ont quand même réussi. Vous en connaissez sûrement vous aussi, peut-être même êtes-vous l'une d'elles. Comme elles, vous composez admirablement bien avec l'adversité. C'est là une caractéristique qui distingue les gens heureux en général. Les coups durs ne leur font pas perdre leur sang-froid. Or, comme la vie réserve à chacun des difficultés, savoir y faire face est un élément clé de ce que nous appelons le bonheur.

La capacité de composer avec l'adversité est génétiquement déterminée dans une certaine mesure et on ne peut rien y faire. Cependant, toute personne peut apprendre à affronter les difficultés. Les recherches de Martin Seligman ont prouvé que l'optimisme — une attitude axée sur la confiance en soi et le dynamisme — peut être enseigné. Or, l'optimisme pendant l'enfance et le bonheur à l'âge adulte sont interdépendants. Je dirais que la grand-mère de Shantwania était passée maître dans l'art d'enseigner l'optimisme, et que Shantwania était une élève extraordinairement douée. Des chefs d'entreprise vous diront que ce qu'ils recherchent chez un employé n'est pas un dossier universitaire exemplaire, mais une personne qui respire la confiance en soi-même et le dynamisme, qui peut s'attaquer à un problème, y travailler avec toute son intelligence jusqu'à sa résolution. C'est ce que font les gens qui se disent heureux. Dès qu'un problème surgit, ils passent à l'action. Ils rassemblent leurs ressources, aussi minces soient-elles. Ils trouvent de l'aide, aussi limitée soit-elle. Ils ne renoncent jamais.

En interviewant Ty Tingley, le directeur de la Phillips Exeter Academy, un pensionnat de niveau secondaire du New Hampshire qui accueille des élèves de partout dans le monde, j'ai obtenu un indice sur la façon dont on devient une personne pleine de ressources. Je lui ai posé la fameuse question que j'adresse à des experts de toutes sortes depuis des années pour préparer le présent ouvrage : «Quelles sont à votre avis les racines cultivées pendant l'enfance qui assurent le bonheur à l'âge adulte ?»

Ma question provoque une réaction typique. Les gens font d'abord une pause, puis sourient avant de me dire quelque chose comme : «Voilà une excellente question !» C'est ce que Ty m'a dit après avoir fait une pause et souri. Malgré l'importance évidente de cette question, rares sont ceux qui ont dû y répondre ou y réfléchir en détail. Pourtant, presque tout le monde a une réponse. Parmi les centaines que j'ai obtenues, celle de Ty Tingley est des plus inhabituelles, mais je crois qu'il touchait juste.

«Je peux vous parler d'une des manières dont nous préparons les enfants, ici, à Exeter, à être heureux lorsqu'ils seront adultes», m'a expliqué Ty avec une pointe de malice dans le regard, sachant que je ne m'attendais pas à la réponse qu'il était sur le point de me donner. «Nous leur enseignons à échouer. Nous leur donnons de très nombreuses occasions d'échouer. Nous veillons à ce qu'ils échouent. Puis nous les aidons à s'en remettre.» Exeter est une institution qui a des normes d'instruction élevées. Il est difficile d'être accepté à Exeter et il est difficile d'obtenir de bonnes notes une fois qu'on y est. Les élèves qui y sont admis s'attendent à exceller, mais ils s'aperçoivent vite qu'ils ne réussissent pas aussi bien qu'ils s'y attendaient. Je le sais, car cela m'est arrivé.

Je suis entré à Exeter en 2e année du secondaire en 1964. Dans mon ancienne école, j'étais arrivé le premier de ma classe l'année précédente. Je croyais qu'il en serait de même à Exeter, mais je me trompais. Je pensais obtenir des A partout. Cela n'est pas arrivé. En fait, pendant toute cette année, je n'ai même pas obtenu un seul A.

Au début, je me suis affolé. Comment pouvait-il en être ainsi? Par la suite, avec l'aide de mon conseiller et des autres élèves qui, comme moi, découvraient tous qu'ils n'étaient pas les gens les plus intelligents du monde, j'ai graduellement appris à composer avec cette manifestation de l'adversité. Pour reprendre les paroles ironiques de Ty Tingley, j'ai appris à échouer. Cela a été l'une des plus importantes leçons de mon enfance. Je n'avais pas besoin d'être le premier pour être heureux. Je n'avais pas besoin d'être parfait pour être une personne bien.

Cela ne veut pas dire pour autant que je sois devenu complaisant. Au contraire, j'ai travaillé plus fort à Exeter que je n'avais jamais travaillé auparavant. Cependant, je me suis rendu compte que, même quand je travaillais aussi fort que je le pouvais, il y avait presque toujours quelqu'un pour faire mieux que moi.

Il faut faire soi-même l'expérience de la défaite pour apprendre comment composer avec une telle réalité. Qu'une personne joue une partie de Monopoly en famille, qu'elle tente d'obtenir de bonnes notes à Exeter ou qu'elle convoite un prix Nobel, elle ne connaîtra pas le succès tant qu'elle n'aura pas appris à perdre.

Pour expliquer les choses différemment, disons qu'une personne doit perdre pour apprendre à gagner au jeu que la vie lui réserve. La vie n'est pas qu'un seul coup de dés. La vie est un jeu qui comporte de nombreux échecs. Les personnes qui ont l'avantage dans la vie — celles qui deviennent heureuses à l'âge adulte — sont celles qui peuvent subir une perte ou une défaite sans jamais perdre courage. Tous les enfants subissent des défaites, pas nécessairement à Exeter ou dans les rues de Jackson au Mississippi, mais ailleurs. Il est donc important qu'ils apprennent à reprendre courage à la suite d'une déception. Ce n'est pas là tout le secret pour être heureux à l'âge adulte, mais sans cet apprentissage, la porte du bonheur à long terme reste généralement verrouillée.

Vous pouvez inculquer cette habileté à votre enfant de nombreuses façons. La meilleure consiste à lui assurer un attachement solide tôt dans la vie ; c'est pourquoi la connexité est la première étape, et l'étape la plus importante de ma méthode en cinq points, que je décris dans le chapitre 5.

Il y a aussi d'autres façons. Vous pouvez être un modèle pour votre enfant en sachant composer avec l'adversité dans votre propre vie. Les enfants apprennent en observant comment leurs parents font face aux déceptions, que ce soit dans leur carrière, dans un sport ou même dans leur vie quotidienne. Vous pouvez encourager l'esprit de compétition chez votre enfant, tout en vous assurant qu'il connaîtra des victoires et des défaites, et vous l'aiderez à vivre. Vous pouvez faire appel à l'humour pour atténuer la peine de votre enfant ou vous pouvez vous montrer philosophe et lui faire savoir que vous ne vous découragez jamais. Vous pouvez aussi lui raconter la vie de gens qui ont surmonté des obstacles (presque tout le monde en a surmonté). Par exemple, l'ancien président-directeur général de General Electric, Jack Welch. Un jour qu'il était rentré de l'école en se plaignant à sa mère que ses camarades avaient ri de ses bégaiements, sa mère lui avait répondu : «Oh, Jack, tu bégaies parce que tu es terriblement intelligent et que tes pensées vont plus vite que tes paroles.» Vous pouvez aussi lui dire qu'Einstein avait de la difficulté en mathématiques au primaire. Les exemples vrais sont utiles.

En outre, vous pouvez lui enseigner l'optimisme. Donnez l'exemple et dites souvent des choses comme : «En équipe, il n'y a pas de problèmes que nous ne puissions résoudre.» Ces mots ne feront pas beaucoup d'effet sur des adultes blasés, mais s'ancreront dans l'esprit des enfants. Plus on croit pouvoir résoudre un problème, plus on a de chances de le résoudre.

Enfin, vous pouvez faire un effort non pas pour protéger votre enfant de toutes les déceptions, mais pour être là afin de l'aider lorsqu'il trébuchera. La meilleure façon d'apprendre à composer avec l'adversité consiste à y être confronté et à réussir à s'en sortir de nombreuses fois. «Réussir» signifie simplement apprendre de l'expérience et persévérer. Donnez des conseils à votre enfant pour l'aider à mieux composer avec l'adversité la fois suivante. Enfin, au lieu de reconnaître uniquement ses réalisations et ses succès, faites aussi valoir ses efforts et son courage devant la frustration et la défaite. Vous pouvez lui réciter les quelques lignes du poème de Rudyard Kipling, intitulé *Si*, écrites sur les murs du tunnel reliant les vestiaires et le court central à Wimbledon :

> *Si tu peux faire face au triomphe et au désastre*
> *Et traiter ces deux imposteurs de la même façon*

Après avoir récité ces lignes du poème, expliquez à votre enfant pourquoi le triomphe et le désastre sont des imposteurs. Ce ne sera peut-être pas facile, mais c'est là le travail créatif de tout parent, enseignant ou autre intervenant.

Ces quelques conseils ne vous sont pas donnés au hasard. Dans les chapitres qui suivent, je vous expliquerai une méthode en cinq étapes qui, globalement, vous permettra d'inculquer à votre enfant le pouvoir de composer avec l'adversité et d'intégrer la joie dans sa vie.

Intégrer la joie dans sa vie

S'il est important qu'un enfant sache composer avec l'adversité, il est tout aussi primordial qu'il apprenne à intégrer la joie dans sa vie.

Nous sous-estimons généralement l'importance de cette dernière habileté. Elle est pourtant cruciale. Des millions d'adultes mènent une vie insatisfaisante parce qu'ils n'ont pas appris à intégrer sainement la joie dans leur vie. Des millions d'adultes se tournent vers les drogues, l'alcool et le jeu pour s'amuser parce qu'ils ne connaissent pas d'autres moyens de mettre de la joie dans leur vie.

L'alcool et les drogues constituent un énorme danger pour les jeunes (et même pour les gens plus vieux), car ces substances leur offrent une solution facile au défi de trouver de la joie dans la vie quotidienne.

Comment peut-on dire que trouver de la joie relève du défi ? La joie semble pourtant une chose simple. Malheureusement, l'art d'intégrer la joie dans sa vie n'a rien de simple. Il est au moins aussi compliqué — et aussi utile — que l'art de composer avec l'adversité. De nombreux adultes passent leur vie entière à composer avec l'adversité, et ils y parviennent assez bien, mais ils connaissent peu de joie. D'autres ne connaissent la joie que de manière brève et potentiellement dommageable, en s'adonnant par exemple à l'alcool, à la drogue ou au jeu, ou en prenant des risques dangereux.

Permettez-moi de vous donner un exemple. Je connais un homme qui s'inquiète tellement que, même lorsqu'il n'y a rien qui puisse l'inquiéter, il s'inquiète d'avoir manqué quelque chose. Il lui est extrêmement difficile de connaître une joie sans artifice, car, dès qu'il éprouve spontanément de la joie, un signal d'alarme retentit au plus profond de son être pour le mettre en garde, comme s'il était allergique à celle-ci. Il se sent vraiment heureux seulement le samedi soir quand il dîne au restaurant avec sa femme et boit deux martinis.

Il existe une organisation innovatrice basée à Needham, au Massachusetts, appelée *Freedom from Chemical Dependence Educational Services*. Cette organisation envoie des formateurs dans les écoles du monde entier pour organiser des ateliers éducatifs visant à apprendre aux élèves à vivre pleinement leur vie sans recourir à l'alcool ou à d'autres drogues. Les formateurs, d'anciens toxicomanes, sont à même de donner aux jeunes le point de vue de celui qui a vécu cet enfer. Pour faire sa part dans cette entreprise, le président de l'organisation, le psychologue et auteur Alex J. Packer, a écrit un ouvrage merveilleusement pratique intitulé *HIGHS! Over 150 Ways to Feel Really, REALLY Good... Without Alcohol or Other Drugs* (Planer ! Plus de 150 façons de se sentir vraiment, VRAIMENT bien… sans alcool ni autres drogues). Il s'agit d'un livre drôle et honnête, écrit dans un style qui plaît aux adolescents et aux jeunes adultes.

Naturellement, nous avons besoin de plus qu'un simple livre pour intégrer la joie dans notre vie. Nous avons besoin de connaître la joie par des moyens sains que nous voudrons continuer à utiliser pour le reste de nos jours.

Pour apprendre à trouver sainement de la joie, il faut commencer jeune. Pour vous montrer comment un enfant peut intégrer la joie dans sa vie, je vous parlerai d'un des experts mondiaux dans ce domaine : Tucker, mon fils de six ans.

Le regarder jouer, c'est comme se trouver dans un laboratoire de joie. J'aime particulièrement observer Tucker lorsqu'il s'amuse seul. Dans ces moments-là, il est comme un grand scientifique travaillant en solitaire dans son laboratoire, allant et venant entre toutes les expériences qu'il mène de front, ravi de pouvoir se concentrer sur une myriade de projets sans être interrompu.

Quand Tucker joue dans sa chambre, je vais souvent me poster devant sa porte pour l'observer. S'il me voit, il se contente de dire «allô, papa», puis il retourne à ses jeux.

Sa chambre est petite, mais les grands savants n'ont pas besoin de beaucoup d'espace. Il a suffisamment de place pour orchestrer ses jeux imaginaires. Il se sert de tout ce qui se trouve à sa portée, et comme son plancher est généralement encombré de toutes sortes de choses, il ne manque de rien. Il peut, par exemple, transformer une de mes pantoufles (qui s'est mystérieusement retrouvée dans sa chambre) en un bateau qu'il peuple de figurines en plastique ou de petits soldats qui se battront contre les «méchants». Naturellement, Tucker se charge des effets sonores et des dialogues.

Il peut s'amuser de la sorte pendant une heure au moins. Le jeu évolue, passant de la bataille au voyage d'exploration, qui devient par la suite un jeu de cache-cache, avec Tucker qui dirige tous ses joueurs imaginaires.

Il oublie complètement ma présence et je me dis alors qu'il est en train de faire le travail le plus important de sa vie. Il fait croître en lui-même les racines de la joie. Il apprend à intégrer la joie dans sa vie, ne disposant, pour ce faire, de rien de plus que s'il était sur une île déserte. Quelques bouts de bois, des coquillages, et Tucker serait aux anges (du moins, jusqu'à ce qu'il ait faim).

J'ai déjà entendu Jack Welch répondre à la question suivante : «Que faut-il pour réussir ?» Welch, dont les origines sont humbles, a fréquenté l'université du Massachusetts, qui n'est pas une «grande université». En outre, il a un défaut d'élocution. Malgré cela, il a fait de General Electric l'une des sociétés les plus prospères du monde. Sa réponse a été la suivante : «Il faut mordre dans la vie et vivre pleinement. Quoi qu'on fasse, il faut y aller à fond. La vie est courte et il ne faut pas boursicoter, ni se laisser décourager par les bureaucrates. Le secret est de savoir foncer.»

J'ai compris ce que voulait dire Jack Welch en observant les jeux de Tucker. C'est une question d'attitude plutôt que d'habileté. En fait, Welch disait toujours qu'il vaut mieux embaucher quelqu'un pour son attitude et lui enseigner ensuite les habiletés. L'attitude mène à la compétence, mais le bonheur commence par une attitude. «Je vais tenter ma chance, proclame Tucker dans ses jeux, je ne vais pas me retenir. Je vais jouer à fond. Je n'ai pas peur.»

Permettez-moi de faire intervenir un autre expert, Lucy, ma fille de douze ans. Plus âgée que Tucker, elle ne joue plus sur le plancher de sa chambre ; néanmoins, elle intègre la joie dans sa vie de nombreuses façons. Discuter avec des amies est sa méthode principale. En personne, par téléphone ou par courrier électronique (sujet que j'aborderai au chapitre 8). En outre, elle joue au soccer et aime à s'appliquer du vernis à ongles. Elle a parfois des sautes d'humeur, de sorte qu'il est important qu'elle connaisse la joie pour se sortir d'une impasse émotionnelle. Elle a appris instinctivement à intégrer la joie dans sa vie en sachant à quels moments elle a besoin de se réserver du temps pour réfléchir seule, lire ou regarder la télé, parler au téléphone avec quelqu'un ou même faire une sieste.

Dans le prochain chapitre, je décris les forces qui tendent à se combiner pour produire des enfants heureux, qui deviendront plus tard des adultes heureux et responsables. Ces forces incluent la connexité, le jeu, la pratique, la compétence et la reconnaissance. Présente pendant toute l'enfance, cette combinaison produit généralement des enfants qui peuvent à la fois composer avec l'adversité et intégrer la joie dans leur vie.

Ces forces ont circulé pendant toute l'enfance de Lucy et ont fait d'elle une enfant de douze ans beaucoup plus heureuse que ne l'étaient ses parents au même âge. Dire une telle chose m'angoisse un peu, par peur de voir le destin me contredire, mais je crois que Lucy est sur la bonne voie pour connaître le bonheur à l'âge adulte. Pour vous le prouver, voici le poème autobiographique qu'elle a composé à l'école :

LA FÉE RAYONNANTE

Son nom explique tout ce qu'elle est.
Son énergie est comme une fée volante
Qui danse sur la lune.
Sa créativité est comme un coucher de soleil
Qui met des couleurs dans le ciel.
Ses humeurs sont comme l'océan
Parfois étincelantes et calmes, parfois âpres et colériques.
Ses mouvements sont ceux d'une sirène
Nageant gracieusement dans la mer.
Sa loyauté est comme celle d'un oiseau
Qui protège son nid.
Sa douceur est comme du chocolat
Qui fond dans la bouche.

Sa gentillesse est celle d'un ange
Qui sème le bonheur autour de lui.
Son espièglerie est celle d'un singe
Qui se balance d'arbre en arbre.
Son assurance est comme une étoile
Qui brille dans la nuit noire.
Son cœur est celui d'une fée rayonnante
Qui transmet de la lumière au monde.

Lucy n'est une «star» dans aucun domaine, ni à l'école, ni dans les sports, ni en musique, même si elle a fréquenté tous ces domaines avec succès. Elle est toujours une participante enthousiaste et une présence joyeuse où qu'elle soit.

«Oui, mais… oui, mais…», répètent les adultes. Il faut attendre son tour, acquérir des compétences, faire ses devoirs, apprendre la discipline, se brosser les dents et bien dormir. Vrai. Et il est utile d'être une grande star, n'est-ce pas ? Cela donne à un enfant un «coup de main» pour entrer dans une école prestigieuse, n'est-ce pas ? Il est bien d'être une star, non ? Pas toujours. Cela dépend comment on le devient.

Ce qui importe est de préserver cette poussée d'enthousiasme que ressentent presque tous les enfants *et* de leur apprendre à avoir de la discipline, à attendre leur tour, à acquérir des compétences et à se brosser les dents. Le vedettariat pourra s'arranger tout seul !

Un vif enthousiasme sans discipline, sans patience ni obéissance mène à la frustration. «Pourquoi les gens ne m'écoutent-ils pas ?» demandent sans cesse les adultes ayant été soumis à ce régime. En revanche, trop de discipline, de patience et d'obéissance sans suffisamment d'enthousiasme et de plaisir mènent à la compétence sans joie. «Pourquoi mes succès ne me procurent-ils pas plus de plaisir ?» se demandent ces adultes-là.

Bref, nous devons nous assurer que nos enfants s'amusent et qu'ils se brossent les dents.

Intégrer la joie dans sa vie. Composer avec la douleur et l'adversité. Voilà les choses qui font pousser pendant l'enfance les racines qui assurent le bonheur à l'âge adulte.

Une méthode qui peut être efficace pour tous les enfants

La question de savoir comment inculquer ou acquérir ces habiletés est encore à venir. Dans le présent chapitre, je vous ai proposé diverses idées pour apprendre à votre enfant à composer avec l'adversité et à intégrer la joie dans sa vie. Comme il vous faut plus que cela, je tiens à vous transmettre des suggestions et des conseils particuliers, tout en vous mettant en garde contre certaines erreurs courantes que commettent les parents et les enseignants.

De plus, je tiens à vous suggérer une méthode qui est efficace pour tous les enfants, peu importe leur bagage génétique, l'endroit où ils vivent, leur âge et celui de leurs parents, ou la situation financière de ces derniers.

CHAPITRE 5

LE BONHEUR À L'ÂGE ADULTE PLONGE SES RACINES DANS L'ENFANCE : UN CYCLE EN CINQ ÉTAPES

Les enfants auxquels on fournit les nécessités physiques de la vie — et, malheureusement, cela n'est pas donné à tous, même dans notre monde d'abondance — sont remarquablement résistants. Pour peu qu'on leur en donne la chance, ils grandissent et s'épanouissent. Le programme que je décris dans le présent chapitre, fondé sur la recherche et l'expérience, est la meilleure évaluation des besoins essentiels des enfants, en plus des nécessités physiques, pour se développer et réussir.

Dans le programme en cinq étapes que je recommande, chaque étape mène à la suivante, de sorte qu'il en résulte un cycle (voir la figure ci-dessous). Idéalement, le processus se poursuit non seulement durant

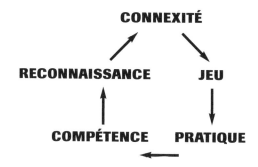

l'enfance, mais aussi pendant toute la vie. J'en décrirai les points dans le présent chapitre, puis je consacrerai un chapitre à chacun.

Premier point : la connexité

La connexité est le point le plus important du cycle, celui qui met le cycle en mouvement. Heureusement, la nature dote la plupart des enfants et des parents de la capacité d'établir une connexion. (Je dis «la plupart», car certains enfants souffrent à la naissance de problèmes qui les empêchent d'établir des liens significatifs avec les autres, et ces enfants souffrent d'autisme, du syndrome d'Asperger, de schizophrénie infantile ou de trouble profond du développement.)

La connexité — sous la forme de l'amour inconditionnel — constitue la principale racine du bonheur de l'adulte, mais elle n'est pas tout. Comme je l'expliquerai dans le prochain chapitre, il existe de nombreuses autres formes de connexions qui, ensemble, composent une fondation inébranlable sur laquelle se construit une vie tout entière.

En grandissant avec un fort sentiment de connexité, l'enfant développe ce qu'Erik Erikson appelle la «confiance élémentaire précoce». L'enfant acquiert aussi un sentiment de sécurité qui lui inspire du courage et le désir de prendre des risques dans la vie, à six mois comme à soixante ans.

Cette capacité d'affronter les aléas de la vie — ce que j'appelle une attitude dynamique — engendre un optimisme durable. Comme je l'ai déjà mentionné, Martin Seligman et d'autres ont démontré qu'une attitude optimiste est l'un des plus puissants facteurs de prédiction de bonheur à l'âge adulte, de même qu'une arme redoutable contre la dépression et le désespoir.

Deuxième point : le jeu

Le «travail» de l'enfance est le jeu. De nos jours, trop d'enfants courent sans cesse d'une activité «enrichissante» à l'autre sans s'adonner à la plus enrichissante qui soit : le jeu.

Enfant, je me consacrais après l'école à une activité pratiquement disparue aujourd'hui : j'allais jouer dehors.

Comme parent, j'essaie de ne jamais oublier qu'un enfant qui joue est un enfant qui travaille.

Priscilla Vail, une adulte heureuse qui est aussi l'une des plus grandes spécialistes des difficultés d'apprentissage scolaire aux États-Unis, m'a raconté que, étant la benjamine, elle se retrouvait souvent seule lorsqu'elle était enfant. Ses frères et sœurs sortaient et ses parents se querellaient, mais elle a appris à jouer toute seule et à aimer la solitude. Elle est convaincue que ce talent lui a été d'une grande utilité sa vie durant.

Le jeu stimule l'imagination. Jouer avec d'autres enfants enseigne la résolution de problèmes et la coopération. Le jeu solitaire apprend aussi la résolution de problèmes, mais également les bonheurs inhérents à la solitude. Un enfant qui apprend à jouer seul ne souffrira jamais d'ennui. Le jeu enseigne à supporter la frustration de ne pas réussir du premier coup à construire une belle gare ou à aller à vélo. Il enseigne surtout qu'on peut échouer.

De plus, quand on joue dans sa tête, on rêve éveillé. La capacité de rêver éveillé est un talent que possèdent la plupart des enfants, et elle n'est pas à dédaigner. Nos rêves nous aident à frayer notre voie et peuvent jeter les bases de nos croyances ou les renforcer. Plus on a de la facilité à jouer «dans sa tête» — à rêver —, plus les croyances seront profondément ancrées à l'âge adulte.

Le jeu est le terreau dans lequel croissent les rêves et les croyances.

Le jeu génère aussi de la joie et devient ainsi sa propre récompense. Lorsqu'il joue, l'enfant accède à un état mental que Mihaly

Csikszentmihalyi appelle l'«expérience gratifiante intrinsèque». Dans cet état, les humains sont parfaitement heureux, oubliant où ils sont et qui ils sont. À son meilleur, le jeu initie l'enfant au monde de l'expérience gratifiante intrinsèque. Plus une personne exerce des activités qui lui permettent d'accéder à cette expérience, plus elle est heureuse au quotidien. C'est pendant l'enfance, par le jeu, qu'on jette les bases de l'expérience gratifiante intrinsèque.

Troisième point : la pratique

Les adultes connaissent l'importance de la pratique. Comment l'ont-ils apprise ? Par l'expérience, par tâtonnement, par… la pratique.

Un enfant qui joue apprend très tôt le pouvoir de la pratique. Rares sont les enfants qui réussissent à aller à vélo du premier coup sans tomber. Mais l'attrait de savoir aller à bicyclette est suffisant pour rendre la pratique tolérable et la frustration supportable. L'échec devient ainsi la première étape sur la voie de la compétence et du succès.

Si vous avez un piano, votre bébé s'amuse peut-être à taper sur les touches. Plus tard, s'il prend des leçons, il constatera qu'il produit de plus jolis sons lorsqu'il pratique. Il n'aime peut-être pas pratiquer, mais il continue, car il est fier de ses résultats.

Tout apprentissage — aller à bicyclette, jouer du piano ou parler l'espagnol — comporte une part de souffrances, car il faut traverser la phase où nous constatons nos lacunes et nous sentons incompétent. Et avec raison. Cette phase ne procure qu'une amélioration marginale malgré un effort colossal. Pourtant, avec des encouragements, nous tenons bon et finissons par nous améliorer. Ce qui nous amène au quatrième point, la compétence.

De la pratique découle la discipline. Bien entendu, la progression de la liberté totale vers une vie disciplinée et responsable ne se fait pas sans quelques heurts, et le meilleur chemin pour y parvenir ne passe pas par la peur et la punition, mais par la connexité.

De plus, lorsque l'enfant pratique une activité, il reçoit habituellement un coup de main. Voilà une autre compétence importante qu'un enfant acquiert par la pratique : il apprend à recevoir de l'aide, de l'enseignement ou de l'entraînement.

Quatrième point : la compétence

Après avoir pratiqué de manière disciplinée, un enfant fera l'expérience du merveilleux sentiment de la compétence. «Je suis capable», «J'ai compris», «Hourra!» Voilà les expressions de la compétence.

Peu de sentiments procurent autant de bonheur dans la vie. On ne le ressent pas tous les jours, mais, une fois qu'on y a goûté, on ne peut plus s'en passer.

Les racines de l'estime de soi-même ne résident pas dans les compliments, mais dans la compétence. Lorsqu'un enfant maîtrise une activité qu'il ne réussissait pas auparavant, son estime de soi-même s'en trouve *naturellement* rehaussée, qu'on le complimente ou non. Si vous voulez que votre enfant ait une bonne estime de soi, évitez de le complimenter excessivement, mais faites en sorte qu'il acquière diverses compétences.

La compétence engendre non seulement l'estime de soi, mais aussi la confiance, le leadership, l'esprit d'initiative et le goût de l'effort. On travaille non par devoir, mais pour continuer à jouir du plaisir de la compétence.

Cinquième point : la reconnaissance

La compétence suscite automatiquement la reconnaissance et l'approbation d'un groupe plus nombreux. Lorsqu'un enfant fait ses premiers pas, maman et papa l'encouragent et prennent des photos ou tournent des vidéos. Lorsqu'il fait son premier tour de vélo, il peut se joindre à ses amis qui savent déjà rouler et il obtient la reconnaissance et l'approbation d'un cercle agrandi. Chaque manifestation de compétence suscite la reconnaissance et l'approbation d'un cercle qui s'élargit constamment, de la famille aux amis, de l'école à la ville ou au monde du travail.

Il faut valoriser et reconnaître les compétences d'un enfant tout en lui faisant sentir qu'on l'apprécie pour ce qu'il est. Comme l'a souligné Alice Miller dans son ouvrage classique *The Drama of the Gifted Child*, beaucoup d'enfants, spécialement les plus intelligents, comprennent dès leur plus jeune âge ce que les autres attendent d'eux et ce qu'ils doivent faire pour obtenir leurs compliments. Ils commencent ainsi à jouer un jeu qui dure parfois toute la vie et qui consiste à chercher à plaire aux gens. Ce faisant, ils répriment tellement leur véritable personnalité que, devenus adultes, ils n'ont aucune notion de qui ils sont réellement.

Pour empêcher cette dérive, les enfants ont besoin d'être reconnus pour ce qu'ils sont vraiment.

Lorsque le véritable moi de l'enfant coïncide avec les valeurs du groupe élargi, son désir de réussir s'en trouve renforcé — pour obtenir l'approbation des autres —, comme son sentiment de contribuer à quelque chose de valable. Lorsqu'on se sent apprécié au sein d'un groupe, on s'y sent connecté ; et quand on sent une appartenance à un groupe, on veut y être loyal. Ce sentiment de connexité véritable constitue le fondement du comportement moral.

Le comportement moral que tous les parents veulent enseigner à leurs enfants, en désespérant parfois d'y arriver, ne découle pas de sermons et de leçons, mais plutôt de ce sentiment de connexité avec un groupe élargi. Le comportement moral reflète le désir de faire ce qui est bien et non la crainte des conséquences de faire le mal.

La reconnaissance, qui conduit à la connexité sociale, est non seulement la source du comportement moral, mais aussi la validation naturelle du bien-fondé de ses actes. Cette validation porte l'individu à vouloir en faire davantage. C'est ce qu'on appelle la motivation, une notion que les parents comme les enseignants se demandent comment transmettre.

Les cinq étapes, l'une menant logiquement à l'autre, procurent donc, à mesure que les enfants grandissent, de nombreux autres bienfaits, dont le comportement moral et la motivation, qui en découlent spontanément. Bien entendu, le passage d'une étape à l'autre, comme la progression d'une relation amoureuse, ne se fait pas toujours sans heurts. Néanmoins, la stratégie de base consistant à suivre ces étapes donne habituellement de bons résultats.

La figure à la page suivante résume les cinq étapes et certaines des qualités additionnelles que chacune favorise.

Vous trouvez peut-être que cette figure ressemble à la liste de tout ce que vous voulez pour vos enfants. C'est ce qu'elle est, et elle est très efficace ! Cependant, vous ne pouvez pas « faire du shopping », ou du « magasinage », pour trouver les bienfaits que génère le cycle en cinq étapes.

Les parents oublient souvent de se demander comment un enfant peut acquérir certaines habiletés naturellement en puisant en lui-même.

Par exemple, le comportement moral ou l'estime de soi. Je ne pourrais vous dire le nombre de parents qui veulent *enseigner* la morale à leurs enfants ou leur *donner* de l'estime de soi. Pour enseigner la morale, ils leur font apprendre les dix commandements, et pour renforcer leur estime de soi, ils les encensent à longueur de journée.

**Capacité d'intégrer la joie
dans sa vie**

**Capacité de composer
avec l'adversité**

Amour de la vie, confiance, sécurité, courage, optimisme, capacité
de composer avec l'adversité

CONNEXITÉ

Sentiment d'appartenance
    à son groupe
Comportement moral
Renforcement de la motivation
Estime de soi-même
Identité

RECONNAISSANCE

Apprend à intégrer la joie dans
    sa vie
Fait vivre l'expérience gratifiante
    intrinsèque
Apprend à composer avec l'échec
Stimule l'imagination, la confiance
Aide à se sentir à l'aise dans
le chaos
Apprend la coopération

JEU

COMPÉTENCE

Confiance, leadership, initiative
Plaisir d'apprendre
Désir d'apprendre davantage
Estime de soi-même, motivation
    interne

PRATIQUE

Compétence
Discipline
Persévérance
Capacité de chercher et de
    recevoir de l'aide

Cette approche ne marche pas, car elle est artificielle. C'est un peu comme si vous achetiez des tomates à l'épicerie, que vous les attachiez à un arbuste dans votre jardin et que vous disiez : « Regardez les belles tomates que j'ai fait pousser. » L'arbuste ne donnera pas d'autres tomates et celles que vous y avez attachées ne tarderont pas à pourrir.

Il est préférable de faire pousser un plant de tomates plutôt que de greffer des tomates à un arbuste. Si vous élevez votre enfant de manière à laisser son comportement moral ou son estime de soi se développer naturellement au lieu de le lui greffer artificiellement, ces qualités s'épanouiront et persisteront malgré le passage du temps.

On peut toujours tenter de plaquer artificiellement le comportement moral, mais il ne tient jamais longtemps.

Je préconise l'approche simple du cycle en cinq étapes parce que chacune des étapes mène naturellement à la suivante et au développement de toutes les qualités de la « liste d'achats ».

J'expliquerai comment cela se produit dans le chapitre qui suit.

CHAPITRE 6

PRÉSERVER ET PROMOUVOIR L'ÉNERGIE POSITIVE DE L'ENFANCE : LE POUVOIR DES CINQ ÉTAPES

Comme le montrait la figure à la fin du chapitre précédent, le cycle en cinq étapes que j'ai décrit mène bien au-delà des cinq étapes elles-mêmes.

Lorsque les traits ou les capacités mentionnés dans la figure se développent naturellement chez un enfant, ils ont de meilleures chances de croître toute la vie durant.

Par exemple, au lieu de «plaquer» la morale sur un enfant, il est préférable de l'élever pour qu'il arrive naturellement à désirer faire ce qui est bien.

«Impossible, disent les sceptiques (qui se prétendent réalistes, évidemment), les humains sont naturellement corrompus. La morale s'inculque uniquement en établissant des règles claires et en instillant la crainte des conséquences de ne pas s'y conformer.»

Nous avons besoin de règles et de punitions pour les personnes qui résistent aux autres méthodes. Cependant, une personne volontairement morale fait ce qui est bien parce qu'elle décide de le faire après en avoir pesé le pour et le contre.

Il en va de même de l'estime de soi-même. L'enfant qui s'aime vraiment n'éprouve pas ce sentiment parce qu'on l'a plaqué sur lui à force de compliments et de louanges, mais parce qu'il a acquis une compétence quelconque.

Permettez-moi de vous présenter quelques exemples qui démontrent que le cycle en cinq étapes permet d'acquérir de nombreuses qualités que tous les parents souhaitent à leurs enfants, comme l'estime de soi, le comportement moral, la capacité de composer avec l'adversité, la capacité d'intégrer la joie dans sa vie et la motivation intérieure.

Les cinq étapes mènent à l'estime de soi…

Tous les parents souhaitent que leurs enfants soient bien dans leur peau et qu'ils se respectent eux-mêmes. Malheureusement, ils croient pouvoir favoriser l'estime de soi-même en vantant sans cesse l'enfant, mais cette méthode ne fonctionne pas.

Je n'ai rien contre les compliments — ils renforcent le sentiment de connexité —, mais des études ont démontré qu'ils ne favorisent pas à eux seuls l'estime de soi. L'estime de soi découle habituellement de la compétence. Une fois qu'une personne a maîtrisé une tâche difficile, son estime de soi s'en trouve rehaussée, tout comme ses muscles grossissent quand elle soulève des poids. Il est aussi absurde d'essayer de transmettre l'estime de soi en répétant à l'enfant qu'il est bon que d'essayer de faire gonfler un muscle en lui disant qu'il est fort. Lorsqu'un enfant passe à travers le processus en cinq étapes, plus particulièrement la quatrième (la compétence) et la cinquième (la reconnaissance), son estime de soi se développe naturellement, comme un muscle qui soulève un poids… ou comme un plant de tomates qui donne ses fruits.

… et au comportement moral…

Tous les parents se font de la bile au sujet du comportement moral, surtout depuis qu'on entend parler de fusillades dans les écoles, de tricheries, de vandalisme. Comment pouvons-nous être certains que nos enfants deviendront des adultes honnêtes et dotés d'une conscience morale ? Quand on observe la cruauté de certains enfants, on peut se demander comment ils pourront acquérir le désir de faire le bien.

Nous faisons la leçon à nos enfants, nous fréquentons peut-être les lieux de culte avec eux et nous leur racontons des histoires moralisatrices. À l'occasion, nous nous mettons en colère. Vous est-il déjà arrivé de sermonner vos enfants pour leur faire comprendre à quel point ils sont privilégiés ? Cela m'est arrivé, une fois, en auto : « Je ne peux pas croire que vous refusiez d'arrêter ici parce que les frites sont mauvaises. Nous voilà en route pour de merveilleuses vacances et vous vous plaignez des frites. Ne pensez-vous donc pas aux autres parfois ? Je vous ai vraiment mal élevés. Je ne vous ai pas appris à apprécier ce que vous avez, à vous soucier d'autrui. Au contraire, je vous ai tellement gâtés que vous êtes devenus de vrais petits diables. (À ces mots, un des enfants se met à pouffer et essaie de se cacher de crainte que je ne me fâche davantage.) Eh bien, j'en ai assez ! À partir d'aujourd'hui, les choses vont changer. Nous nous arrêterons là où vos parents le décideront. Compris ? »

Ils disent qu'ils comprennent, puis l'un nous présente ses excuses, suivi des deux autres. Je dis que je suis désolé de m'être emporté et nous nous réconcilions.

Je suis plus sévère pendant quelque temps et leur refuse de petites choses, mais cela ne dure jamais longtemps et je retombe dans mes vieilles habitudes. Je lutte constamment avec moi-même. Grâce à Sue, les enfants ne sont pas trop gâtés. Mes sermons ont un petit effet : les enfants ont un peu peur de moi — un tout petit peu, comme dirait

Tucker — et je pense que cela est bon. Mais les fondements du comportement moral ne résident pas dans les sermons ni dans la connaissance des dix commandements. Ceux-ci fixent peut-être les règles à suivre, mais ils ne suscitent pas la motivation de les suivre.

Le plus grand facteur de motivation à faire le bien, le plus durable et le plus fiable, est la connexité, et non un système de croyances. L'enfant qui se sent connecté à un groupe plus grand que lui-même — sa famille, son équipe, sa ville, sa classe ou son groupe d'amis — ne voudra pas faire du tort à ce groupe. Il ne prendra pas le risque d'avoir honte ou de faire honte au groupe en se mettant les pieds dans les plats. Il voudra naturellement faire sa part pour demeurer un membre respecté et apprécié de ce groupe. Les sentiments de connexité conduisent naturellement au comportement moral, même si l'enfant n'a jamais entendu parler du principe de la charité.

Tout comme la compétence engendre l'estime de soi-même, la connexité engendre le comportement moral. Une étude américaine toujours en cours (la *National Longitudinal Study of Adolescent Health*), sous la direction de J. Richard Udry de l'université de Caroline du Nord, a démontré l'importance de la connexité, qui contribue non seulement à inculquer aux enfants un comportement moral, mais aussi à favoriser leur santé physique et émotionnelle. Nous, parents, commettons une erreur en ne faisant qu'«enseigner» l'estime de soi et le comportement moral, puisque ces qualités se développent naturellement quand nous offrons à nos enfants une vie connectée, dans laquelle chacun peut maîtriser des tâches qu'il n'arrivait pas à maîtriser auparavant.

… et à l'art de composer avec l'adversité…

Savoir composer avec l'adversité est un autre trait que la plupart des parents souhaitent inculquer à leurs enfants. «La vie est si dure, me disent les parents (comme je me le dis moi-même), et je voudrais tellement qu'il sache se relever d'un échec.» Mais d'où vient cette faculté de se remettre d'un malheur ? Certainement pas des sermons. Elle vient de la vie. Tout comme les coups durs, la capacité d'y réagir vient de la vie même. Plus précisément, elle découle de la certitude de n'être jamais seul.

Il est important que la réaction instinctive de l'enfant devant l'adversité soit de chercher de l'aide. Trop de gens se replient sur eux-mêmes lorsqu'ils ont des ennuis. Ils se cachent ou nient l'existence de leur problème. Pour la plupart, il s'agit d'un réflexe acquis dans l'enfance. Il est pourtant beaucoup plus utile de chercher de l'aide auprès de personnes en qui on a confiance que de se retirer dans la solitude et la tristesse.

Une personne connectée saura toujours composer avec l'adversité, car cette habileté n'a pas sa source dans des instructions ou des pensées, mais dans le sentiment d'être capable de faire face à l'adversité, dans la certitude que, peu importe ce qui arrive, on trouvera une solution ; qu'on en a vu d'autres et qu'on s'en est toujours bien tiré ; qu'il y a toujours quelqu'un vers qui se tourner. Ce sentiment peut être de l'optimisme, de la confiance, de la foi ou de l'espoir. Quel que soit le nom que vous lui donniez, si vous l'apprenez tôt dans la vie, vous ne le perdrez jamais. En revanche, si vous ne l'apprenez pas dès votre petite enfance, vous ne l'apprendrez probablement jamais.

Je lutte moi-même chaque jour pour susciter ce sentiment en moi. J'aurais bien aimé l'apprendre plus tôt, mais j'ai eu une enfance trop déconnectée. Mon plus grand espoir dans la vie est de pouvoir donner à mes enfants une vie suffisamment connectée pour qu'ils deviennent forts comme l'acier. Jusqu'à présent, j'ai réussi.

Une fois encore, l'optimisme émane naturellement du cycle en cinq étapes, plus particulièrement de la première, la connexité. Si votre enfant suit le cycle et reste pessimiste ou défaitiste, vous pouvez prendre des mesures pour lui inculquer un optimisme profond et durable.

Les ouvrages *Learned Optimism* et *The Optimistic Child* de Martin Seligman sont de merveilleux guides pratiques.

Bien que j'adopte toujours une attitude positive avec mes enfants quand survient un problème, ce ne sont pas seulement mes paroles qui calment leurs craintes et leur redonnent confiance. Il y a aussi leur expérience d'événements heureux et malheureux, et le pouvoir de renforcement du cycle de connexité qui mène au jeu et à la pratique, et finalement à la compétence et à la reconnaissance.

… et à l'intégration de la joie dans sa vie…

Tout comme il prépare l'enfant à faire face à l'adversité, le cycle en cinq étapes l'aide à intégrer la joie dans sa vie. Je m'inquiète que les enfants d'aujourd'hui soient incapables de mettre de la joie dans leur vie et de conserver cette joie.

Beaucoup de parents essaient de fournir à leurs enfants des expériences de joie au lieu de développer chez eux les aptitudes nécessaires pour qu'ils intègrent eux-mêmes la joie dans leur vie.

À mesure qu'un enfant suit les étapes du cycle, sa capacité d'intégrer la joie dans sa vie se développe naturellement. Le jeu est une étape cruciale du cycle, mais il doit être consolidé par la pratique, la compétence et la reconnaissance. Et la connexité est l'élément qui met le processus en mouvement.

Par exemple, une fois que vous avez appris à aller à bicyclette, vous avez acquis une compétence qui vous procurera de la joie votre vie durant. Pour apprendre à aller à bicyclette, vous passez par les cinq étapes du cycle. L'enfant connecté se sent assez brave pour essayer d'apprendre à rouler à vélo. Au début, il tombe, mais il se relève et recommence. Avec la pratique, il finit par savoir comment faire et il obtient la reconnaissance de ses amis, de ses frères et sœurs et de ses parents, et ainsi de suite.

En accumulant un nombre suffisant d'expériences de ce genre, un enfant finit par s'attendre à réussir tout ce qu'il entreprend. Il commence à relever ses propres défis dans toutes sortes d'activités. Il vit ce que Mihaly Csikszentmihalyi appelle l'*expérience gratifiante intrinsèque*, cet état dans lequel on s'oublie complètement pour ne faire qu'un avec la tâche.

L'art d'intégrer la joie dans sa vie et vivre des états d'expérience gratifiante intrinsèque sont une seule et même chose. Presque toutes les activités — aller à bicyclette, lire un roman, jardiner — permettent de vivre cette expérience gratifiante.

Cependant, pour y accéder régulièrement et sur commande, il faut avoir pratiqué souvent. Il faut savoir trouver un exutoire créatif en réaction à l'ennui. Or, la meilleure façon d'y arriver consiste à suivre les cinq étapes du cycle dès son plus jeune âge.

Que ce soit dans un contexte sportif, scolaire ou social, on acquiert les mêmes compétences : la capacité de composer avec l'adversité et de susciter des moments heureux.

… et à l'apprentissage de la motivation intérieure…

Les parents se demandent souvent comment motiver leurs enfants. Les récompenses et les punitions demeurent les fondements des systèmes les plus répandus. Bien que ces facteurs de motivation externes soient souvent nécessaires, ils ne fournissent pas la meilleure forme de motivation.

La motivation idéale émane de l'intérieur et n'a pas besoin d'être soutenue de l'extérieur. Il peut encore s'agir du système de la carotte et du bâton, mais comme il vient de la personne elle-même, il a de plus fortes chances de durer que s'il est imposé de l'extérieur. (On regrette parfois que la motivation intérieure soit si durable, par exemple quand on n'arrive pas à se débarrasser d'un sentiment de culpabilité acquis dans l'enfance.)

Malgré tout, nous préférons la plupart du temps les facteurs internes de motivation. Plus nous dépendons de facteurs externes, moins nous sommes heureux. Nous pouvons connaître le succès, mais plus nous agissons par crainte des conséquences, pour plaire aux autres ou pour les impressionner, moins nous ressentons de joie.

Mihaly Csikszentmihalyi, spécialiste de l'expérience gratifiante intrinsèque, a inventé le mot *autotélique* pour décrire les personnes motivées de l'intérieur, celles qui sont le plus susceptibles d'accéder à l'expérience gratifiante intrinsèque. Ne vous laissez pas rebuter par le mot *autotélique,* car il s'agit d'un concept très utile. Voici comment Mihaly Csikszentmihalyi le décrit :

> *«Autotélique» est un mot composé de deux racines grecques : auto (soi) et telos (but). Une activité autotélique est une activité à laquelle on s'adonne pour le seul plaisir de s'y adonner. En faire l'expérience est le but premier. Par exemple, si je joue une partie d'échecs pour le plaisir du jeu, ce sera une expérience autotélique pour moi ; si je joue pour de l'argent ou pour m'élever dans la hiérarchie mondiale, le même jeu devient exotélique, c'est-à-dire motivé par un facteur externe. Lorsqu'on l'applique à la personnalité, une personne autotélique fait habituellement les choses pour le plaisir plutôt que pour atteindre un but externe.*
>
> *Évidemment, personne n'est complètement autotélique, car nous devons tous faire des choses que nous n'aimons pas, soit par devoir ou par nécessité. Cependant, il existe un continuum entre les personnes qui n'ont presque jamais envie de faire quoi que ce soit pour le plaisir et celles qui estiment que toutes leurs activités sont importantes et valables en elles-mêmes. Ce sont ces dernières qu'on dit autotéliques. Une personne autotélique n'a pas besoin de beaucoup de possessions matérielles, de divertissement, de confort, de pouvoir ni de célébrité, parce qu'une grande partie de ce qu'elle fait la satisfait pleinement[1].*

1. Mihaly Csikszentmihalyi, *Finding Flow,* New York, Basic Books, 1997, p. 117.

Il est irréaliste de penser qu'un enfant développera une motivation intérieure en rangeant sa chambre, en se brossant les dents ou en étant à l'heure pour l'autobus de ramassage scolaire. Néanmoins, la personnalité autotélique commence à se développer dès l'enfance.

Comme parent, plus vous encouragerez votre enfant à découvrir ce qu'il aime, plus il deviendra autotélique. En suivant les cinq étapes, les enfants découvrent et cultivent ce qui leur procure du plaisir.

En revanche, si vous insistez trop sur l'importance cruciale de certains buts externes — comme gagner beaucoup d'argent, fréquenter une université prestigieuse ou faire partie de l'élite sportive —, vous risquez de remplacer les enthousiasmes de votre enfant par les vôtres ou par ceux de la société. C'est ainsi qu'on forme un adulte déprimé, et cela souvent malgré des succès matériels.

Les parents doivent être forts pour *ne pas* imposer des buts externes comme si c'était ce qu'il y a de mieux pour les enfants. Nous utilisons tous des punitions et des récompenses, du moins à certaines occasions. Je sais que Sue et moi le faisons. Nous essayons toutefois de ne pas y recourir trop souvent et de laisser nos enfants suivre leurs enthousiasmes. Alfie Kohn, le controversé critique de l'éducation, a consacré un ouvrage aux conséquences néfastes de l'usage excessif des récompenses : *Punished by Rewards: The Trouble with Gold Stars, Incentive Plans, A's, Praise, and Other Bribes.*

Bien que je ne sois pas aussi radical que Kohn et que j'aie souvent recours à ce qu'il appelle des «pots-de-vin», sur le fond, il a raison : moins on a recours à des facteurs externes de motivation, plus on devient «autotélique» et plus on est heureux. Si vous insistez trop sur l'importance des grandes réalisations plutôt que sur la route qui y mène, vous risquez de faire de votre enfant une sorte d'«accro» à la réalisation d'exploits qui ne l'intéressent pas. Ce n'est pas la recette d'une vie fructueuse et heureuse.

Si, au contraire, vous guidez votre enfant de la connexité à la reconnaissance, il acquerra certainement la motivation intérieure voulue pour faire des choses par lui-même — jouer au baseball, apprendre le violon ou fonder une entreprise.

L'erreur consiste à insister trop lourdement sur un but particulier. Par exemple, certains parents sont convaincus qu'être admis à Harvard est le secret du bonheur. Exhorter un enfant à atteindre un but à long terme, comme fréquenter une université prestigieuse ou participer aux Jeux olympiques, et lui faire miroiter que cela est *la* clé du bonheur, constitue l'une des pires erreurs des parents. Beaucoup de diplômés de Harvard, de Princeton ou de Stanford sont des ratés malheureux, tandis que de nombreuses personnes ayant fréquenté des institutions moins prestigieuses, ou qui ne sont pas allées à l'université, ont bien réussi leur vie et sont parfaitement heureuses.

Les attitudes que les gens adoptent dès l'enfance sont bien plus importantes que l'université qu'ils fréquentent. Un enfant qui atteint l'âge de dix-huit ans avec une attitude dynamique est sur la voie du succès et du bonheur.

Lorsqu'une personne vit le cycle en cinq étapes de la connexité à la reconnaissance, elle désire automatiquement recommencer. Nul besoin de l'en persuader par la peur ou l'intimidation. Elle est motivée de l'intérieur. Elle n'a pas à «être motivée», car elle l'est naturellement, du moins pour les choses qui comptent.

Ainsi, vous pouvez devenir une personnalité autotélique, même si, à dix ans, vous n'aviez aucune idée du sens du mot *autotélique*.

Vous pouvez apprendre le cycle à l'âge adulte, même si vous n'en avez pas fait l'expérience pendant votre enfance. Vous pouvez devenir autotélique, même à l'âge adulte, mais c'est plus difficile que lorsqu'on commence jeune. La «crise de la cinquantaine» frappe souvent ceux qui ont passé leur vie à vouloir plaire aux autres ou à craindre leur désapprobation. Et c'est ainsi que commence la lutte pour découvrir qui on *est* vraiment et ce qu'on *veut*.

Il n'est jamais trop tard pour devenir autotélique. Les enfants qui ne le font pas s'en privent parce qu'on le leur a interdit ; les adultes s'en privent parce qu'ils ont peur. Ils vivaient déjà dans la peur étant enfant et ils ne s'en sont jamais guéris. Après l'indigence, la peur est le facteur qui empêche le plus grand nombre de gens d'être heureux.

Le meilleur antidote à la peur est la connexité, objet du prochain chapitre.

CHAPITRE 7

UNE ENFANCE CONNECTÉE :
LA CLÉ DE TOUT

Plus que tout autre facteur sur lequel nous pouvons agir, la connexité pendant l'enfance est la clé du bonheur à l'âge adulte (et aussi d'une enfance heureuse !).

Une enfance connectée ne signifie pas la négligence et l'absence de toute attente ou d'exigences parentales. Au contraire. Une enfance connectée est une forme d'éducation où l'objectif premier, à la maison ou à l'école, est de créer une atmosphère de connexité dans laquelle l'enfant se sent intégré, bienvenu et traité avec équité.

Des recherches récentes corroborent cette affirmation.

Par exemple, David Myers, que j'ai cité au chapitre 2, est l'un des pionniers de la recherche sur le bonheur (quel beau sujet de recherche, n'est-ce pas ?). Ses études ont déterminé des facteurs de prédiction du bonheur à l'âge adulte. En connaissant ce qui rend heureux à l'âge adulte, il est plus facile de fournir aux enfants ce dont ils ont besoin pour connaître le bonheur en vieillissant.

Premièrement, la recherche prouve que la corrélation entre la richesse matérielle et le bonheur est très faible. Il existe par contre une corrélation entre l'indigence et le malheur, mais, « une fois les besoins essentiels satisfaits, l'augmentation de l'aisance financière n'améliore pas appréciablement le moral des humains[1] ».

Deuxièmement, la recherche identifie « quatre traits intérieurs qui prédisposent à une attitude mentale positive : l'estime de soi-même, le sens d'avoir sa vie bien en main (du moins un tant soit peu), l'optimisme et l'extroversion. Des douzaines d'études ont démontré le lien entre chacun de ces traits et le bien-être psychologique[2]. » Vous pensez peut-être qu'il s'agit d'une façon détournée de dire que les gens heureux ont une prédisposition au bonheur, mais chacun de ces traits peut être cultivé dans une certaine mesure s'il n'est pas assez marqué chez un enfant ou même chez un adulte.

La meilleure façon de développer ces traits (à moins qu'ils ne soient innés) consiste à vivre une enfance connectée.

Bien que certains adultes attribuent leur bonheur ou leur malheur à leurs réalisations ou à leurs échecs, les adultes très performants sont souvent très malheureux, tout comme les gens autour d'eux, car leurs expériences précoces les ont rendus nerveux, les ont blessés ou en ont fait des « accros » du succès. Nombre d'entre eux en sont arrivés là pour compenser leur manque de connexité lorsqu'ils étaient enfants.

La connexité est la première et la plus importante étape du processus que je décris. N'oubliez pas qu'il s'agit d'un processus dans lequel les cinq éléments agissent simultanément. Je m'arrête sur certaines images du processus afin de traiter de chacune des étapes et de montrer comment l'une mène à l'autre ; cependant, quand le film se déroule, elles se fondent en un tout harmonieux. Par exemple, la pratique du violon donne le sentiment d'être connecté et permet de bien jouer, ce qui mène à la compétence et à la reconnaissance. Une fois qu'on est entré dans le cycle, on peut y rester pour toujours.

1. David Myers, *The Pursuit of Happiness,* New York, Avon Books, 1992, p. 44.
2. *Ibid.,* p. 108.

La connexité est la porte d'entrée. Tout commence dans l'utérus, site de la connexion originelle entre la mère et l'enfant. Même là on peut observer des indices des quatre prochaines étapes : le jeu, la pratique, la compétence et la reconnaissance. Dans l'utérus, le bébé donne des coups de pied, se retourne et fait l'essai de ses nouveaux membres et organes à mesure qu'ils se développent. Il répète ses mouvements, croît et passe au stade suivant de son développement. On peut dire qu'il pratique et acquiert des compétences. On ne sait pas s'il ressent l'amour et la reconnaissance qu'il reçoit de ses parents, mais on peut croire qu'il enregistre cela d'une manière ou d'une autre durant la gestation.

Dès sa naissance, l'enfant entreprend une vie de connexité avec le monde. Voilà comment se déroule l'histoire de sa vie.

Pour être heureux, il faut apprendre à établir toutes sortes de connexions avec le monde. Dès les tout premiers moments, le travail (jeu ?) le plus important d'un parent consiste à établir des connexions avec son enfant et à l'aider à en établir avec le reste du monde.

Que nous apprennent les plus récentes recherches sur les adolescents ?

Une étude révolutionnaire sur l'adolescence, la *National Longitudinal Study of Adolescent Health*, a donné des résultats convaincants et des réponses inattendues au sujet des véritables besoins des jeunes. Les parents, les enseignants et tous les intervenants devraient connaître cette étude, mais ce n'est pas le cas.

Bien que cette étude ne soit pas terminée, les chercheurs ont publié des résultats préliminaires dans le numéro du 10 septembre 1997 du *Journal of the American Medical Association*. Depuis lors, ces résultats ont été corroborés par d'autres travaux.

L'étude prouve le pouvoir central de la connexité et les risques énormes de la déconnexion.

Permettez-moi de décrire brièvement la méthodologie. Quand vous aurez constaté l'ampleur et la rigueur de ces recherches, vous serez d'autant plus convaincu de ses conclusions.

Dans la première phase de l'étude, 90 000 élèves de 145 écoles secondaires américaines ont répondu à un questionnaire sondant les aspects sociaux et démographiques, le degré d'instruction et l'occupation des parents, la structure familiale, les comportements à risque, les attentes pour l'avenir, la santé et l'estime de soi-même.

Dans la deuxième phase, 12 105 adolescents, choisis de manière à représenter toutes les couches de la société, ont été interviewés à la maison. La première vague d'entrevues, d'une durée de une à deux heures, a eu lieu en 1996. Les sujets touchaient une centaine de points de la vie des élèves. Pendant l'entrevue, un parent, habituellement la mère, devait remplir un questionnaire.

Par certaines questions, les chercheurs souhaitaient découvrir les facteurs susceptibles de protéger les élèves des problèmes qui hantent les parents, par exemple la violence, la détresse émotionnelle, le suicide, la drogue ou les relations sexuelles précoces.

L'étude a démontré que deux facteurs en particulier protègent les enfants. Le premier est le sentiment de connexité à la maison. «Connecté» était le mot employé pendant les entrevues par les chercheurs, qui le définissaient comme un sentiment de proximité avec la mère et le père, ou l'un des deux, doublé de la certitude que les parents se soucient de leur enfant, que l'enfant se sent compris, aimé, désiré et entouré par sa famille. Le sentiment de connexité à la maison prévient la détresse émotionnelle, les pensées négatives ou les tentatives de suicide ; il protège l'adolescent des comportements violents, de la consommation de tabac, d'alcool et de drogue, et des relations sexuelles précoces.

Le deuxième facteur de protection, semblable au premier, est la connexité à l'école, décrite comme le sentiment qu'ont les élèves d'être traités équitablement par les enseignants, d'être bien intégrés à leur milieu scolaire et de bien s'entendre avec les enseignants et les autres élèves.

Le sentiment de connexité à l'école protège les enfants contre les comportements violents, la détresse émotionnelle, les pensées suicidaires ou les tentatives de suicide, la consommation de tabac, d'alcool et de marijuana, et les relations sexuelles précoces.

D'autres facteurs ont aussi leur importance, mais aucun n'est plus important que le sentiment de connexité à la maison et à l'école. Parmi les autres facteurs, il y a :

- la présence d'un parent aux moments importants de la journée (le matin, après l'école, à l'heure du dîner et du coucher);
- les exigences des parents par rapport aux résultats scolaires;
- la pratique régulière d'activités diverses par les parents et les enfants;
- l'absence d'armes à la maison;
- les parents qui désapprouvent les relations sexuelles précoces;
- la difficulté d'accès aux cigarettes, à l'alcool et à la marijuana;
- l'impression d'être accepté à l'école;
- l'estime de soi-même;
- la limitation des heures de travail rémunéré à moins de vingt heures par semaine.

La *National Longitudinal Study of Adolescent Health* prouve que la connexité à la maison et à l'école doit être une priorité nationale, au même titre que les tests d'aptitude. En fait, ces deux choses sont indissociables. Si nous reconnaissons d'emblée l'importance de la réussite scolaire, nous avons mis plus de temps à comprendre ce que l'étude met clairement en relief : le sentiment de connexité est ce qui compte le plus.

Une autre étude, menée par Richard Light à Harvard, portant sur des étudiants d'université, a donné des résultats semblables. Le Dr Light a passé dix ans à interviewer des étudiants et à recueillir des données pour définir les facteurs qui facilitent une intégration réussie au milieu universitaire. L'un des principaux facteurs est la connexité sous diverses formes.

L'une des formes de connexité à laquelle les étudiants pensent rarement en commençant leurs études universitaires est une relation étroite avec les professeurs. Light interviewait les étudiants qu'il devait lui-même recommander à Harvard et leur demandait ce qu'ils attendaient de leurs années à l'université. Après avoir obtenu les réponses habituelles — acquérir des connaissances, réussir, se préparer à la prochaine étape de leur vie —, Light insistait pour en savoir davantage, mais les étudiants ne trouvaient rien d'autre. Light leur donnait alors le conseil le plus précieux qu'on puisse donner à un nouvel étudiant : «Votre première tâche consiste à apprendre à connaître raisonnablement bien un membre du corps professoral et à vous faire connaître raisonnablement bien de lui.»

Les étudiants mesuraient mal l'importance de ce conseil, mais les recherches de Richard Light confirment que ce conseil est d'une importance capitale.

Malgré des études d'envergure nationale, comme la *National Longitudinal Study of Adolescent Health* et la recherche de Richard Light, la notion de connexité n'a pas réussi à s'imposer à la population. Les spécialistes connaissent pourtant mieux les problèmes qu'elle peut prévenir. En effet, la plupart des gens ont entendu parler des fusillades dans les écoles, mais rares sont ceux qui savent que le sentiment de connexité à la maison et à l'école aurait pu prévenir ces tragédies.

Il est étonnant que les directeurs d'école et les politiciens n'aient pas donné la priorité à la création d'un milieu scolaire «connecté». Au contraire, les écoles publiques croient pouvoir améliorer l'éducation en exigeant de meilleurs résultats aux tests d'aptitude. Dans de nombreux États américains, les tests d'aptitude sont obligatoires dans toutes les écoles secondaires. Faire subir un examen standard peut être une bonne chose, mais la santé sociale et émotionnelle est un facteur de prédiction de la réussite scolaire beaucoup plus important. Comme il est plus facile de promouvoir et d'évaluer les connaissances que la santé émotionnelle et sociale, on consacre les fonds à l'acquisition des connaissances, mais il faudrait favoriser *aussi* la santé émotionnelle et sociale.

La plupart des programmes scolaires négligent encore le rôle crucial de la connexité dans l'éducation. Si une école se prépare à subir un examen — et que les enseignants et les élèves ont l'impression d'y jouer leur avenir, comme c'est souvent le cas —, le sentiment de connexité décline et, avec lui, la santé émotionnelle et sociale. Par exemple, dans une commission scolaire du Massachusetts, la direction d'une école a privé les élèves de récréation pour le reste de l'année parce qu'ils avaient obtenu de piètres résultats aux examens de l'État. Ces élèves devaient rester à l'intérieur pour préparer leurs examens de l'année suivante ! Cette politique est tout simplement stupide.

Permettez-moi de relater un autre exemple. Dans de nombreuses écoles, il est interdit aux enseignants de toucher les enfants. Demander à un enseignant du primaire d'enseigner sans toucher les élèves est comme demander à un chef d'orchestre de travailler sans bouger les bras. Pour prévenir les agressions sexuelles ou les poursuites judiciaires, de nombreuses écoles interdisent aux enseignants de faire l'accolade ou de donner aux élèves de petites tapes d'encouragement dans le dos, ce qui détendrait certainement l'atmosphère. Le toucher est un puissant outil de connexité, plus particulièrement dans les petites classes. Nous commettons une grave erreur en l'interdisant.

Interdire le toucher est emblématique des erreurs que commettent de nos jours de nombreux politiciens et administrateurs scolaires.

Sous-estimant l'importance de la connexité, ils décrètent des politiques axées sur la prévention des poursuites judiciaires plutôt que sur la promotion d'une attitude plus positive.

De nombreux parents sentent d'instinct l'importance de la connexité sans être pour autant au courant des études qui la corroborent. Contrairement à ce qu'on peut lire dans la presse, les parents s'acquittent généralement bien de leur tâche d'établir et de maintenir des connexions avec leurs enfants. Un vaste sondage mené en 2001 auprès d'adolescents a montré que la grande majorité affirme pouvoir se confier à un membre de sa famille. En outre, les parents reconnaissent les dangers que cause l'absence de ces liens, et nombre d'entre eux sont conscients que le peu de temps passé entre parents et enfants est la cause de la violence à l'école[3].

Connexité ou ambition : jusqu'où devriez-vous pousser vos enfants ?

Si la recherche confirme l'importance de la connexité, votre cœur en est encore plus convaincu. Rappelez-vous simplement le sentiment que vous avez éprouvé en regardant dormir votre premier enfant, en le berçant dans sa chambre baignée de la douce lumière de la lune. Épuisé, vous n'éprouviez peut-être que le soulagement qu'il soit *enfin* endormi, mais il vous arrivait sûrement de ressentir autre chose de temps en temps.

Le sentiment que vous avez ressenti à ce moment-là — amour, dévotion totale ou autre — vous a transformé d'une simple personne en un « parent ». Vous portez ce sentiment en vous pour toujours ; il fait partie de vous. Vos émotions vous ont transformé. Vous êtes devenu

---

3. « The State of Our Nation's Youth », Horatio Alger Association, une association à but non lucratif (Alexandria, Va., novembre 2001).

la personne que vous êtes aujourd'hui, vouée entièrement au bien-être de vos enfants. En contemplant votre bébé, sans doute avez-vous rêvé.

Laissez-moi proposer deux types de rêves que vous pouvez caresser pour votre enfant. Dites-moi lequel est plus apte à mener au bonheur.

Dans le premier rêve, vous voyez votre fille dans la meilleure garderie en ville, puis dans les meilleures écoles qui mènent au plus grand collège et à la faculté de droit ou de médecine de l'université la plus prestigieuse du pays.

Dans le deuxième rêve, votre fille joue d'abord sur le plancher, ensuite avec des amis au terrain de jeu, puis elle bricole un cerf-volant qu'elle fera voler. Vous la voyez en conversation au téléphone, en train de rire ; vous la voyez obtenir le poste d'assistante dans une maison de mode, dont elle rêve depuis la fin du primaire. Cinq ans plus tard, elle s'associe à une amie et elles fondent leur propre entreprise. Vous la voyez craintive au début, puis de plus en plus confiante.

De toute évidence, je préfère le second rêve et j'espère que vous conviendrez avec moi qu'il constitue un meilleur début pour une vie heureuse.

Toutefois, les deux rêves ne sont pas nécessairement mutuellement exclusifs. On peut être un bon élève et sortir et s'amuser avec des amis. On peut être un crack et avoir une enfance connectée – en fait, c'est le cas de la plupart des sujets remarquables. On peut fréquenter une université prestigieuse sans être un monstre de performance. On peut avoir des aspirations et quand même avoir une chambre en désordre et des vêtements démodés. On peut aimer Shakespeare et Britney Spears. On n'a pas besoin de vendre son âme ou son enfance pour atteindre l'excellence.

Pourtant, c'est exactement ce que font certains parents et certains enfants : ils abandonnent le jeu trop tôt et s'engagent dans une sinistre spirale gagnant-perdant. Il est facile de se laisser emporter par la vague qui jette les enfants sur la voie de la concurrence dès la garderie, ce qui les prive de leur enfance.

Méfiez-vous de cette vague! Elle est mauvaise pour tous, enfants, parents, écoles, etc., à l'exception peut-être du responsable des admissions dans les collèges. En tentant de donner à votre enfant une longueur d'avance sur la concurrence, vous pourriez le handicaper pour la vie.

Un parent doit être courageux pour résister à cette vague de fond et continuer à donner la priorité à la connexité. Si vous le faites, si vous arrivez à faire confiance au pouvoir de l'enfance plutôt qu'à celui du curriculum vitæ, vous cultiverez les semences du bonheur, plutôt que celles de la «compulsion».

Cependant, il est dangereux de ne pas encourager la réussite. Je vous recommande donc d'avoir pour vos enfants des attentes assez élevées, mais pas trop, et surtout de ne pas faire dépendre votre amour de la réalisation de celles-ci. Des recherches ont montré que des parents qui ont des attentes raisonnables — qui s'attendent, par exemple, que leurs enfants terminent le secondaire et fréquentent le collège — élèvent des enfants plus heureux et en meilleure santé.

Par contre, ne pas exiger suffisamment des enfants peut causer une forme de déconnexion appelée «indifférence». Tout comme la pression de réussir à tout prix peut gâcher la vie d'un enfant et en faire un adulte morne et compulsif, une attitude indifférente conduit à un autre genre de désastre.

Des études ont démontré que les parents qui communiquent quotidiennement avec leurs enfants, qui s'informent de leur journée à l'école et les encouragent à faire de leur mieux ont des enfants qui réussissent mieux que ceux dont les parents sont moins attentionnés. Caresser de grandes ambitions pour son enfant est une forme de compliment, une façon de dire: «Je sais que tu es capable.» Tant que vous avez des ambitions réalistes par rapport aux aptitudes de votre enfant et que vous les caressez pour son bien et en fonction de ses intérêts et non des vôtres, vous lui faites une faveur.

Lorsqu'un enfant se rend compte de l'indifférence de son entourage – au point que personne ne se donne la peine de vérifier, par exemple, s'il a fait ses devoirs –, il se sent triste, seul et dévalorisé, ce qui l'amène à rechercher des plaisirs défendus, comme le tabac, les drogues, l'alcool, le sexe et divers comportements extrêmes, conduire à toute vitesse, voler, etc. Ce tourbillon autodestructeur emporte souvent des enfants qui n'ont personne pour les guider et entretenir des attentes à leur égard. Ces enfants se réunissent et forment une sous-culture aliénée dans laquelle ils s'encouragent mutuellement à se droguer, à être «délinquants» et à envoyer promener le monde entier. Le manque de connexité à la maison – et d'attentes parentales qui l'accompagnent – pousse les enfants à rechercher en dehors de chez eux connexité et ambitions, aussi destructives soient-elles.

Quand un enfant déconnecté ne s'engage pas dans ces comportements autodestructeurs, il se fixe habituellement des attentes si basses qu'il s'engage sur la voie de la sous-performance chronique. *À quoi bon ?* devient son éternel refrain, préférant ne pas essayer plutôt que de prendre le risque d'échouer.

Comme je l'ai déjà mentionné, la connexité et la réussite vont de pair. Un individu connecté a beaucoup plus de chances de réussir qu'un individu déconnecté, et de réussir de la manière qui lui plaît.

Mes propres recherches l'ont démontré. Au milieu des années 1990, le psychologue Michael Diamonti et moi-même avons mené une enquête sur les étudiants de la Phillips Exeter Academy au New Hampshire. Deux années durant, nous avons interviewé des étudiants et leur avons fait remplir de longs questionnaires. Nous avons aussi rencontré leurs parents et leurs professeurs.

Nous avons découvert que la plupart des étudiants les plus «compulsifs» obtiennent de moins bonnes notes que les élèves les plus connectés. Autrement dit, se sentir connecté aux autres est un meilleur facteur de prédiction de la réussite scolaire que le sentiment d'être motivé à réussir. On mesure la compulsion à réussir à partir de questions comme celles-ci : «Être admis à l'université de votre choix fera-t-il une différence cruciale dans votre vie ?» ou «Votre estime de vous-même dépend-elle surtout de vos notes ?», ou encore «Ressentez-vous beaucoup de pression de la part de vos parents pour réussir à l'école ?» Ironiquement, les étudiants qui répondent par l'affirmative à ce genre de question obtiennent de moins bonnes notes que les élèves qui répondent par la négative.

Nous avons mesuré le degré de connexité avec des questions comme : «Vous sentez-vous connecté avec les autres personnes à Exeter ?» ou «Vous sentez-vous proche des autres membres de votre famille ?», ou encore «Sentez-vous que vous faites partie d'un grand tout qui vous dépasse ?» Les étudiants qui ont répondu par l'affirmative sont ceux qui obtiennent les meilleures notes. Ils forment aussi un contingent moins déprimé et plus confiant en son avenir, dont les membres consomment moins de drogues, d'alcool et de tabac et ont la meilleure estime de soi-même.

Les étudiants déconnectés — environ quinze pour cent des étudiants — se sentent plus déprimés, consomment plus de drogues, sont pessimistes et manque d'estime de soi.

Fait intéressant à noter dans notre étude, la piètre réussite scolaire est le facteur de prédiction le plus constant de la déconnexion. Dans un collège comme Exeter, où tous les élèves ont le talent pour réussir, les bonnes notes sont monnaie courante et les problèmes scolaires découlent le plus souvent de facteurs émotionnels plutôt qu'intellectuels. C'est pourquoi je me permets de lancer la question de l'œuf ou de la poule : «Les mauvaises notes causent-elles la déconnexion émotionnelle ou la déconnexion émotionnelle cause-t-elle les mauvaises notes ?» Habituellement, la déconnexion entraîne les mauvaises notes, et non le contraire — du moins à Exeter.

D'autres preuves corroborent le pouvoir formateur de la connexité non seulement dans le développement des émotions, mais aussi dans celui de la motivation à réussir.

Je pense que tous les parents le savent dans leur for intérieur. Leur défi consiste à faire ce qu'ils savent d'instinct au lieu de céder à toutes sortes de pressions stupides. En fait, la plupart des parents ne cèdent pas. Ceux qui le font, qui perdent les pédales et deviennent le sujet d'articles controversés ou de pénibles conversations entre professeurs constituent une petite minorité.

Je tiens à vous rassurer : en offrant la connexité avant tout, vous faites non seulement une bonne chose, mais la meilleure. Vous donnez à votre enfant la plus grande « longueur d'avance » sur la concurrence. Un enfant connecté réussira selon ses talents et y prendra plaisir. Il sera porté à l'optimisme, ce qui l'immunisera presque complètement contre la dépression. Il se sentira en sécurité et aura le sentiment que tout va bien dans sa vie.

Le bonheur n'est pas un but impossible à atteindre. Que pouvez-vous faire pour être heureux pour le restant de vos jours ? Un cynique vous recommanderait de prendre de la drogue ou de subir une lobotomie, mais le cynique aurait tort.

Nous avons tous connu des gens qui ont surmonté de grandes épreuves et trouvé le bonheur. Rappelez-vous Shantwania Buchanan. Peu de gens vivent de telles épreuves. Heureusement, elle avait sa grand-mère, sa sœur et son frère, de sorte qu'elle faisait partie d'une équipe, si petite soit-elle. C'est ce sentiment qui lui a permis de s'en sortir.

Même quand on a eu une enfance heureuse, le bonheur ne tombe pas automatiquement du ciel. Il faut établir des liens.

Je connais beaucoup de gens qui ne possèdent aucun signe extérieur de richesse, mais qui ont néanmoins une vie satisfaisante, car ils sont connectés à leur famille, à une mission, à une institution ou à un groupe d'amis. La connexité peut prendre plusieurs formes.

Dans ma propre vie, j'ai eu à me battre contre la dépression et une enfance instable et traumatisante. Ce sont les personnes de mon entourage qui m'ont sauvé. Mon « équipe » se compose de ma famille immédiate, de quelques autres parents et amis intimes, de mon travail (oui, on peut se sentir connecté à une chose que l'on fait, comme à une personne) et d'une « présence » que j'appelle Dieu. Sans cette équipe, je serais une épave !

Si vous sentez que vous faites partie d'une équipe, la vie ne pourra jamais vous détruire. Vous aurez beau perdre tout votre argent, connaître la maladie ou être blessé, vous saurez que votre équipe croit en vous et que vous croyez en elle ; vous ne pourrez jamais tout perdre.

Beaucoup de gens très sages m'ont dit : « Nous sommes fondamentalement seuls. Nous naissons seuls et mourons seuls. En fin de compte, chacun est complètement seul. »

À ces gens je réponds : « Vous avez tort. » Ce que vous voulez vraiment dire est ceci : « J'ai été blessé et déçu trop souvent pour prendre le risque de m'ouvrir aux autres. » C'est l'orgueil ou « la sagesse de l'expérience » qui les retient. Ils choisissent la sécurité de la solitude ou même l'occasionnel désespoir, de préférence au risque de tendre la main. Ils fabriquent un tissu d'arguments philosophiques démontrant que nous sommes *tous* fondamentalement seuls, dans le seul but de justifier leur crainte de s'ouvrir aux autres.

Ne pouvons-nous tous comprendre cela ? Moi, je le peux. J'ai été blessé souvent et de diverses façons, parfois après m'être ouvert et rendu vulnérable. J'ai souvent pris la résolution de ne plus le faire, mais je finis toujours par faiblir, parce que je ne réussis pas très bien quand je suis seul. C'est le cas de la plupart des gens.

En tant qu'adulte, je réaffirme mon sentiment de connexité et de sécurité dans ma vie de tous les jours. Je suis forcé de le faire quotidiennement parce que je n'ai pas appris à développer ce sentiment lorsque j'étais enfant. Pour les gens qui le développent dès l'enfance, il fait partie intégrante d'eux-mêmes, comme le nez au milieu du visage, de sorte qu'ils n'ont pas besoin de le reconstruire tous les jours. Comme beaucoup de gens, j'ai grandi dans une atmosphère d'insécurité. Je ne savais jamais à quoi m'attendre et je me sentais rarement en sécurité.

Aujourd'hui, je mets beaucoup d'effort à conserver ce dont j'ai besoin pour me sentir en sécurité. J'aimerais me sentir naturellement en sécurité, mais ce n'est pas le cas. Au contraire, des sentiments de doute et d'insécurité m'envahissent tous les jours et je dois les écarter en solidifiant mes connexions avec le monde extérieur, en me tournant vers mon « équipe ». Je me sens privilégié d'avoir une méthode efficace pour le faire, mais je préférerais ne pas y avoir recours.

Les personnes qui se sentent naturellement en sécurité ont habituellement acquis ce sentiment pendant leur enfance. C'est un don précieux que Sue et moi essayons d'offrir à nos enfants. Mes enfants en ont tellement assez de m'entendre dire que je les aime qu'ils roulent des yeux chaque fois que je le répète. Sauf Tucker, qui vient encore se serrer contre moi, et je pense qu'il me reste peut-être une autre année de ce traitement.

Une enfance connectée favorise le développement naturel d'un sentiment de sécurité et elle est le secret d'une vie heureuse.

L'amour inconditionnel

Le point de départ d'une enfance connectée est l'amour inconditionnel — habituellement celui d'un parent ou des deux, mais il peut venir de quelqu'un d'autre. Si un enfant peut trouver une bonne personne qui participe activement à sa vie, qui l'aime de manière inconditionnelle, son amour est ce qui se rapproche le plus d'un antidote au malheur.

Stuart Schreiber, professeur et directeur du département de chimie et de biochimie de l'université Harvard, a grandi avec ce sentiment.

Il a toujours su que sa mère l'aimerait quoi qu'il arrive. Au début de sa vie adulte, avant d'avoir la moindre connaissance en chimie, il se cherchait, tout en se sentant très peu porté sur les études. En fait, il songeait à décrocher pour aller faire du ski au Colorado. Il n'était pas sur une voie que les parents souhaitent pour leurs enfants en âge de fréquenter l'université, mais il savait que sa mère le soutenait. L'amour inconditionnel de sa mère avait érigé une fondation qui repoussait la peur profondément enfouie dans son âme. Il était libre d'être lui-même.

Alors qu'il songeait à quitter l'université, il assista à un cours de chimie, parce que sa petite amie lui avait demandé de l'accompagner. La chimie ne l'avait jamais intéressé, mais il a été complètement fasciné par ce qu'il a découvert ce jour-là et s'est exclamé : «C'est ça, la chimie?» Jusqu'alors attiré par le design, il a été impressionné par les extraordinaires configurations des atomes. Très attentif, il a imaginé bien plus qu'il ne voyait. Aujourd'hui, Stuart Schreiber est l'un des chimistes les plus réputés au monde.

Il m'a dit que cela n'avait pas d'importance pour sa mère, le Colorado ou la chimie ou toute autre profession, pourvu qu'il soit heureux. S'il obtient le prix Nobel un jour (ce qui est fort possible), il sait exactement ce que sa mère lui répondra lorsqu'il lui annoncera la nouvelle : «Oh, mon chéri, est-ce que ça te rend heureux?» S'il dit oui, alors elle se réjouira. Il a déjà gagné le prix le plus important de tous : l'amour de sa mère.

Un enfant ne devrait pas avoir à travailler pour gagner l'amour de sa mère.

L'amour nous amène toutefois à nous poser des questions. Dans le chapitre 1, j'ai posé certaines de ces questions. Premièrement, je me suis demandé de quoi les enfants ont le plus besoin et j'ai donné ma réponse : ils ont besoin d'amour. Bien. Mais, combien d'amour? L'amour de qui? Quel genre d'amour? Quand l'amour devient-il excessif? Y a-t-il de l'espoir pour un enfant qui ne reçoit pas d'amour?

Combien d'amour ? Juste assez. Certains enfants ont besoin de plus d'amour que d'autres. On peut voir, sentir et même entendre le manque d'amour d'un enfant ; par contre, si on étouffe un enfant d'amour et qu'on lui en donne trop, cela se voit aussi. À chaque instant, vous pouvez sentir lequel de vos enfants a le plus besoin de vous. Allez vers lui. De cette façon, vous donnerez à chacun l'amour dont il a besoin, du mieux que vous le pouvez.

L'amour de qui ? Des parents. Les parents sont les personnes dont l'amour est le plus nécessaire aux enfants. Les personnes qui remplissent le rôle parental peuvent faire de l'excellent travail, mais je peux vous affirmer, moi qui ai dû compter sur des remplaçants, qu'il aurait été préférable que mes parents biologiques m'expriment eux-mêmes leur amour au lieu de divorcer et de me mettre en pension.

Quel genre d'amour ? Une fois encore, c'est le genre d'amour qu'on sent dans son cœur. On prend son enfant de quatre ans dans ses bras, on lui donne des bisous et on lui fait un gros câlin. Un adolescent se dégoûterait de cela ; vous devez donc lui offrir le même produit dans un autre emballage. C'est parfois difficile et, contrairement aux câlins, souvent moins agréable. Dire non peut être une sorte de câlin tout aussi important.

La façon d'exprimer votre amour variera, mais l'amour que vous exprimerez doit toujours être inconditionnel. L'amour conditionnel mine le sentiment de sécurité des enfants et en fait des adultes qui souffrent d'insécurité.

L'amour inconditionnel ne signifie pas que les parents doivent céder à tous les caprices de leurs enfants, bien au contraire. Des parents aimants doivent fixer des limites et refuser les demandes incessantes.

Cependant, ils ne doivent jamais refuser leur amour. Ils doivent transmettre le message, implicitement ou explicitement, à chaque seconde de chaque jour, que leur amour est constant, inébranlable et complètement fiable.

Un merveilleux livre pour enfants, *The Runaway Bunny* (Le lapin fugueur), illustre bien cet état d'amour inconditionnel. La maman lapin dit à son petit que, peu importe où il va, elle sera toujours à ses côtés. L'histoire met en scène le lapin fugueur dans toutes sortes de situations, partout dans le monde, et sa mère est toujours là elle aussi.

Le sentiment de la constance de l'amour, peu importe les circonstances et le passage du temps, n'a pas besoin d'être gagné, et cet amour parental donne un sentiment de sécurité dans la vie adulte.

Des recherches récentes démontrent l'influence profonde de l'amour parental sur le développement de l'enfant. Il existe un outil de mesure, le «questionnaire sur l'attachement chez l'adulte» (QAA), qui nous permet de déduire le «style d'attachement» d'un sujet d'après la description de son enfance. On observe un style appelé «attachement sécurisant», et trois autres styles «insécurisants». Le premier style insécurisant est un processus de rejet où une personne affiche du mépris pour ses attachements précoces ou les idéalise d'une manière irréaliste ; le deuxième est un système où une personne montre une colère ou une passivité exceptionnelle dans sa description de ses attachements précoces ; et le troisième style insécurisant est une structure d'irrésolution où une personne manifeste des problèmes précoces de négligence ou de sévices qui n'ont pas été résolus.

Étonnamment, plus d'une douzaine d'études ont montré qu'on peut prédire le style d'attachement d'un enfant à partir des réponses de ses parents au QAA, même si l'entrevue a lieu avant la naissance de l'enfant !

Ainsi peut-on conclure qu'une personne qui a reçu de l'amour conditionnel est plus susceptible de n'offrir que de l'amour conditionnel ; qu'une personne qui a subi des sévices finit souvent par commettre aussi des sévices ; et qu'une personne qui a grandi dans l'insécurité risque de transmettre ce sentiment. À moins que…

Heureusement, tout n'est pas perdu. Nous ne sommes ni impuissants ni condamnés à répéter les processus que nous avons connus.

Avec un peu d'introspection et le soutien émotionnel dont nous avons besoin à l'âge adulte — de la part d'amis, d'un conjoint, d'un psycho-thérapeute, etc. —, nous pouvons surmonter la tendance inconsciente qui nous pousse à donner à nos enfants le même genre d'amour conditionnel qui nous a handicapés.

Finalement, au chapitre 1, j'ai demandé s'il y a de l'espoir pour les enfants qui ne reçoivent pas d'amour. Oui, il y a toujours de l'espoir, pour tout le monde. Je n'ai jamais rencontré un adulte que personne n'avait jamais aimé d'aucune façon. En revanche, j'ai rencontré beau-coup de gens qui n'étaient pas suffisamment aimés. Ceux qui, comme Shantwania, se tournent vers des remplaçants finissent habituellement par s'en tirer ; ceux qui n'ont personne ont souvent des problèmes, deviennent colériques, antisociaux ou déprimés, et finissent par se retrouver en prison ou aux prises avec un problème de drogues ou d'épuisement professionnel. L'amour peut leur ouvrir une nouvelle vie, mais il est beaucoup plus difficile d'aimer un adulte en colère, antisocial et drogué qu'un enfant qui souffre.

Tant de choses dépendent de l'amour.

Bruce Stewart est l'actuel directeur de la Sidwell Friends School de Washington. Il travaille avec des enfants depuis ses débuts en 1960. Lorsque je lui ai demandé quelles sont les racines cultivées pendant l'enfance qui assurent le bonheur à l'âge adulte, il m'a automatiquement répondu : « L'amour inconditionnel. » Bruce a eu beaucoup de temps pour apprendre à connaître les enfants. Il a vu de nombreux élèves grandir et devenir eux-mêmes parents. « Tous les enfants heureux que j'ai rencontrés avaient quelqu'un qui les aimait et les encourageait inconditionnellement. Ce n'était pas toujours la mère ou le père. Il s'agissait souvent d'une femme plus âgée, une tante ou une grand-mère, mais il y avait *toujours* quelqu'un. »

Dans le cas de Bruce, c'était son père. Celui-ci avait émigré d'Écosse pour offrir une meilleure vie à ses enfants. Il s'attendait à ce que ses enfants soient responsables et fassent de leur mieux, car, comme il se plaisait à le rappeler à Bruce: «J'ai traversé la grande mare pour t'offrir cette chance.» Bruce se sentait aimé inconditionnellement, mais il savait que son père caressait de grandes ambitions pour lui. Toutefois, Bruce n'avait pas l'impression que cet amour dépendait de la réalisation de ces ambitions.

Bruce a fréquenté une école publique à Lynn, dans le Massachusetts, une ville ouvrière où les enfants jouaient des coudes dès leur plus jeune âge. Le père de Bruce s'attendait à ce que ses enfants prennent leurs responsabilités. «Nous étions ceux qu'il tenait responsables de tout, dit Bruce. Si j'avais de mauvaises notes, ce n'était pas la faute de l'école, ni de la maîtresse, ni du manuel. C'était ma faute.»

Son père manifestait son amour par l'action et l'exemple, ce qui a inspiré Bruce, comme c'est le cas chez beaucoup de jeunes garçons. Les pères ne savent peut-être pas exprimer leur amour par des mots et en caresses, mais ils le font en travaillant et en se sacrifiant pour leur famille. Cela inspire les enfants à en faire autant. Comme l'a raconté Bruce: «Mon père n'avait qu'une jambe, mais il chargeait des produits de cuir à longueur de journée pour gagner sa vie. Il ne restait jamais un sou de ses payes. Nous n'avions pas la télé. Papa travaillait de six heures du matin à six heures du soir. Comment pouvait-on le laisser tomber après tant de sacrifices? C'était à moi de réussir.»

De nombreuses études prouvent que, sur le plan de la réussite, le plus important facteur de prédiction contrôlable (sur lequel nous pouvons agir) est la qualité des connexions pendant l'enfance, particulièrement les interactions parents-enfants. Par «facteur contrôlable», j'entends un facteur sur lequel les parents peuvent agir de manière significative, ce qui exclut les facteurs génétiques (du moins pour le moment) et, jusqu'à un certain point, les facteurs socio-économiques et médicaux. Parmi toutes les choses que les parents peuvent contrôler, le don d'une enfance connectée est le plus précieux.

Une enfance connectée engendre non seulement la santé émotionnelle, mais aussi le succès scolaire. Peter Jensen, titulaire de la chaire de pédopsychiatrie et de psychiatrie de l'adolescent à la faculté de médecine et de chirurgie de l'université Columbia, m'a déclaré : « Les facteurs qui permettent de prédire le succès scolaire sont les facteurs sociaux et émotionnels, et non la connaissance des couleurs et des chiffres. La plupart des subventions fédérales vont aux couleurs et aux chiffres — pour aider les enfants à apprendre à compter jusqu'à dix et à reconnaître les couleurs. Ces connaissances sont plus faciles à mesurer que les données sociales et émotionnelles, mais ces dernières sont plus importantes. » Pas besoin de test élaboré de neuropsychologie pour repérer précocement les enfants qui ont des problèmes d'ordre social et émotionnel. Il suffit de demander aux éducateurs quels sont les jeunes de leur groupe qui les inquiètent ; ceux qu'on nomme sont ceux qui ont des problèmes sociaux et émotionnels.

La principale cause de problèmes sociaux ou émotionnels, outre les causes génétiques, est l'absence de connexions à la maison. Pratiquement tous les spécialistes du monde entier conviennent que l'expérience précoce d'un milieu familial chaleureux et stimulant est la clé du bonheur et de la réussite future.

Rassurez-vous, vous n'avez pas besoin de suivre de cours pour apprendre à établir des connexions ou à ressentir un amour inconditionnel pour votre enfant. La plupart des parents le sentent grandir en eux avant même la naissance du bébé.

Ne sous-estimez jamais l'importance de l'amour que vous ressentez pour vos enfants. Cet amour peut changer le monde tous les jours.

Si les enfants reçoivent cet amour — et certains enfants ne reçoivent rien d'autre —, il peut être suffisant pour les sauver et les propulser vers une vie épanouie et heureuse.

En revanche, il n'y a rien de pire pour un enfant que la trahison d'un parent — par sévices ou par négligence. Je peux vous affirmer

— et les statistiques le confirment — que la plupart des adultes que nous qualifierions de «mauvais» sont des personnes qui ont été abandonnées ou qui ont elles-mêmes été victimes de mauvais traitements pendant leur enfance.

Aimer nos enfants est la chose la plus importante que nous puissions faire pour eux. L'amour peut faire des miracles et nous n'avons qu'à nous laisser aller.

Mais *comment* exactement? Je parle d'une activité extrêmement simple, primale et naturelle. Si vous avez déjà tenu un bébé dans vos bras, vous comprenez ce que je veux dire. Votre regard s'adoucit, votre sourire illumine votre visage, votre voix se fait berçante et vous tombez complètement «amoureux» du bébé.

Même si vous savez comment donner cet amour, vous ne vous doutez peut-être pas de son importance cruciale pour l'enfant. Il n'y a *rien* au monde que vous puissiez faire de plus important que de l'aimer. Rien — ni régime, ni argent, ni exercices, ni vitamines, ni médicaments, ni programme de développement du cerveau, ni cadeau — ne remplacera jamais l'amour.

Mettez l'amour en tête de votre liste. Aimer est plus important que de garder la maison propre, faire la lessive, être à l'heure chez le dentiste, gagner de l'argent, faire plaisir aux autres, répondre au téléphone ou moissonner les courriels.

Bien évidemment, aimer n'exige pas que vous laissiez tomber le travail, la lessive, le téléphone et le courrier électronique! Le père de Bruce Stewart travaillait douze heures par jour, mais savait manifester son amour à ses enfants. Pas besoin de passer beaucoup de temps à contempler votre bébé ou à jouer au ballon avec votre fils. Vous devez vous assurer que les autres adultes qui passent du temps avec vos enfants sont aussi des adultes aimants.

Le *National Institute of Child Health and Human Development* (NICHD) suit 1 364 enfants depuis leur naissance en 1991. Cette étude sur les soins pendant la petite enfance, la plus complète du genre, a semé la consternation chez les parents qui travaillent (comme ma femme et moi) en affirmant que les enfants qui passent plus de trente heures par semaine en garderie sont plus agressifs que ceux qui restent à la maison avec leur mère. Heureusement, ce n'est que le grand titre retenu par la presse populaire.

Voilà une illustration du problème de l'étude «la plus récente». Invariablement, ce qu'on peut lire dans la presse populaire (l'étude du NICHD a paru à la une du magazine *People*) est une distorsion sensationnaliste qui vise à capter l'attention, mais qui laisse les lecteurs mal informés et confus.

En fait, les données du NICHD présentées à Minneapolis en avril 2001 brossent un tableau plus complexe que l'extrait publié dans la presse. Kathleen McCartney, de la faculté d'éducation de l'université Harvard, a participé à l'étude et fait la mise au point suivante :

Les parents jouent encore le plus grand rôle dans le développement de leurs enfants – c'est là le plus important facteur de prédiction de la réussite sociale et cognitive des enfants. En outre, l'étude a démontré l'importance cruciale de la qualité des interactions entre les intervenants de la garderie et les enfants. Lorsque ces interactions sont bonnes, les enfants réussissent mieux les tests de développement intellectuel, de maturité et de vocabulaire, et ont en général moins de problèmes.

Pour être plus exacts, les grands titres auraient dû se lire comme suit : «Une étude démontre que des soins de qualité en garderie donnent aux enfants de meilleures chances dans la vie.»

Vous pouvez être un parent au travail et quand même offrir à vos enfants tout ce dont ils ont besoin ; il suffit que vous choisissiez avec soin les personnes qui devront s'occuper d'eux en votre absence.

En choisissant bien les personnes qui s'occupent de vos enfants, vous vous occupez en même temps de vous-même. En effet, si l'amour est le don le plus précieux que vous puissiez faire à vos enfants, il l'est aussi pour vous.

Vous vous faites un don à vous-même, car, en aimant votre enfant, en le tenant dans vos bras quand il est tout petit et en le regardant avec anxiété aller à bicyclette, non seulement faites-vous de lui une personne plus forte pour le reste de ses jours, mais vous vous rendez vous-même plus fort. En fait, vous vous bardez de vulnérabilité. Pensez au regard indulgent que vous jetez à votre enfant dans le rétroviseur même si vous n'avez pas envie de le conduire à quelque activité sportive.

Vous vous demandez peut-être comment la vulnérabilité peut rendre une personne plus forte. Eh bien, elle vous donne la force de cesser de chercher la sécurité. Reconnaître votre vulnérabilité vous force à cesser de prétendre que vous maîtrisez parfaitement la situation en tout temps ou que vous pouvez agir contre des forces plus puissantes que vous. Lorsque vous vous laissez aller à aimer un enfant, vous laissez tomber votre armure et devenez volontairement vulnérable.

Votre vulnérabilité découle de la nature inconditionnelle de votre amour. L'une ne va pas sans l'autre. Vous ne pouvez pas déclarer forfait, même quand vous sentez la soupe chaude. Une fois parent, c'est pour la vie. Le bénéficiaire de cet amour, lui, met à l'épreuve sa nature inconditionnelle. Que ce soit en pleurant toutes les nuits, en brisant votre ordinateur pour se venger de ne pas avoir eu la permission de dormir chez un ami, en dévalisant votre porte-monnaie pour aller au cinéma ou en vous blessant par des remarques, les enfants de tout âge mettent à l'épreuve cet amour que nous pensons inébranlable. Et nous continuons à aimer. Nous n'étouffons pas le bébé qui pleure, nous ne mettons pas le vandale à la porte, nous ne déshéritons pas le voleur et nous ne cessons pas d'aimer l'enfant qui nous a injuriés.

L'amour inconditionnel est peut-être un don extraordinaire, mais ce que nous en obtenons en retour est encore plus grand. Nous apprenons à nous transcender, à devenir de meilleures personnes.

Lorsque vous vous donnez la permission d'aimer, comme parent, en arrivant juste à temps pour la partie de soccer, en apportant à la table le gâteau d'anniversaire étincelant de bougies ou en faisant au revoir de la main à l'autobus qui emporte le groupe au camp de vacances, vous laissez mourir une partie de vous-même qui venait autrefois en premier. Qui plus est, vous vous abandonnez totalement à cet amour tout en sachant que la séparation est inévitable.

Lorsque vous vous laissez aller à aimer en sachant que vous devrez un jour renoncer à l'objet de votre amour, vous remportez une victoire sur le temps, la douleur, les défaites et la mort, et vous aimez aussi pleinement qu'un être humain puisse aimer.

Avec le temps, le lapin fugueur grandit. C'est un peu triste, certes, mais quand votre enfant quitte le nid familial pour aller à l'université, travailler ou se marier, vous n'en avez pas le cœur brisé comme vous l'aviez peut-être craint. Au contraire, vous versez des larmes de fierté. Il est normal que cet enfant, autrefois si petit mais aujourd'hui si grand, aille de par le vaste monde. Vous avez bien fait votre travail en le préparant à vous quitter en temps et lieu. Vous lui avez donné à la fois des racines et des ailes.

Avoir un enfant, c'est comme sauter d'une falaise dans une atmosphère magique et ne plus jamais se retrouver en terrain ferme. Les courants ascendants et descendants ne sont à nul autre pareils. Nous nous envolons, nous planons, nous traversons des zones de turbulence et tenons bon jusqu'à ce que l'orage passe et que la brise matinale nous propulse en avant. Nous éprouvons des peurs inconnues, des joies jamais ressenties auparavant, et une incertitude sans limites. Dans cette atmosphère, nous connaissons le meilleur de la vie, mais nous entrons aussi en collision avec ce qu'elle a de pire.

Quand nous aimons un enfant, nous transcendons les plus grandes difficultés de la vie, convaincus que cet amour sera plus fort que tous les malheurs.

Une enfance connectée ne repose pas uniquement sur l'amour inconditionnel

Hors l'amour inconditionnel, une enfance connectée se compose de nombreux autres ingrédients qui peuvent varier d'un enfant à l'autre. Toutefois, ils mènent tous vers la même issue : un profond sentiment de satisfaction et de joie.

Il n'y a pas de «bonne» méthode pour offrir une enfance connectée à un enfant. Il existe autant de processus de connexion qu'il existe d'enfants connectés, mais permettez-moi de vous faire quelques suggestions.

Dans la figure suivante, j'identifie douze domaines qui font partie d'une enfance connectée. Si vous les offrez à vos enfants — et à vous-même —, tout le reste suivra naturellement, pour peu que le destin et les gènes le permettent. Imaginez ces douze domaines en interaction constante. N'y voyez pas de hiérarchie. L'amour inconditionnel en est le point de départ, mais les domaines de connexité se renforcent l'un l'autre à mesure qu'ils apparaissent.

Comme vous pouvez le constater, une enfance connectée ressemble à une toile ou à un filet composé de toutes sortes de connexions. Tout comme il faut plus que deux ou trois fils pour fabriquer un solide filet, il nous faut plus que deux ou trois connexions pour nous arrimer fermement. On peut survivre avec seulement une ou deux connexions, mais il en faut bien plus pour s'épanouir.

Au chapitre 13, je décris en détail chaque type de connexion et je fais des suggestions pratiques sur la façon de les intégrer à votre vie familiale. Il s'agit simplement d'attirer votre attention sur la grande variété de connexions qui contribuent à créer une enfance et une vie empreintes de connexité.

LES ÉLÉMENTS D'UNE ENFANCE CONNECTÉE

L'amour inconditionnel
d'une personne, une famille unie

Le « soi » de l'individu lui-même

Les amis, les voisins,
la collectivité

Dieu ou le monde des esprits

Les tâches, le travail, les
responsabilités, le sentiment de
contribuer au monde

Les institutions et les
organisations (l'école)

Les activités sportives ou autres

Les idées et l'information (l'école)

Les animaux de compagnie

Un sens de l'histoire

La nature

Le monde de la beauté et des arts

CHAPITRE 8

LE JEU : SOURCE DE JOIE
POUR LA VIE

L e jeu libère de la tyrannie de l'ennui compulsif. Le jeu nous conduit à ce que Csikszentmihalyi appelle l'expérience gratifiante intrinsèque. Le jeu et la créativité agissent ensemble pour créer un état d'esprit extrêmement concentré que nous cherchons à reproduire pour le reste de nos jours. Le jeu est une des clés d'une vie empreinte de joie. Ne tenez pas pour acquis que votre enfant apprendra à jouer du seul fait qu'il est un enfant. De nos jours, beaucoup d'enfants n'apprennent pas à jouer.

On ne saurait surestimer l'importance du jeu, plus particulièrement le jeu que l'enfant invente lui-même ou avec un ou plusieurs amis. C'est le travail le plus important qu'un enfant puisse faire.

Vous avez sans doute une idée de ce que j'entends par *jeu*, mais comme le *Petit Robert* consacre une page entière à ce mot tout simple et que sa signification est cruciale, je tiens à préciser l'emploi que j'en fais.

Par *jeu*, j'entends toute activité dans laquelle il y a place à l'invention spontanée et au changement. On peut jouer en mangeant (beaucoup d'enfants le font) ; en conduisant (mais on ne devrait pas le faire) ;

ou même en urinant. Le travail n'est pas le contraire du jeu, puisque le meilleur travail a un côté ludique. La mémorisation est le contraire du jeu. En revanche, l'invention d'un moyen mnémotechnique pour vous aider à retenir une série de mots a un côté éminemment ludique.

Ne me dites pas que je suis un optimiste invétéré quand je dis qu'on peut jouer toute sa vie. Linus Pauling, deux fois lauréat du prix Nobel (de chimie en 1954 ; de la paix en 1962), a déclaré, alors qu'il était déjà avancé en âge : « Je pense que je ne me suis jamais assis pour me demander ce que j'allais faire dans la vie. J'ai tout simplement fait ce que j'avais envie de faire. »

Évidemment, il a eu la chance que les gens de son entourage reconnaissent la valeur de ce qu'il aimait faire. Réussir sa carrière signifie simplement trouver une façon de jouer qui permet de gagner sa vie. Les racines de ce genre de jeu plongent directement dans l'enfance.

Quand je regarde jouer Tucker, je vois le jeu à son meilleur. Ses jeux sont remplis d'inventions spontanées et de changements. Il réinvente les règles en jouant, faisant constamment varier son scénario et changeant les personnages et les conclusions de ses histoires au gré de ses humeurs. La spontanéité et le jeu vont de pair. Les essais et les erreurs font partie du jeu, comme les éraflures et les chutes. Le jeu n'est pas entièrement sécuritaire, car il change constamment.

Cependant, le jeu peut aussi être structuré et régi par des règles. Quand on apprend le piano, par exemple, on suit une partition. La part d'invention et de changement s'exprime dans l'interprétation de la partition. De même, le jeu de baseball comporte un ensemble de règles très élaborées. L'invention et la spontanéité s'exercent dans la façon de frapper la balle ou de couvrir le champ.

Le jeu mérite plus de respect qu'il n'en reçoit. En effet, la créativité consiste à jouer avec des images et des idées, et la créativité fait avancer la civilisation.

La plupart des enfants apprennent à jouer spontanément, à moins d'en être empêchés par des adultes qui pensent que les enfants doivent faire exactement ce qu'on leur dit de faire. Si nous faisons uniquement ce qu'on nous dit de faire, nous ne pouvons pas jouer.

La petite enfance devrait être une période heureuse, notamment parce qu'elle est celle où nous apprenons à jouer. À ma connaissance, il n'y a pas de meilleur moyen que le jeu pour développer le cerveau ou nourrir l'âme.

Chacun de mes enfants a eu son jouet préféré quand il était petit. Lucy, par exemple, aimait les vêtements dès son plus jeune âge. Je pense qu'elle aurait critiqué ses couches si elle avait pu parler. Elle aimait se réfugier au sous-sol pour se déguiser et créer des pièces de théâtre avec sa copine Sophie.

Je me souviens d'avoir acheté à l'encan une malle remplie de vieux vêtements de gala — boas en plumes, chemisiers à paillettes, haut-de-forme et canne, toutes sortes de chaussures à talons hauts, des foulards et des châles de toutes tailles et couleurs. C'est l'un des plus beaux cadeaux que je ne lui aie jamais fait. Elle restait des heures avec ses amies à essayer ces vêtements, jouant un rôle après l'autre. Elle a maintenant douze ans et nous avons toujours cette malle, même si elle est moins utilisée qu'avant. Lucy est passée aux vêtements griffés, mais tout a commencé avec cette malle. Ce qu'elle veut faire quand elle sera grande ? Pour le moment, dessinatrice de mode. Elle a le temps de changer d'avis, mais ses ambitions reflètent les cinq étapes que je décris dans le présent ouvrage. Elle a commencé par établir une connexion avec Sophie ; elles ont joué avec des vêtements ; ensuite elles ont souvent pratiqué ; puis elles sont devenues expertes des combinaisons de vêtements et des « looks » qu'elles créent, ce qui leur confère un sentiment de compétence et leur vaut une reconnaissance mutuelle et la reconnaissance de leurs amis et des adultes. Si Lucy devient vraiment une dessinatrice de mode, elle aura trouvé une forme de jeu pour lequel d'autres sont disposés à la payer, et les racines de sa vocation se reconnaîtront facilement.

Jack, lui, aimait les puzzles. Il faisait des puzzles avant de marcher. Il est tout simplement né avec un fort sens de l'organisation spatiale. Tout petit, il pouvait faire en quelques minutes un puzzle que je mettais une demi-heure à résoudre. Je m'amusais à le regarder faire. Assis par terre parmi les pièces, il les examinait pendant un moment, puis il en assemblait quelques-unes. Les autres pièces suivaient rapidement et le puzzle prenait forme. Complètement absorbé par sa tâche, un léger sourire flottait sur ses lèvres.

Le jeu rend heureux les enfants, et les adultes qu'ils deviennent plus tard.

Le jeu est une merveilleuse fin en soi, mais ce n'est pas la seule raison pour laquelle il faut l'encourager chez nos enfants. En jouant, un enfant acquiert une compétence particulière – la compétence de jouer. Or, il s'agit d'une compétence bien plus utile que toutes les autres. Savoir jouer, faire un usage créatif de son temps, peu importe où l'on se trouve ou ce que l'on fait, est la compétence qui se cache derrière toutes les grandes découvertes, toutes les activités créatrices et tous les progrès. Si vous savez jouer, vous aurez toujours la possibilité d'être heureux et de faire de grandes choses.

Hélas, le mot *jeu* n'est pas pris au sérieux. *Mathématiques*, voilà un mot respectable ! Ou *géographie*, ou même *hygiène dentaire*. Le jeu n'obtient peut-être pas le respect qu'il mérite parce qu'on pense que c'est ce qu'on fait pendant la récréation ou quand on n'a rien d'autre à faire. Sachez pourtant que la récréation et le plaisir méritent le respect.

Peut-être faudrait-il inventer une nouvelle définition qui engloberait le jeu, la récréation et le plaisir. Quelque chose comme «interaction spontanée et créative avec l'environnement» ? Serions-nous plus respectueux ?

Je sais comment donner au jeu ses lettres de noblesse. Si on pouvait démontrer qu'un enfant qui joue réussit mieux les tests d'aptitude et gagne plus d'argent une fois adulte qu'un enfant qui ne joue pas, le jeu vaudrait son pesant d'or. Des cours pour apprendre à «jouer avec succès» pousseraient comme des champignons.

Eh bien, sachez que c'est déjà fait. Il a été prouvé que les enfants qui jouent réussissent mieux les tests d'aptitude que ceux qui ne jouent pas. Malheureusement, à l'instar des études sur la connexité, les recherches qui établissent un lien entre le jeu et le développement de la fonction mentale sont peu connues du public. Pour ce qui est de l'argent, je ne connais pas d'étude sur le sujet, mais je peux vous assurer que les adultes les plus heureux sont ceux qui ont appris à jouer étant enfants.

Une fois les oursons, les poupées et les blocs mis au rancart, l'enfant découvre d'autres jeux. Il apprend, par exemple, à jouer avec les mots et devient écrivain ; avec les chiffres et devient mathématicien ; avec un jeu de chimie et devient chimiste ; avec les idées et devient philosophe ; avec les émotions et devient acteur, enseignant ou psychologue ; avec les vêtements et devient dessinateur de mode ; avec les puzzles et devient architecte ; et ainsi de suite. Quel que soit le champ d'intérêt de votre enfant, si le jeu peut l'y mener, il en sera passionné et y excellera.

Je ne connais pas de meilleure garantie d'une vie heureuse que l'art de savoir jouer. Le jeu est une racine du bonheur à l'âge adulte, aussi importante que l'amour inconditionnel et une enfance connectée.

Le jeu et l'expérience gratifiante intrinsèque

Lorsque nous vivons une expérience gratifiante intrinsèque, nous oublions qui nous sommes et où nous sommes, l'heure qu'il est et ce que nous avons à faire. Nous perdons toute conscience de nous-mêmes pour nous absorber dans nos actes. Ce peut être le ski ou le piano, le plaisir d'un débat animé, la contemplation d'un feu ou l'évasion dans le rêve. Quelle que soit cette activité, la conscience de soi a momentanément disparu.

C'est la raison pour laquelle les gens ne se rendent compte qu'après coup de leurs expériences gratifiantes intrinsèques. Quand nous sommes le plus heureux, au moment même où nous vivons l'expérience gratifiante intrinsèque, nous ne nous en rendons pas compte. N'est-il pas paradoxal que nous ne sachions pas reconnaître le bonheur au moment où nous le vivons, que nous n'en devenions conscients qu'une fois son intensité dissipée ? !

Quoi qu'il en soit, plus on a d'occasions de vivre des expériences gratifiantes intrinsèques, plus on est heureux et mieux on réussit sa vie, car les gens les plus efficaces sont les gens qui passent le plus de temps dans cet état de concentration intense.

Vous vous demandez peut-être ce que les expériences gratifiantes intrinsèques ont à voir avec le jeu. Eh bien, le jeu est la forme infantile de l'expérience gratifiante intrinsèque. Quand Tucker est complètement absorbé dans une guerre intergalactique, je peux constater les étapes élémentaires qui, selon Csikszentmihalyi, composent l'expérience gratifiante intrinsèque.

Premièrement, la difficulté de l'activité doit correspondre à nos compétences. Si le défi est trop grand, nous nous sentons frustrés et vaincus ; s'il ne l'est pas assez, nous nous ennuyons, comme quand un bon joueur de tennis affronte un débutant. Les enfants font naturellement correspondre les défis que présentent leurs jeux avec leurs compétences.

Deuxièmement, nous savons ce que nous allons faire d'un moment à l'autre. Quand Tucker joue, il maîtrise complètement la situation et fait exactement ce qui lui chante. Il ne peut se sentir ni perdu ni dépassé.

Troisièmement, nous obtenons une rétroaction immédiate. Dans une partie de tennis, je vois immédiatement le coup que j'ai frappé. Quand j'écris, je vois mes phrases dès que je les couche sur le papier et je peux les comparer à une norme interne qui me donne une rétroaction immédiate (souvent à mon grand désarroi!). Si je manque un coup au tennis ou si j'écris une phrase boiteuse, la rétroaction immédiate me garde dans un état d'expérience gratifiante intrinsèque en m'accordant aussitôt une deuxième chance. Quand Tucker joue, il voit instantanément le résultat de ce qu'il fait et peut y apporter des modifications sur-le-champ.

Lorsque les enfants jouent, ils sont naturellement attirés par des jeux qui leur procurent des expériences gratifiantes intrinsèques. En tant que parent, il vous suffit d'orienter leur énergie dans cette direction. Vous devrez parfois ériger des barrières, par exemple entre votre enfant et la télévision ou la console vidéo, car ces jeux passifs ne procurent pas d'expériences gratifiantes intrinsèques.

Selon Csikszentmihalyi, pour apprendre à vivre des expériences gratifiantes intrinsèques, les enfants doivent fermer le téléviseur et s'ouvrir l'esprit. «Nous apprenons à vivre des expériences gratifiantes intrinsèques en nous adonnant à des activités qui nous y prédisposent, plus particulièrement le travail mental et le divertissement actif.»

Et il ajoute : «Il ne suffit pas d'être heureux pour avoir une excellente vie. Il faut être heureux en nous adonnant à des activités qui sollicitent nos compétences, qui nous aident à grandir et à atteindre notre plein potentiel, surtout pendant nos premières années. Un adolescent heureux de ne rien faire ne deviendra probablement pas un adulte heureux.»

Le jeu a donc pour but d'ouvrir l'esprit et d'étendre les moyens d'intégrer la joie dans sa vie. La recherche du Dr Csikszentmihalyi établit aussi l'importance cruciale de la connexité dans le développement du jeu et de l'expérience gratifiante intrinsèque. En effet, les personnes qui réussissent le mieux à vivre et à prolonger l'état d'expérience gratifiante intrinsèque passent aussi «significativement plus de temps en famille que les autres – autour de quatre heures par semaine. Ainsi, la famille semble agir comme un milieu protecteur où l'enfant peut expérimenter en relative sécurité, sans se sentir embarrassé ou en concurrence avec les autres, et sans avoir à se mettre sur la défensive.»

Voilà précisément le point sur lequel j'ai insisté au sujet de la relation entre la connexité et le jeu. Il faut commencer par créer un environnement sécurisant et le jeu suit naturellement. Le seul véritable trouble de l'apprentissage n'est ni la dyslexie ni le déficit de la capacité d'attention (dont je souffre personnellement), mais la peur. La peur et ses cousins, la honte et l'embarras, sont les sentiments qui empêchent les enfants (et les adultes) de réaliser leur plein potentiel et d'acquérir de nouvelles compétences. La peur inhibe le jeu et peut empêcher une personne de vivre une expérience gratifiante intrinsèque. Ainsi, lorsque vous laissez vos enfants jouer, prenez soin de leur assurer en même temps un sentiment de sécurité et de connexité.

Le jeu peut durer toujours

L'enfant qui joue peut continuer à le faire. Avec un peu de chance, il trouvera à l'âge adulte une sorte de jeu pour lequel d'autres seront prêts à le payer. Pensez aux personnes que vous connaissez qui aiment le plus leur travail. La plupart d'entre elles le décrivent comme une espèce de jeu – un jeu sérieux, certes, exigeant, épuisant et parfois même douloureux, mais essentiellement un jeu.

Gardant cela à l'esprit, permettez-moi de vous aider à composer avec une transition délicate dans la vie de vos enfants. Les enfants souffrent moins de cette transition que leurs parents. Il s'agit du moment où votre enfant délaisse ses jouets. Vous dites adieu à un petit ami que vous ne retrouverez plus jamais, sauf en souvenir. Je me souviens de Lucy jouant avec ses poupées aujourd'hui disparues. Je songe à Jack et à son jeu de Lego qu'il commence à délaisser. Et maintenant, quand je regarde Tucker jouer avec ses oursons, ses soldats et ses superhéros, je me sens tout ému, car je sais que viendra bientôt le temps où il ne s'abandonnera plus au jeu de la même façon. Les enfants, eux, sont fiers de ces transitions qui attristent parfois leurs parents.

A. A. Milne a écrit un poème sur cette transition. Il imagine comment se sentent les jouets d'un enfant, les «seigneurs de la pouponnière», en attendant le retour du petit garçon qui avait l'habitude de jouer avec eux. Où est-il parti? Hélas, il a grandi.

> *Les seigneurs de la pouponnière*
> *Attendent en rang*
> *Cinq sur l'étagère du haut*
> *Et quatre sur celle du bas*
> *Grands rois et petits rois*
> *Oursons bruns ou noirs*
> *Tous attendent*
> *Le retour de John*
> *Certains pensent que John*
> *Est perdu dans la forêt*
> *Certains disent que c'est impossible*
> *D'autres pensent le contraire*
> *Certains racontent que John*
> *Se cache dans la colline*
> *Certains croient qu'il ne reviendra pas*
> *Certains qu'il reviendra*
> *Lentement le nouveau jour se lève*
> *Qu'est-il arrivé à John?*
> *Personne ne le sait*
> *Certains disent que John*

Est perdu dans la colline
Certains croient qu'il ne reviendra pas
Certains qu'il reviendra
Qu'est-il arrivé à John ?
Rien du tout
Il a joué avec la corde à danser
Il a joué avec son ballon
Il a chassé les papillons
Les bleus et les rouges
Il a fait des tas de choses amusantes
Et puis il est allé se coucher.

Si je suis triste en me rendant compte que Tucker va bientôt laisser ses jouets de côté pour grandir comme Jack et Lucy, je suis aussi heureux de constater que ses jeux changent, mais ne disparaissent pas. Les jouets changeront aussi, mais l'activité mentale qui accompagne le jeu créatif et imaginatif continuera à s'épanouir.

Même si, comme l'a dit Tucker, il ne peut pas contrôler sa grandeur parce qu'il doit grandir et grandir, il emportera avec lui le bon travail qu'il a fait avec ces jouets, et, mieux encore, l'art de jouer.

Les jouets alignés contre le mur peuvent être fiers, ils ont donné à ce petit garçon un cadeau plus précieux que n'importe quel salaire.

Vous aussi, parents, avez bien fait votre travail si vos enfants savent jouer. Et je dirais aux vieux jouets fatigués : «Vous avez fait un merveilleux travail, ne soyez pas tristes ! Vous avez développé l'imagination de mon enfant, et maintenant il peut faire tout ce qu'il veut. Ne vous sentez pas seuls, mais fiers. D'autres vont jouer avec vous. Je vous offrirai bientôt à d'autres enfants qui seront heureux de vous recueillir.»

La connexion entre le jeu des enfants et le bonheur à l'âge adulte est cruciale. Pour savoir si un adulte est heureux, il suffit de vérifier s'il sait jouer ou non. Les adultes qui savent jouer sont pleins de joie de vivre ; ceux qui ne le savent pas agissent de manière compulsive et, s'ils réussissent souvent assez bien, ils ne connaissent généralement que peu de moments heureux.

Il ne leur arrive pas souvent non plus d'avoir l'impression d'être créatifs. Dans le monde des affaires, il paraît qu'on recherche surtout des gens capables de «pensée créative». Si c'est le cas, on devrait embaucher des enfants, ou des adultes qui savent encore jouer.

Les adultes qui ne savent pas jouer ont un handicap dans la poursuite du bonheur et de l'excellence. Permettez-moi de vous donner un exemple des problèmes qui les guettent.

Dans le cadre de mes fonctions à l'université, j'agis comme conseiller au département de chimie. Pendant plusieurs années, j'ai rencontré le professeur Jim Anderson une fois par mois, alors qu'il était directeur du département. Nous discutions parfois des caractéristiques des bons étudiants de deuxième cycle ou de postdoctorat.

Jim m'a expliqué qu'il y a deux sortes d'étudiants : ceux qui savent travailler (ou, selon moi, jouer) par eux-mêmes et ceux qui en sont incapables. Tous ceux qui font une demande d'admission au programme de deuxième cycle à Harvard sont bardés d'honneurs, mais beaucoup de ces excellents étudiants ne feront pas de bons scientifiques. La capacité de jouer est ce qui distingue ceux qui deviendront des sommités.

Lorsqu'on s'inscrit au deuxième cycle en chimie, les règles changent : on doit soudainement faire des découvertes. Il ne suffit plus d'apprendre ce qui est déjà connu, mais on doit concevoir et mener ses propres expériences, sans en suivre les instructions dans un manuel de laboratoire. Tout à coup, il n'y a plus de tests à réussir, mais un laboratoire qui attend silencieusement de nouvelles expériences, et tout un monde de connaissances à découvrir.

Certains étudiants se réjouissent d'une telle perspective. Ils ont enfin trouvé ce qu'ils cherchaient : leur terrain de jeu — un jeu difficile, sérieux et épuisant. Ils savent qu'ils resteront au laboratoire tard le soir même si les résultats sont décevants. Ils se frapperont la tête contre le mur des mystères et en reviendront maintes fois les mains vides. Ils maudiront parfois leur destin et s'inquiéteront de ne jamais faire de découverte significative. Ils adoreront néanmoins leur travail, car ils suivent la voix de leur propre curiosité. Ils feront ce qu'ils ont toujours eu envie de faire. Le vrai scientifique n'est pas nécessairement un crack à lunettes, mais il se fraye un chemin à travers le monde inexploré.

Les autres étudiants, ceux qui ne savent pas jouer, s'effondrent dès qu'ils n'ont plus d'examens à réussir, ni de A à obtenir. Ils se sentent perdus en l'absence de quelqu'un pour les guider pas à pas. Ils ne savent ni générer leurs propres questions et hypothèses ni concevoir leurs propres expériences. Ils ne deviennent jamais de vrais scientifiques.

Cette distinction est valable dans la plupart des domaines. Souvent, les personnes qui innovent en littérature, en histoire, en technologie ou en affaires n'ont pas été des premiers de classe, mais des impatients à qui il tardait de quitter l'école pour affronter la vie en suivant leur curiosité et leur sens de l'invention.

Vous pouvez aller faire un tour dans les écoles et trouver les deux mêmes groupes. Certains enfants ont besoin qu'on les dirige, qu'on leur fournisse un jeu ou un téléviseur pour les occuper. Ils sont incapables d'inventer quoi que ce soit. D'autres peuvent jouer dans une pièce vide, où ils inventent des aventures et des personnages invisibles. Il est beaucoup plus facile d'apprendre à jouer à un enfant qui ne sait pas jouer que de transformer un adulte en enfant.

Certains enfants ont un «trouble de l'apprentissage» du jeu. Il ne faut pas en attribuer la faute à un environnement autoritaire, mais au trop grand nombre d'heures qu'ils passent devant des jeux vidéo, des ordinateurs et des téléviseurs, qui sont à leur façon très restrictifs. Dans un article remarquable intitulé «*Why Johnny Can't Play*», publié dans le magazine *Fast Company*, Pamela Kruger rend compte de recherches effectuées par un analyste des marchés.

Qu'ont donc les enfants d'aujourd'hui ? Selon Ted Klauber, ils ont des vies si occupées, structurées et envahies par la technologie qu'ils n'ont plus le temps de s'amuser.

Ted Klauber joue avec un projecteur, essayant de trouver le bon clip pour illustrer son propos. Klauber, 42 ans, cadre supérieur au bureau de New York de FCB, le géant international de la publicité, a passé une année à étudier le rapport des enfants à la technologie. Il peut vous entretenir sur les différences entre les enfants d'aujourd'hui et ceux d'hier, et sur la manière dont les clients de FCB devraient réagir à ces changements.

Il sait que les meilleures illustrations de ses idées sont les enfants eux-mêmes et leurs parents. Klauber éteint la lumière et nous présente son clip. Au début, des élèves dressent la liste interminable des activités parascolaires de la semaine, puis une mère de Singapour décrit les quatre cours que suit son fils le samedi. «C'est incroyable ! s'exclame Klauber. Quand j'étais jeune, je me promenais à bicyclette des heures durant. Ces enfants ont des listes ahurissantes d'activités. Certains n'ont que vingt minutes de liberté par jour.»

Lorsque Klauber a entrepris son étude, il n'avait pas d'hypothèse, uniquement le désir d'explorer une question rarement posée : «Comment la technologie numérique (et le style de vie qu'elle engendre) influence-t-elle le sens du plaisir, du jeu et de la pensée des jeunes enfants ?» Après avoir dirigé quarante ateliers avec des enfants de six à onze ans et leurs parents dans plusieurs pays, notamment au Brésil, en Allemagne, au Mexique et aux États-Unis, Klauber a trouvé des réponses à la fois rafraîchissantes et alarmantes.

Par exemple, Klauber a découvert que l'obsession parentale de l'efficacité et de la productivité se transmet même aux très jeunes enfants. Le jeu s'est métamorphosé en ce qu'il appelle le «merveilleux monde du numérique» — un monde agité axé sur les buts, qui laisse «peu de temps pour le plaisir vraiment ludique». De nos jours, les enfants sont orientés vers la concurrence, l'efficacité et les résultats. Ce genre de développement cause malheureusement l'atrophie de l'imagination, car ces jeux mettent l'accent sur la destination plutôt que sur le trajet.

« Lorsque les parents nous parlent de leur enfance, dit Klauber, ils ont un sentiment d'émerveillement. Ils se rappellent avoir construit des forts avec des oreillers et des couvertures ; avoir inventé des histoires compliquées. En revanche, les enfants d'aujourd'hui ont si peu de temps libre et sont tellement entourés de médias qu'ils ne sortent pas des sentiers battus. Ils recherchent des plaisirs instantanés et faciles. L'art de s'ennuyer se perd… »

Les découvertes de Klauber ont amené certains de ses clients et collègues à revoir leurs idées sur les besoins des enfants. Par exemple, après avoir assisté à l'exposé de Klauber, un cadre de Mattel a demandé un congé pour s'occuper davantage de ses enfants. L'un des cadres de FCB a été si ému par ces découvertes qu'il a quitté le travail plus tôt pour discuter avec sa femme et trouver des moyens de rendre la vie de leurs enfants moins structurée[1].

Des spécialistes de divers domaines ont sonné l'alarme, notamment la très respectée Alliance for Childhood, un groupe composé d'enseignants, de scientifiques, de médecins, de parents et autres intervenants auprès des enfants. L'alliance a publié une monographie intitulée *Fool's Gold: A Critical Look at Computers in Childhood*. Dans son excellent ouvrage, *Failure to Connect*, une autre spécialiste des enfants, le Dr Jane Healy, met les parents et autres intervenants en garde contre la tentation de voir en l'ordinateur la panacée de l'éducation. De plus, le Dr Susan Villani de Johns Hopkins a publié, dans le numéro d'avril 2001 du *Journal of the American Academy of Child and Adolescent Psychiatry,* un article synthétisant toutes les études qui ont été publiées au cours

1. Pamela Kruger, « Why Johnny Can't Play », *Fast Company,* n° 37, août 2000, p. 271.

de la dernière décennie sur les effets des médias électroniques (télévision, vidéo, DVD, jeux électroniques, Internet, etc.) sur les enfants.

Les experts s'entendent sur deux points : premièrement, un nombre raisonnable d'heures consacrées à l'un ou l'autre de ces médias ne cause pas de tort ; c'est l'excès qui est mauvais. Deuxièmement, les parents doivent surveiller le contenu de tous ces médias. Certains sites Web sont de véritables déchets toxiques, ainsi que certains films et même certains livres. Les parents doivent savoir non seulement *combien d'heures* leurs enfants consacrent à ces loisirs, mais aussi *le contenu* de ce qu'ils regardent.

L'un des changements marquants des dernières années a été l'émergence d'Internet, du courrier électronique, du clavardage, des messageries instantanées et des jeux vidéo, qui s'additionnent à la télévision, avec laquelle la génération précédente a grandi.

En soi, les médias ne sont pas destructeurs, à moins que le numérique ne prenne toute la place ou que son contenu ne soit toxique.

Il est tout à fait possible de jouer de manière constructive avec un ordinateur ou sur Internet. En effet, les technologies informatiques, spécialement les jeux, sont parmi les plus ludiques qui soient.

Mais la marche est haute entre concevoir ce genre de jeu et s'y adonner. Le concepteur est immensément créateur, le joueur très peu.

Bref, en matière de technologie informatique, soyez prudent.

Nous devons protéger et préserver pour nos enfants ce que j'appelle le «moment humain». Je suis un tel adepte de son pouvoir formateur que j'ai écrit un ouvrage intitulé *Human Moments*. Le moment humain, par opposition au moment électronique, fait référence à ces instants où l'on est en contact avec d'autres êtres humains en chair et en os. Jouer avec un ami dans le jardin est un moment humain, comme dîner en famille ou converser avec quelqu'un. Faire la lecture à haute voix est un moment humain.

Les moments humains sont beaucoup plus riches que les moments électroniques, parce qu'on obtient beaucoup plus d'information d'une personne que d'une machine électronique. Pensez au langage corporel, à l'intonation de la voix, à l'expression faciale, au rythme des mots et des phrases, toutes des caractéristiques qui nous échappent si nous n'en sommes pas personnellement témoins. Les moments humains sont aussi moins dangereux, car on ne peut pas rester anonyme et on est donc moins susceptible d'être mal interprété ou de prendre des risques stupides.

Les moments humains constituent le meilleur contexte possible pour le jeu. Cela ne veut pas dire que les jeux électroniques sont mauvais en soi, mais, s'ils finissent par *remplacer* les moments humains, alors, oui, on peut parler d'un effet néfaste.

Vous n'avez pas besoin d'être avec quelqu'un pour jouer. Moi-même, ici, assis tout seul en train d'écrire cet ouvrage, je joue. Il s'agit certes d'un jeu discipliné, mais néanmoins un jeu dans lequel j'essaie un mot, puis un autre. J'expérimente diverses phrases et je jongle avec les mots. Pour moi, il s'agit d'un jeu, car je m'adonne à une activité qui me plaît même si elle me cause bien des souffrances. La plupart des gens qui pratiquent un métier éprouvent ce même sentiment. C'est un jeu, même s'il est difficile.

Beaucoup de jeux productifs auxquels s'adonnent les adultes ont pris racine pendant leur enfance. Mon amour des mots remonte aux dîners en famille où mon oncle, ma tante et mes cousins (je passais plus de temps chez eux que chez moi) jouaient à des jeux de mots. Un joueur proposait une lettre de l'alphabet, par exemple la lettre *t*. Le joueur suivant devait ajouter une lettre avant ou après le *t* sans compléter le mot. Le joueur suivant ajoutait une lettre avant ou après la combinaison existante, et ainsi de suite. Le joueur qui complétait un mot perdait la partie. Un joueur pouvait aussi perdre si le joueur suivant bluffait et le mettait au défi de dire le mot qu'il avait en tête.

Nous jouions à ce jeu si souvent que nous étions devenus des champions des combinaisons de lettres difficiles. À la lettre *t*, je pouvais ajouter un *b* inattendu. Cela signifiait que je connaissais un mot contenant la combinaison *tb*. Si vous jouez pour la première fois, vous ne penserez peut-être pas à un mot qui contient ces deux lettres consécutives. C'est une question de pratique !

Les combinaisons de lettres difficiles abondent dans la langue anglaise, parce qu'il y a beaucoup de mots composés. Mais certaines combinaisons difficiles ne viennent pas de mots composés. Pouvez-vous penser, par exemple, à un mot où apparaît la combinaison *uu* ? Je n'en connais qu'un : vacuum.

Ces jeux ont contribué à développer mon amour des mots. Mon intérêt découle probablement d'une prédisposition génétique à jouer avec les mots ; si je n'avais pas possédé ces gènes-là, les jeux de mots m'auraient probablement ennuyé. Mais comme je possédais les bons gènes, ces jeux m'ont captivé et m'ont propulsé. À l'école, j'étais un des oiseaux rares qui aimaient la grammaire. En fait, j'aime toujours les problèmes grammaticaux et, bien que je ne connaisse pas toutes les règles, j'adore essayer de les résoudre par le raisonnement. J'ai toujours un dictionnaire ou autre ouvrage de référence sur mon bureau.

Vous pouvez découvrir les prédispositions génétiques de votre enfant en observant ses jeux. Lucy est attirée par les vêtements, Jack par les puzzles et Tucker par les figurines et les histoires qu'il invente à leur sujet. Une fois que votre enfant aura commencé à jouer à un jeu pour lequel il a une prédisposition, il y jouera de plus en plus souvent. Il s'adonnera à ce qui s'appelle «la pratique», mais le processus ne lui paraîtra pas difficile, car il cherchera sans cesse à s'améliorer.

Certaines de ces activités ont une plus grande valeur que d'autres. Beaucoup d'enfants aiment les jeux vidéo, mais les champions dans ce domaine n'ont aucun avenir. En revanche, leur intérêt pour ces jeux peut les conduire à étudier l'électronique ou l'informatique.

Nous, parents, sommes témoins des premières manifestations du talent de nos enfants et nous devrions toujours être à l'affût de leur enthousiasme. On raconte que, enfant, Steven Spielberg avait repeint les murs de la cuisine au jaune d'œuf. Sa mère ne l'a sans doute pas félicité pour sa créativité, mais elle a pu se consoler en se disant que ce n'était pas là l'œuvre d'un esprit banal.

Pendant l'enfance, le talent se manifeste souvent dans le jeu. Si vous souhaitez découvrir les prédispositions de votre enfant, observez-le quand il joue.

Le jeu est presque toujours imparfait, chaotique, excessif, indiscipliné et irritant pour bon nombre d'adultes. Bien que nous devions veiller à ce que nos enfants nettoient leurs dégâts, s'excusent et prennent les mesures correctives qui s'imposent, nous ne devrions jamais étouffer l'enthousiasme et la créativité qui les ont poussés à faire ces dégâts. Malheureusement, il nous arrive de les réprimer en les ridiculisant, en les punissant inutilement ou en les culpabilisant.

Les enfants ont l'occasion d'apprendre à jouer, puis de pratiquer, d'acquérir des compétences et d'obtenir de la reconnaissance lorsqu'ils s'adonnent à des sports d'équipe. Autrefois réservé aux garçons, le monde du sport s'est ouvert aux filles, de sorte que les deux sexes y participent à tous les niveaux.

Les sports organisés : l'occasion parfaite de jouer... mais attention !

Il y a environ trente-cinq millions d'enfants américains entre trois et quatorze ans qui pratiquent des sports organisés, activité idéale pour mettre en pratique les cinq étapes vers le bonheur à l'âge adulte. Cependant, les parents mettent trop de pression sur les enfants et transforment le sport en travail. Si ce phénomène vous laisse indifférent, sachez que soixante-dix pour cent des jeunes qui pratiquent un sport se désintéressent de toute activité sportive avant l'âge de quinze ans.

Dans de bonnes conditions, une équipe permet à l'enfant d'établir des liens avec ses congénères et avec un adulte, l'entraîneur. Dans cette atmosphère sécurisante de connexité, les enfants commencent à jouer, quel que soit le sport qu'ils pratiquent. En jouant ensemble, ils s'amusent. S'amuser devrait être le but premier du jeu. Nombreux sont les parents, les enseignants et autres intervenants qui ne se rendent pas compte que le jeu déclenche une cascade d'événements positifs. Si s'amuser est le but premier de votre enfant et qu'il l'atteint, le reste suivra : la pratique, la discipline, la compétence et la reconnaissance, de même que l'esprit d'équipe, l'esprit de sacrifice et toutes sortes d'autres valeurs intangibles que le sport peut apprendre.

Comme l'a dit Al Skinner, le célèbre entraîneur de l'équipe de baseball du Boston College : « Les sports pour enfants ont pour but premier d'amuser les enfants. Plus ils pratiquent, plus ils apprennent et s'améliorent, et le succès vient naturellement. »

Al Skinner comprend cela, mais beaucoup de parents bien intentionnés ne le comprennent pas. En prenant pour but *premier* la victoire, le succès personnel ou la discipline, vous pouvez tuer le plaisir du sport — et ses bienfaits — chez vos enfants.

Comme le souligne Skinner, un jeu amusant encourage les enfants à pratiquer, ce qui les rend plus compétents. La compétence suscite la reconnaissance des autres membres de l'équipe et de l'entourage, ce qui renforce la connexion et relance le cycle. Suivent un plus grand nombre de victoires, mais elles ne sont qu'un sous-produit du processus et non son objectif premier.

Les sports pour les jeunes illustrent une erreur que nous, parents, commettons facilement. Par notre souci de préparer nos enfants à la vie, nous oublions de les laisser vivre leur enfance. Nous cessons de faire confiance au processus de l'enfance et à la capacité de notre enfant de devenir ce qu'il doit devenir. Nous commençons ainsi à lui imposer notre propre vision du monde. Convaincus que la performance est la meilleure garantie de succès dans la vie, nous exigeons des réussites immédiates, des victoires et des prix, des notes exceptionnelles ou des activités prestigieuses qui rehaussent un curriculum vitæ, que l'enfant manifeste ou non le moindre intérêt ou la moindre aptitude.

Quand je dis qu'il faut faire confiance au «processus de l'enfance», je ne veux pas dire que les parents doivent rester indifférents, mais qu'ils devraient faire ce que je suggère : laisser leurs enfants être des enfants ; les laisser jouer et s'amuser avant de leur faire subir les pressions du monde des adultes. S'amuser durant l'enfance constitue pour un enfant la meilleure façon d'apprendre à affronter les pressions de l'âge adulte.

Si vous faites confiance au processus de l'enfance que je décris et si vous admettez que le jeu et le plaisir en sont des éléments essentiels, des choses étonnantes se produiront. En grandissant, votre enfant deviendra la personne qu'il était destiné à devenir, et non celle que vous auriez souhaité qu'il devînt.

La meilleure préparation à la vie adulte consiste à ne pas soumettre un enfant à des pressions avant qu'il soit prêt à les supporter. Il faut lui laisser le temps de développer les muscles de la confiance en soi, de l'optimisme et de l'espoir, des muscles qui se développent lentement, tout au long d'une belle matinée ensoleillée qu'on appelle l'enfance.

À la fin de certains chapitres, je vous suggère des conseils sur la façon de favoriser la connexité. Voici certains conseils sur le jeu :

- Sachez reconnaître ce que le jeu signifie et son importance pour les enfants (et les adultes). Si vous n'y réfléchissez pas, vous pourriez commettre l'erreur de penser qu'un enfant qui lance un ballon dans un panier de basket est en train de jouer, tandis qu'un autre assis sous un arbre avec un ami ne joue pas. Il est possible que le joueur de basket fasse machinalement ce qu'on lui a demandé de faire, tandis que celui qui est assis sous l'arbre rêve du vaisseau spatial le plus étonnant du monde;

- Réservez du temps pour le jeu. Vous aurez peut-être du mal à y parvenir à cause de votre horaire chargé, mais faites-le. Les enfants (et les adultes) ont besoin de jouer. Ils ont besoin d'heures pendant lesquelles aucune activité n'est prévue;

- Limitez le temps passé devant l'ordinateur. Vous pourriez réserver du temps au jeu et voir vos enfants l'occuper à des jeux vidéo, au clavardage ou aux messageries électroniques. Je vous conseille de limiter ces activités plutôt que de les interdire. Chez nous, la règle permet de consacrer aux «activités électroniques» (télévision, vidéo, ordinateur ou console de jeux) une heure par jour pendant la semaine; deux heures par jour pendant le week-end. Nous demandons à nos enfants d'occuper le reste de leur temps libre à s'amuser par eux-mêmes ou avec des amis, à lire ou à utiliser leur imagination. Ils ne savent pas que ces heures sont probablement les plus importantes de la journée;

- Ne surchargez pas vos enfants d'activités enrichissantes qui remplacent le jeu non structuré. Assurez-vous qu'il leur reste du temps pour ne rien faire. Nous risquons d'en faire trop pour nos enfants si nous ne faisons pas attention. Trop de leçons (violon, soccer, informatique, espagnol, etc.), trop d'activités excitantes organisées. En un rien de temps, vous vous retrouverez avec un accro de la stimulation, un enfant incapable d'entreprendre quoi que ce soit par lui-même;

- Les sports sont une merveilleuse arène de jeu, mais ne laissez pas les activités sportives de vos enfants se transformer en compétitions douloureuses et implacables. Ces activités devraient être pour eux des occasions de s'amuser, de développer les racines du bonheur et non les racines de la rage et des regrets. Elles devraient aussi leur permettre de découvrir l'esprit d'équipe et la loyauté, la coopération, le compromis, le sacrifice, la diplomatie, et la dignité dans la victoire comme dans la défaite. Sachez que le classement de l'équipe est ce qu'il y a de moins important ;

• Réapprenez à jouer en tant qu'adulte. Sortez dans le jardin ou asseyez-vous sur le plancher et laissez-vous aller. Faites de drôles de bruits, une culbute (quand l'avez-vous fait pour la dernière fois ?). Faites le pitre (soyez ludique). Inventez un jeu (rien de plus facile quand on se laisse aller). Vos enfants adoreront cela, et puis, en réapprenant à jouer, vous améliorerez tous les aspects de votre propre vie, plus particulièrement l'amour et le travail ;

• Trouvez un endroit où vous pouvez laisser vos enfants jouer seuls. Un jardin clôturé si vous en avez un. Il y a quelques années, les mères et les grands-mères surveillaient par la fenêtre les enfants du quartier. Ces vieux quartiers ont été remplacés par des quartiers modernes où il faut prendre rendez-vous pour jouer avec des amis qui habitent loin. Vous devez donc faire preuve de créativité pour trouver un endroit où les enfants auront l'impression d'être seuls tout en étant en sécurité. Peut-être un parc, un camp de vacances, une équipe ou une fête où les parents ne sont pas loin ;

• Assurez-vous que la direction de l'école de votre enfant comprend la valeur du jeu. Militez contre l'élimination des récréations au profit du temps d'étude, comme le font certaines écoles pour améliorer les résultats aux tests d'aptitude. Assurez-vous que l'école comprend que les enfants ont besoin de jouer et de faire de l'exercice pour mieux apprendre ;

• Introduisez de l'humour dans votre vie de famille. L'humour est une forme de jeu. Un enfant qui rit est un enfant qui joue. Des études ont démontré que le rire et le jeu sont d'excellents anti-dotes à la dépression, à l'anxiété ou à la peur;

• Inventez votre propre truc. Pensez à une façon concrète d'inté-grer le jeu dans la vie de vos enfants et de votre famille. Vous pouvez, par exemple, cacher un objet et annoncer que vous organisez une chasse au trésor; acheter un ballon que vous n'avez pas ou proposer à vos enfants d'aller s'étendre dans le gazon pour observer le ciel (si c'est l'hiver, vous pouvez aller patiner); inventer un jeu de mots; jouer à la cachette, au bowling ou aller à la pêche. C'est l'un des plus grands plaisirs du jeu : pas besoin d'être un expert pour s'amuser.

CHAPITRE 9

LA PRATIQUE : POUR PASSER
DU JEU À LA COMPÉTENCE

Pouah!

Voilà notre réaction typique à l'idée de *pratiquer* ou de s'astreindre à une *discipline*.

Dans le présent chapitre, je vous propose une nouvelle philosophie sur la pratique et la discipline, qui vous permettra de les aborder avec enthousiasme au lieu de recourir aux vieux sermons du genre : « Si tu veux réussir, il faut que tu travailles fort. »

Selon les études scientifiques sur le bonheur, on doit avoir le sentiment de contrôler sa propre personne et son environnement. Or, la pratique est la meilleure façon d'acquérir ce genre de sentiment. On apprend vite que la pratique mène à la compétence, ce qui prouve qu'on peut exercer au moins un certain contrôle sur sa vie.

En outre, la structure et la discipline permettent au talent de s'exprimer. Combien d'adultes n'ont jamais laissé leurs talents éclore au grand jour parce qu'ils n'ont pas acquis la structure et la discipline nécessaires pour les développer ?

La structure et la discipline ouvrent aussi la porte aux temps libres. Si on peut faire ses devoirs efficacement, on a plus de temps pour parler au téléphone et jouer dehors.

Comment pouvez-vous transmettre de telles idées à vos enfants?

Vous serez sans doute plus convaincant si vous présentez la structure et la discipline comme des moyens de jouir de plus de liberté et de développer ses talents, et non comme des formes d'esclavage. Et vos propos seront beaucoup plus conformes à la réalité.

Les adultes se conduisent souvent comme des rabat-joie lorsqu'ils abordent la pratique et la discipline. Nous pouvons nous tordre les mains et supplier nos enfants de ranger leur chambre. D'autre part, histoire de ne pas trop gâter nos enfants, nous pouvons transformer notre foyer en une sorte de camp militaire.

Ni l'une ni l'autre de ces approches ne donne de bons résultats. Pour ma part, j'essaie d'intégrer la discipline comme un puissant outil libérateur, et non comme une pénible nécessité de la vie qui sonne le glas des joies insouciantes de l'enfance.

Il est important que les parents, ainsi que les enseignants et autres personnes influentes, aient une attitude positive et contagieuse à l'égard de la pratique et de la discipline. Autrement, ils seront perçus comme des rabat-joie, des moralisateurs ou même des bourreaux, tous des rôles peu enviables.

Vous ne pourrez encourager la pratique et la discipline avec enthousiasme que si vous comprenez cette chose fondamentale: la pratique et la discipline jettent un pont entre le jeu et la compétence. Les enfants ne le comprennent peut-être pas encore, mais ils en font constamment l'expérience.

Lorsqu'une personne joue, elle s'adonne à une activité qui lui plaît Heureuse de trouver cette activité agréable, elle veut s'y adonner encore et encore. Il peut s'agir de faire des pâtés de sable avec maman à un an, de jouer au basket à dix ans, de tenir un journal à l'adolescence ou de commencer à conduire dès le permis obtenu. Or, lorsqu'on pratique régulièrement une activité, celle-ci devient une forme de discipline. Avec le temps, la pratique et la discipline mènent à la compétence.

Ainsi, la pratique et la discipline s'établissent comme un pont entre le jeu et la compétence.

Il est préférable de mettre le processus en branle, encore et encore, que de faire des sermons. Laissez vos enfants se connecter avec les autres et jouer. Laissez-les s'adonner à des activités qu'ils aiment. Permettez-leur de goûter au plaisir que procurent la compétence et la reconnaissance. Souvent répété, ce plaisir permet à la pratique et à la discipline de bien s'enraciner. Un enfant n'a pas besoin d'entendre le mot *discipline* ni d'être soumis à d'interminables sermons sur le sujet.

Sermonner des enfants ou des adultes sur l'importance de la pratique et de la discipline donne peut-être à papa, à maman ou au PDG le sentiment de faire son devoir, mais ces sermons peuvent se retourner contre eux. L'enfant écoutera peut-être, mais, par la suite, il voudra surtout ne plus jamais avoir à pratiquer.

La pratique peut se développer naturellement par le jeu. La pratique de certaines habiletés et la discipline découlent davantage de l'enthousiasme, du désir et de l'ardeur que de la culpabilité, de la peur et de l'obéissance aveugle.

Permettez-moi de me citer en exemple. À de nombreux égards, je ne suis pas une personne disciplinée. Je mange trop, je bois trop, je dors trop, je perds le fil de mes finances, je perds du poids pour le reprendre aussitôt, je gaspille des heures devant la télé, j'oublie de rendre mes appels ou de répondre à mon courrier électronique, je ne vois pas le temps passer et je me mets en retard, j'oublie de payer mes contraventions, je perds mes effets personnels (spécialement des stylos et des parapluies!), j'entreprends des projets que je ne finis pas et je fixe le vide au lieu de faire des choses productives.

Toutes ces choses font de moi une personne indisciplinée.

En revanche, je suis très discipliné dans les domaines que j'aime. Je suis très discipliné lorsqu'il s'agit de me réserver beaucoup de temps pour Sue et les enfants, où quand il s'agit de prendre soin de mes patients, de rédiger mes livres, de préparer mes conférences et mes séminaires et de jouer au squash, même si je suis un joueur médiocre. Je suis aussi très discipliné dans mes amitiés. Enfin, je suis discipliné, mais loin d'être parfait, lorsqu'il s'agit de fréquenter l'église.

Comment puis-je être à la fois aussi discipliné et aussi indiscipliné?

En réalité, je suis discipliné dans ce que j'aime et indiscipliné dans ce que je n'aime pas. J'aime ma famille, j'aime écrire, j'aime mon travail, j'aime donner des conférences, j'aime mes amis et j'aime le squash et l'église. La discipline durable naît généralement de l'amour d'une activité et du désir de la maîtriser ou, du moins, de pouvoir la refaire.

La connexion mène au jeu qui, lui, mène à la pratique et, donc, à la discipline. Si vous bâtissez la discipline de bas en haut, de la connexion au jeu et à la pratique jusqu'à la compétence et à la reconnaissance, vous ferez de votre enfant une personne disciplinée, même s'il est, comme moi, indiscipliné à de nombreux égards. En revanche, si la discipline repose sur l'exercice de votre autorité, vous n'obtiendrez, au mieux, rien de plus que de l'obéissance.

Je vous entends déjà rouspéter: «Mais il faut bien les obliger à se brosser les dents et à ranger leur chambre? Les enfants ne le font quand même pas par amour!»

En fait, ils le font, mais pas lorsqu'ils sont enfants. L'hygiène personnelle (se brosser les dents, soigner ses cheveux, se couper les ongles) devient avec le temps une expression du souci qu'on a de soi-même. On peut ranger sa chambre parce qu'on se soucie de son propre bien-être ou parce qu'on aime l'ordre. Certaines personnes aiment vraiment l'ordre. D'autres s'en fichent, et il s'agit généralement de gens qui n'ont pas rangé leur chambre lorsqu'ils étaient enfants et qui ne la rangent pas plus une fois adultes.

Je vous entends demander: «Que se passe-t-il si ce que j'aime, l'ordre, ne correspond pas à ce que mon enfant aime, c'est-à-dire le désordre? Dites-moi, mon bon docteur, comment puis-je lui inculquer une discipline fondée sur l'amour et l'enthousiasme?»

Eh bien, vous devrez alors vous en remettre au concept tradition-nel de discipline. «Tu dois faire ceci parce que je te dis que tu dois le faire.» Tout parent doit répéter cette phrase de nombreuses fois. Cepen-dant, la discipline durable ne naît pas généralement de la pratique d'une activité qui nous est imposée par quelqu'un d'autre.

Lucy, Jack et Tucker n'aiment pas l'ordre, du moins pas encore. Sue et moi devons leur ordonner de ranger leur chambre lorsqu'elle est en désordre. Nous aidons Tucker plus que Jack, qui a lui-même besoin d'un peu plus d'aide que Lucy.

Lucy, Jack et Tucker ne sont pas nés en sachant dire «s'il vous plaît» et «merci». Sue et moi avons dû le leur enseigner, et il faut encore leur rappeler ces mots magiques. À la naissance, Lucy, Jack et Tucker ne savaient pas non plus qu'il faut donner une poignée de main ferme et avoir un contact visuel avec une personne qui nous est présentée. Sue et moi avons dû le leur enseigner, et il faut encore le leur rappe-ler. Il en va de même pour les manières à table, et nous leur apprenons aussi à s'habiller de manière convenable, à s'organiser le matin pour aller à l'école, à faire leurs devoirs, et ainsi de suite.

En conséquence, je ne vous suggère pas d'abdiquer votre respon-sabilité d'inculquer à vos enfants les règles de la politesse, de la pro-preté et de la ponctualité, le sens des responsabilités, etc. Je ne vous propose pas non plus quelque approche trop permissive. Sachez que je harcèle constamment mes enfants pour qu'ils fassent toutes ces choses. Je soutiens cependant que, dans le contexte d'une enfance connectée, la pratique et la discipline se développent naturellement pour mener au jeu et à la compétence.

Le rôle des parents consiste à encourager et même à exiger, s'il le faut, le respect de certains comportements. Au fil du temps, ces normes deviennent des habitudes, comme dire «s'il vous plaît» et «merci». Ces

petites choses font partie de ce qu'on appelle la politesse ou la cour-
toisie, une vertu qui ne vient pas naturellement aux enfants. Elle est
pourtant le secret de la bonne entente entre les gens.

Pour enseigner ces choses à vos enfants, vous avez besoin de
structurer leur vie. Vous devez établir des règles de toutes sortes, prévoir des horaires et inculquer des rituels (donner la main, remercier,
se laver les mains avant de manger, etc.). Rien de cela n'est ancré dans
l'enthousiasme, l'amour, le désir ou l'exaltation, mais toute vie heureuse
doit comprendre au moins un certain nombre de structures.

En fait, les enfants adorent avoir une vie structurée. Ainsi, selon
Dary Dunham, qui enseigne à de jeunes enfants depuis trente-cinq
ans : «La structure est porteuse de liberté. Les enfants veulent savoir
qu'il y a des règles, des horaires et de bonnes et de mauvaises façons
de faire les choses. Je le vois constamment. Lorsqu'un enfant a une
vie structurée, il devient plus heureux, plus sain, et il réussit mieux tout
ce qu'il fait.»

Donc, des structures, des règles, des horaires et des rituels doivent venir d'en haut, du parent ou de la personne en position d'autorité, et cette discipline doit être imposée et non uniquement suggérée.
La discipline n'évolue pas généralement du bas vers le haut.

Cependant, j'aimerais faire comprendre aux parents que les structures ne sont qu'une partie de l'outil plus général que représentent la
pratique et la discipline. Qu'ils sachent que tous leurs efforts ne seront
pas une pénible corvée. Au contraire, une discipline durable découle
la plupart du temps de l'amour d'une activité qui nous motive à faire
des sacrifices et à supporter de la douleur.

Permettez-moi de vous donner deux autres exemples tirés de la
vie de mes enfants.

Lorsque Jack avait huit ans, il s'est mis à aimer le soccer. Peut-être
a-t-il commencé à y mettre plus d'efforts parce que son grand ami
Noah aimait le soccer?

Malheureusement, il a aussi commencé à souffrir d'essoufflements. Je ne le savais pas à ce moment-là, mais un adulte lui a dit que, s'il essayait plus fort, il ne s'essoufflerait plus aussi facilement. Par conséquent, Jack s'est mis à se forcer davantage, mais il a continué à s'essouffler plus vite que les autres.

En rentrant à la maison un soir, j'ai vu un petit garçon qui courait sur le trottoir. En me rapprochant, j'ai reconnu Jack. J'ai ralenti à sa hauteur pour lui demander ce qu'il faisait. Sans arrêter de courir, il m'a répondu, tout époumoné, qu'il s'entraînait pour augmenter son endurance.

Après avoir terminé son entraînement, il est rentré à la maison et m'a parlé de son problème d'essoufflement. Nous l'avons emmené chez le médecin qui m'a fait une peur bleue en lui faisant passer le test de la fibrose kystique. Heureusement, il s'est révélé négatif, mais les autres tests ont permis de déceler le vrai problème : Jack souffrait d'asthme. Dès qu'il a reçu des traitements, son souffle s'est amélioré.

Je n'oublierai jamais le spectacle de Jack en train de courir sur le trottoir, tout en luttant pour reprendre son souffle. J'avais devant les yeux un petit garçon tellement déterminé à améliorer sa performance au soccer qu'il se donnait à fond malgré un problème médical qui aurait découragé de nombreux enfants. En fait, sa discipline découlait de l'amour d'une activité et du désir de s'améliorer, et c'est le genre de discipline qui dure. Hélas, Jack ne fait pas preuve du même zèle pour ranger sa chambre…

Voici maintenant un exemple différent. Lucy joue du violon depuis six ans. Elle a commencé à prendre des leçons à l'âge de six ans avec sa meilleure amie. Sue et moi n'avions pas proposé à Lucy de prendre ces leçons, parce que nous pensions qu'elle voulait simplement imiter son amie. Cependant, comme Lucy continuait de réclamer des leçons de violon en promettant de persévérer, nous nous sommes rendus à sa demande.

Maintenant âgée de douze ans, elle aime vraiment le violon, mais elle n'aime pas pratiquer. Contrairement à Jack, chez qui le goût de courir et de s'entraîner s'est développé naturellement, Lucy a besoin que nous la poussions un peu. Elle est toujours contente d'avoir pratiqué après coup, et elle apprécie véritablement de savoir jouer de cet instrument. Nous lui demandons de temps en temps si elle veut y renoncer, mais elle nous répond toujours non. Cependant, il lui arrive de rouspéter lorsque vient le temps de pratiquer. À ces moments-là, nous l'encourageons. Elle a besoin d'un coup de pouce pour faire ce que, par la suite, elle est contente d'avoir fait. Bien sûr, elle est libre de renoncer au violon, mais tant qu'elle voudra en jouer, Sue et moi estimons que nous devrons la convaincre de pratiquer.

Dans ce cas, Sue et moi agissons comme des entraîneurs au football. Les joueurs de football se font concurrence pour être admis dans l'équipe, mais ils ont souvent horreur des exercices et des séances d'entraînement. L'entraîneur doit parfois s'acharner sur eux. Tout joueur est libre d'abandonner l'équipe, mais, tant qu'il veut jouer, il doit se résigner à laisser l'entraîneur lui imposer son rythme d'entraînement.

Le problème est que, pour un parent, un enseignant ou un entraîneur, il est parfois difficile de savoir quand pousser l'enfant et quand le laisser décider par lui-même.

Tant que vous aurez la certitude de ne pas pousser un enfant pour des motifs égoïstes, soyez assuré que les encouragements et même les exigences peuvent l'aider à atteindre les buts difficiles auxquels il tient vraiment. Une fois que l'enfant commence à goûter à la compétence, son besoin d'aide extérieure s'atténue, mais il ne disparaît pas complètement. Les débuts de la compétence constituent la meilleure motivation qui soit.

Suivent quelques conseils pour développer chez votre enfant des habitudes de pratique et une discipline qui deviendront ce qu'elles sont véritablement : les clés du bonheur.

- Souvenez-vous de votre propre enfance, des méthodes qui ont bien fonctionné et de celles qui ont échoué. Ne commettez pas avec vos enfants les erreurs dont vous avez été victime. Essayez de répéter ce qui a bien marché ;

- Relaxez-vous. Les dégâts font partie de l'enfance. Les gâchis peuvent avoir du bon. L'ordre ne doit pas avoir la priorité pendant l'enfance. N'appliquez pas aux aires de jeu de vos enfants les normes que vous appliqueriez au travail ;

- Expliquez à vos enfants que la discipline est un moyen d'avoir du temps libre, de devenir compétent et de réussir ce qu'on entreprend ;

- Expliquez-leur que les gens qu'ils admirent ont réussi leur vie à force de travail acharné ; que ces gens ont travaillé fort parce qu'ils voulaient ressentir encore et encore le merveilleux sentiment que procure la compétence, et non parce qu'ils étaient exceptionnellement vertueux. Guidez votre enfant vers ce sentiment. Une fois qu'il y aura goûté, il ne voudra plus le perdre ;

- Ne laissez pas vos propres lacunes empiéter sur ce que vous inculquez à vos enfants. Si vous êtes un maniaque de la propreté, admettez que vous exagérez sur ce point et essayez de ne pas infliger cette manie à votre famille. En revanche, si l'ordre et la propreté sont les derniers de vos soucis, essayez de reconnaître que vous avez un problème et travaillez à y remédier ;

- Montrez à vos enfants à s'organiser et aidez-les à adopter une méthode qui leur assurera de bons résultats. Si votre enfant a de la difficulté à gérer son temps, faites appel à un emploi du temps écrit, à une montre à signal sonore ou à quelque autre appareil semblable. S'il a du mal à faire des séances de pratique, essayez de voir ce qui cloche au lieu de lui faire des remarques. Consultez son professeur pour voir ce qu'il en pense. Aidez votre enfant à prendre l'habitude de planifier et d'ordonner les choses par ordre de priorité. Cela ne vient pas naturellement aux enfants, mais, si vous lui enseignez les moyens que vous avez découverts au fil des ans (le recours aux fiches, aux listes et autres aide-mémoire), il y a de fortes chances qu'il les adopte. Sachez que nous, parents, disposons d'un outil très précieux dont nous oublions souvent l'existence : nous avons le privilège d'être imités par nos enfants ;

- Renforcez à la maison les mêmes consignes qu'à l'école, au terrain de jeu, aux cours privés, etc. Si vous le pouvez, essayez de communiquer avec les autres adultes qui s'occupent de vos enfants afin de vous assurer que vous utilisez tous la même approche à l'égard de la discipline et de la pratique ;
- N'utilisez pas des mots comme «paresseux» ou «bon à rien». Nombreux sont les gens qui renoncent trop tôt, se croyant incapables d'acquérir la moindre discipline. Pour devenir discipliné, le secret consiste à croire que l'effort en vaut la peine. Par conséquent, il vaut mieux encourager qu'utiliser des adjectifs négatifs ;
- N'hésitez pas à obliger votre enfant à faire ce qui lui est demandé, des devoirs et des tâches ménagères au respect des bonnes manières. Il y aura des moments où vous devrez insister. Les enfants veulent des limites et continuent à pousser tant qu'ils n'en ont pas ;
- Ne faites pas peur à votre enfant en lui disant qu'il lui faudra «des tonnes de discipline» ou «des années et des années de pratique». Cela ne sert qu'à lui donner le sentiment qu'il s'engage dans une entreprise insurmontable. J'ai failli ne pas m'inscrire en médecine parce qu'on m'avait dit combien ce serait difficile et combien il faudrait que je sois discipliné. Comme j'aimais me lever tard, je croyais que je n'avais pas la discipline voulue pour

devenir médecin. Balivernes ! N'importe qui peut apprendre à se lever tôt. Quand on veut, on peut. Voilà l'attitude que vous devriez inculquer à vos enfants.

CHAPITRE 10

LA COMPÉTENCE : LE GRAND FACTEUR DE MOTIVATION

En traversant le pont que nous bâtissons laborieusement par la pratique et la discipline, nous accédons au monde merveilleux de la compétence.

Une fois qu'une personne a connu ce monde, elle veut sans cesse le retrouver. Une fois qu'on a goûté au plaisir de la compétence, on veut y goûter de nouveau. Vous rappelez-vous la première fois où vous avez fait une chose que vous vous croyiez incapable de faire ? Dans mon cas, c'était de monter à bicyclette. Mon cousin m'avait montré comment faire. Je n'oublierai jamais ce que j'ai ressenti lorsqu'il m'a poussé pour la dixième fois et que je ne suis pas tombé. J'ai roulé, roulé et roulé, jusqu'à l'âge adulte.

Le sentiment que procure la compétence et le désir de revivre ce sentiment transforment l'enfant (et même l'adulte craintif et réticent) en un joueur qui se motive lui-même. Les parents, les enseignants et les autres intervenants devraient se fixer pour but de trouver un domaine qu'un enfant peut maîtriser et de lui fournir ensuite l'occasion de ressentir la puissante sensation de la compétence.

La compétence est le grand facteur de motivation, parce que les gens aiment faire ce qu'ils font bien, mais nous oublions souvent cette réalité évidente et cruciale et nous supposons que la paresse, l'ineptie ou la stupidité empêchent un enfant de se lancer dans une activité avec enthousiasme.

La peur d'échouer est le sentiment qui retient le plus les enfants d'agir, suivi de près par la peur du ridicule. La peur est un facteur paralysant. En fait, la peur est ce qui empêche les enfants — et les adultes — de réaliser leurs qualités potentielles.

Plus une personne a goûté au plaisir de la compétence, moins elle est susceptible de céder à la peur quand elle se lance dans une nouvelle entreprise. Plus nos réussites sont nombreuses, plus notre confiance est solide. Le sentiment que procure la compétence est le meilleur antidote à la peur, à la timidité et au doute de soi-même. La compétence est non seulement un grand facteur de motivation, mais aussi un facteur de croissance de l'estime de soi. Le souvenir de succès passés est ce qui nous convainc d'essayer de nouveau, même si nous ne réussissons pas toujours du premier coup.

Les parents, les enseignants et autres intervenants commettent souvent l'erreur d'exiger la réussite au lieu de guider l'enfant vers la compétence.

À mon avis, un enseignant exceptionnel est une personne qui peut guider une autre personne vers la compétence. Les meilleurs parents sont de grands enseignants. Plus grande encore que la joie de réussir soi-même est la joie de mener un enfant à la compétence.

En tant que parents, nous avons tous les jours la chance de le faire de nombreuses façons. Toutes les petites tâches que nous tenons pour acquises — lire l'heure, nouer un lacet ou se vernir les ongles — sont pour nos enfants des choses nouvelles et impossibles à accomplir au début. Pour un enfant, ces tâches peuvent être une source de frustration et même de honte si ses parents ne sont pas là pour le guider et transformer cette épreuve en une source de compétence et de joie.

Je n'ai jamais oublié le jour où j'ai montré à Lucy à claquer des doigts. Elle m'a regardé le faire, puis s'est exercée pendant quelques jours. Au bout d'une semaine, elle était devenue une experte en la matière. Il me semble qu'il a fallu des mois avant que Lucy ne cesse de claquer des doigts.

Chaque fois que votre enfant s'engage dans le cycle qui le mène à la compétence, il ajoute des fibres au muscle sans cesse plus fort de la confiance et de l'estime de soi-même. Or, dans le corps que nous appelons le bonheur, c'est le muscle le plus important.

Un adulte peut facilement guider un enfant à travers ce cycle ; tout ce qu'il lui faut est de la patience et du temps. C'est aussi une grande source de plaisir.

Permettez-moi de vous raconter une histoire.

Il y a plusieurs années, Jack et moi étions seuls à la maison par un samedi pluvieux, et j'ai proposé que nous allions jouer au bowling. Jack devait avoir cinq ans et n'avait jamais joué à ce jeu. «Super!» s'est-il exclamé, car il s'était déjà amusé sur le tapis du salon avec des quilles en plastique.

Une fois à la salle de bowling, j'ai montré à Jack comment lancer la boule sur la piste. Lorsqu'il a voulu s'exécuter à son tour, il a dû s'y prendre à deux mains pour lancer maladroitement sa boule qui a tout de suite obliqué vers le dalot, mais, là où nous jouions, les dalots des pistes pour enfants sont munis de rampes basses qui renvoient les boules vers les quilles, de sorte que Jack a réussi à en renverser quelques-unes. Il a applaudi frénétiquement et voulait lancer une autre boule sur-le-champ.

Nous avons continué à nous amuser comme des fous, moi lançant mes boules comme un adulte, Jack comme un enfant, mais peu à peu, à force de m'observer, il s'est mis à vouloir lancer ses boules à ma manière, d'une seule main, dans un style élégant.

Je n'oublierai jamais ce moment! J'étais profondément ému de voir que je pouvais inspirer Jack, qu'il pouvait avoir envie de m'imiter.

Quatre ans se sont écoulés depuis lors et Jack adore le bowling. Il joue encore un peu comme moi, mais il a perfectionné son style. À neuf ans, il est meilleur quilleur que moi.

Si vous en cultivez les semences assez tôt, les habiletés se développeront, même si vous ne les possédez pas vous-même.

Essayez de ne pas décider vous-même des domaines où vous voudriez voir votre enfant exceller. Vous avez peut-être envie de le faire (nous aimerions tous que nos enfants partagent nos intérêts), mais vous commettriez une grave erreur en forçant les choses. Semez plutôt à la volée et voyez ensuite ce qui pousse. Dites-vous que, peu importe le domaine, la compétence est porteuse de confiance, d'estime de soi et de motivation.

La compétence et la réussite

Il est important de distinguer la compétence de la réussite. La compétence est un sentiment, tandis que la réussite est un point de repère ; ainsi, la compétence et la réussite vont de pair. Cependant, ce n'est pas toujours le cas. Certains enfants, et même des adultes, connaissent la réussite sans éprouver le sentiment que procure la compétence, parce qu'ils court-circuitent le chemin à parcourir pour réussir. Si, par exemple, vous suivez un cours facile uniquement dans le but d'obtenir un A, vous n'éprouverez pas le sentiment que procure la compétence, mais vous aurez réussi à enrichir votre dossier d'une excellente note. De même, si vous ne faites que le strict minimum pour réaliser votre travail de sciences, vous n'éprouverez pas le sentiment qui accompagne la maîtrise d'habiletés, mais vous aurez réussi à terminer votre travail.

Le problème peut cependant devenir plus insidieux. Certaines personnes n'éprouvent jamais le sentiment que procure la compétence même lorsqu'elles accomplissent quelque chose d'extrêmement difficile. Elles sont incapables d'éprouver ce sentiment parce que des critiques excessives et des attentes démesurées leur en ont enlevé la capacité. S'il faut stimuler les enfants à faire de leur mieux, sachez qu'il est destructeur de ne jamais leur faire sentir qu'ils ont accompli quelque chose avec compétence.

Ayant vu vos cheveux blanchir à essayer d'amener vos enfants à faire leurs devoirs, vous pensez peut-être que je traite ici d'un problème rare. Pourtant, je connais de nombreux adultes très performants qui sont psychologiquement incapables de tirer de la fierté ou un sentiment de compétence de leurs réalisations, même si le reste du monde pense qu'ils sont exceptionnels dans leur domaine. Leur problème remonte à un parent, à un enseignant ou à un entraîneur qu'ils n'ont jamais réussi à satisfaire. Comme de nombreuses personnes talentueuses qui croient davantage aux critiques qu'aux louanges, ils intériorisent les critiques incessantes de leur maître impossible à satisfaire et deviennent eux-mêmes impossibles à satisfaire. C'est là l'ironie la plus cruelle de la réussite exceptionnelle : il arrive qu'elle entraîne non pas un plaisir bien mérité, mais une augmentation des exigences et une autocritique encore plus virulente.

Dans la plupart des cas, cependant, les gens éprouvent un sentiment de compétence lorsqu'ils travaillent fort et font de leur mieux pour accomplir une chose exigeante. Pour continuer à ressentir ce sentiment, ils doivent alors monter la barre.

Par exemple, après avoir appris à monter à bicyclette, mon sentiment de compétence a atteint un sommet, puis il s'est estompé graduellement. Pour retrouver ce sentiment, j'ai dû m'essayer à de nouvelles choses avec ma bicyclette, comme enlever une main du guidon, puis enlever les deux mains et, enfin, me tenir debout sur la selle (ce que je ne suis jamais parvenu à faire !).

Le sentiment de compétence porte en lui sa propre récompense. Malheureusement, une personne peut accomplir de grandes choses, mais n'éprouver qu'un sentiment de satisfaction ou de compétence édulcoré. Pourtant, le sentiment de compétence peut découler d'une réalisation qui peut paraître banale aux yeux des autres. Par exemple, j'ai éprouvé pendant mes études un merveilleux sentiment de compétence après avoir appris à faire des prises de sang. Ce n'était pas un exploit aux yeux du personnel de l'hôpital, mais j'en éprouvais un sentiment extraordinaire.

Si vous pouvez encourager vos enfants à faire de leur mieux, ils développeront un sentiment de compétence qui les motivera à faire plus, tout en renforçant leur estime d'eux-mêmes. Le bonheur dépend non pas des réalisations, mais de l'intensification graduelle des sentiments de compétence.

La compétence et l'optimisme

Le processus en cinq étapes que je décris mène à l'édification de nombreux piliers psychologiques. L'un de ces piliers est l'optimisme. L'expérience répétée de sentiments de compétence aide une personne à développer une attitude propice à l'optimisme.

Les recherches démontrent que, si vous élevez votre enfant pour qu'il devienne optimiste, vous augmenterez ses chances d'être un adulte heureux et sûr de lui. Une question évidente se pose donc: *Comment* peut-on élever un enfant pour qu'il soit optimiste? Que vous soyez génétiquement prédisposé à l'optimisme, comme ma mère l'était, ou au pessimisme, comme l'était mon père, sachez que toute personne peut être poussée à l'optimisme ou au pessimisme. Dieu merci, grâce aux gènes et aux enseignements de ma mère, je suis davantage porté à l'optimisme malgré le pessimisme de mon père.

Les recherches ont aussi prouvé que l'optimisme est l'un des meilleurs facteurs de prédiction du bonheur à l'âge adulte. C'est à tort que nous croyons parfois que l'optimisme est une qualité superficielle. L'optimisme est plus fort, beaucoup plus fort que le pessimisme et le cynisme, son cousin plus faible, car il doit être très tenace pour survivre. Si l'optimisme n'était pas aussi fort, il disparaîtrait après quelques échecs. Il faut beaucoup plus de courage et de créativité pour conserver une attitude optimiste que pour se laisser aller au pessimisme et au cynisme.

Le pessimisme est comme de la glu : plus nous y touchons, plus il nous colle à la peau. Il en va de même pour le cynisme. Essayez de ne pas laisser le pessimisme et le cynisme imprégner votre enfant, même si vous y êtes vous-même porté. Prenez soin de ne pas transmettre votre négativité à vos enfants. C'est une véritable malédiction.

Selon les recherches, l'optimisme est héréditaire dans une certaine mesure. Malgré cela, vous pouvez faire beaucoup pour favoriser l'optimisme chez votre enfant ; sachez qu'il est une habitude que vous pouvez acquérir, même si vous n'y êtes pas prédisposé. Si vous vous entraînez et entraînez vos enfants à ne pas toujours prévoir les pires catastrophes, vous garderez les événements malheureux dans une juste perspective. Si vous leur enseignez un style de réflexion qui leur fait envisager les événements d'un point de vue plus optimiste que pessimiste, vous leur ferez un immense cadeau dont ils pourront jouir pendant toute leur vie. Ce style de réflexion leur sera énormément utile non seulement pour composer avec les malheurs, mais aussi pour se donner de l'énergie et créer des événements heureux.

L'optimisme est une qualité qui peut durer et même s'intensifier au fil des ans. L'optimisme n'est pas un déni idiot ou aveugle des aspects négatifs de la vie. Il représente plutôt l'art de trouver des solutions aux problèmes et la tendance à croire qu'il y a toujours un espoir réaliste, peu importe la situation.

Voici ce que déclare Martin Seligman, le plus grand chercheur dans le domaine de l'optimisme :

Bien que l'optimisme puisse indiscutablement être hérité dans une faible proportion (moins de cinquante pour cent), il ne faut pas conclure qu'il existe des gènes de l'optimisme ni qu'un vécu approprié pendant l'enfance ne favorise pas l'optimisme. Les parents et les enseignants devraient prendre conscience que les nombreux succès d'un enfant le mèneront à l'optimisme. C'est pourquoi il faut faire des efforts particuliers pour soutenir et préserver l'optimisme d'un enfant, et les bonnes expériences cruciales auront pour effet de cimenter son optimisme[1].

Les recherches de Seligman ont démontré que l'optimisme s'acquiert à tout âge, mais il est préférable de l'acquérir jeune. Si votre enfant développe une attitude mentale lui permettant de se convaincre qu'il trouvera toujours un moyen de se sortir du pétrin, il ne sera jamais pris au dépourvu. En revanche, peu importe l'intelligence et la créativité naturelles d'un enfant, s'il est convaincu que rien ne marche comme on veut dans la vie, il y a des chances que la vie lui donne raison. En fait, même si les choses tournent bien, il profitera rarement des bons moments, car son pessimisme lui fera toujours craindre le pire.

Si l'optimisme est un des plus grands cadeaux qu'un parent puisse faire à son enfant, comment pouvons-nous nous assurer que nous le lui transmettons, plus particulièrement si nous ne possédons pas nous-mêmes ce don ?

Sachez que vous pouvez devenir plus optimiste grâce à votre connexion positive avec votre enfant. Même si vous n'avez pas reçu ce genre d'attention pendant votre enfance, vous pouvez quand même cultiver l'optimisme chez votre enfant. Vous pouvez lui donner ce que vous n'avez pas reçu. En revanche, si l'optimisme vous a été transmis

---

1. Martin Seligman, *The Optimistic Child,* New York, Harper Perennial, 1995, p. 98.

pendant votre enfance, prenez soin de le transmettre vous-même à votre enfant. La connexité ne pousse pas toute seule. Vous devez prendre le temps d'arroser le jardin.

L'enfant qui se sent en étroite connexité et qui est aimé inconditionnellement développe un sentiment de confiance et de sécurité qui lui inculque la certitude qu'il n'y a aucun risque à essayer de nouvelles choses. Ce sentiment l'amène à jouer, puis à pratiquer jusqu'à ce qu'il parvienne à la compétence. Un enfant qui éprouve à répétition des sentiments de compétence devient optimiste et sûr de lui. Si la connexité n'est pas présente au départ, il sera moins susceptible de connaître aussi fréquemment des sentiments de compétence.

À mesure que surviennent les problèmes, l'enfant connecté, sécurisé et optimiste peut y faire face avec le sentiment absolu qu'il est possible de les résoudre. Au lieu de capituler, il s'acharne.

C. R. Snyder, professeur de psychologie à l'université du Kansas, a écrit un excellent livre, *The Psychology of Hope: You Can Get There from Here*, dans lequel il énonce que trois éléments contribuent à l'espoir et à l'optimisme chez les enfants. Le premier est un but ; le deuxième, la volonté ou l'énergie nécessaire pour poursuivre ce but ; et le troisième est ce que Snyder appelle le *pouvoir du moyen*, c'est-à-dire la conviction qu'on peut trouver un moyen, voire de nombreux moyens d'atteindre son but.

Les buts viennent naturellement aux enfants. *Je veux un biscuit* ou *Je veux devenir astronaute.* La volonté et le pouvoir du moyen dépendent cependant de la connexité, du jeu, de la pratique et de sentiments passés de compétence.

De tous les tests que Lucy a subis au cours de sa courte vie, celui qui compte le plus à mes yeux est le test auquel je l'ai soumise. Il s'agit du test apparaissant dans le livre de Martin Seligman, *The Optimistic Child*, qui sert à mesurer le degré d'optimisme ou de pessimisme d'un enfant. Mis au point par deux de ses assistants de recherche, les docteurs Nadine Kaslow et Richard Tanenbaum, ce test a été administré à des milliers d'enfants et validé statistiquement. Il constitue une mesure plus fiable que votre seule intuition. Il vise les enfants de huit à treize ans et demande environ vingt minutes.

Un jour, j'ai demandé à Lucy, alors âgée de douze ans, si je pouvais lui poser quelques questions qui m'aideraient à comprendre sa façon de voir la vie. Elle a accepté. Assise sur le plancher, elle a crayonné pendant que je posais les questions tirées du livre de Seligman. De nous deux, j'étais le plus anxieux : Lucy trouvait le tout assez comique.

J'étais anxieux parce qu'il me tient à cœur de voir Lucy prendre l'habitude d'être optimiste. Je sais que cette attitude l'aidera énormément dans la vie. Elle a toujours été une petite fille enthousiaste, mais je me demandais si cette attitude n'était pas seulement une façade. Vu les antécédents de dépression dans ma famille, je me demandais si elle n'était pas pessimiste en son for intérieur. En conséquence, ses résultats à ce test sur l'optimisme m'importaient beaucoup plus que ses résultats à des tests d'intelligence, que ses notes à l'école ou que toute autre évaluation scolaire.

Une fois le test terminé, il m'a fallu un peu de temps pour en établir le résultat. Fidèles à leur formation de chercheurs, Kaslow et Tanenbaum ont multiplié les sous-tests et les résultats provisoires, tout en les pimentant de divers sigles comme PMB (*permanent bad events* – événements malheureux permanents), PVG (*pervasive good events* – événements heureux prépondérants) et HoB (*hopelessness, bad events* – désespoir, événements malheureux). J'ai donc dû noter chaque sous-test séparément, et je ne pouvais pas connaître le résultat final avant d'avoir fait quelques calculs.

J'ai finalement obtenu le résultat. Lorsque j'ai vérifié ce qu'il signifiait, j'ai sauté de joie en serrant Lucy dans mes bras. « Tu es optimiste ! »

lui ai-je annoncé. «Non seulement es-tu optimiste, ai-je ajouté, mais tu dépasses les normes!» Lucy semblait se demander quelle mouche m'avait piqué, puis elle m'a dit pour me faire plaisir : «Je suis contente.»

Selon les données exhaustives que Seligman a recueillies, la note très élevée de Lucy est corrélée au succès et à la capacité de se ressaisir, ce qui la rend à peu près invulnérable à la dépression.

En vieillissant, votre enfant peut développer une attitude pessimiste même si vous lui avez assuré pendant son enfance une connexion étroite et chaleureuse. Cela ne signifie pas que vous ayez échoué. D'autres facteurs hors de votre contrôle en sont responsables, notamment la génétique, les propos et agissements d'enseignants, de pairs et autres, et la culture dans laquelle nous vivons. Même si ces forces nuisent à l'optimisme, vous pouvez quand même encourager chez l'enfant le développement d'une mentalité positive.

Vous favoriserez l'optimisme chez votre enfant en lui assurant une connexion sécurisante, mais aussi en vous conduisant de manière optimiste pour lui servir de modèle. Cela ne signifie pas que vous devez toujours être en train de fredonner un air joyeux, mais vous devez essayer d'éviter certaines habitudes mentales négatives. Par exemple, évitez de croire qu'un événement malheureux prouve que la vie n'est qu'une suite de malheurs, ou qu'un problème annonce des catastrophes. Évitez aussi de voir dans vos défauts le signe que vous ne valez rien.

Essayez plutôt de servir de modèle à votre enfant et enseignez-lui un optimisme rationnel, tout en le cultivant vous-même. Si vous êtes pessimiste de nature, votre rôle de parent vous oblige à vous exercer à devenir optimiste. Le meilleur livre que vous puissiez consulter à ce sujet est celui de Seligman : *Learned Optimism.*

L'optimisme n'est pas nécessairement mystique ou irrationnel, mais peut être parfaitement rationnel. L'optimisme rationnel vous pousse à essayer de résoudre un problème au lieu de vous y embourber ; à voir les bons côtés de toute difficulté ; à circonscrire un problème au lieu de le laisser vous envahir. Ainsi, après avoir été licenciée, une personne rationnellement optimiste ne dira pas qu'elle est perdue, mais qu'elle a subi un coup dur et que toute la famille devra se serrer la ceinture le temps que tout aille mieux, ce qui devrait arriver tôt ou tard, puisque la plupart des gens dans cette situation parviennent à retrouver un emploi. Sachez qu'en faisant appel à la raison vous trouverez l'espoir, lequel empêchera le pessimisme irrationnel de s'emparer de vous et de vous faire sombrer dans la dépression.

Votre façon de réagir aux problèmes constitue un enseignement pour votre enfant. Or, il s'agit là d'un bagage non génétique. Les enfants apprennent des explications que vous leur donnez et, en ce sens, ils héritent de vos attitudes et de vos comportements, même s'ils n'en ont pas hérité génétiquement.

Dans la grande marmite de l'enfance, vous pouvez façonner les sentiments et les attitudes de votre enfant de manière qu'il soit assez solide à l'âge adulte pour composer avec l'adversité et pour intégrer la joie dans sa vie.

Le sentiment de compétence mène à l'optimisme ; il est au cœur du désir de répéter une expérience, quelle qu'elle soit.

Il peut arriver que vous éprouviez un sentiment de compétence, mais que vous vous sentiez quand même abattu. Vous vous sentez ainsi parce que vous avez besoin de la reconnaissance et de l'approbation des autres, ce qui représente la cinquième étape dans le processus que je décris. Cette cinquième étape fait l'objet du chapitre suivant.

Avant d'y arriver, permettez-moi de vous donner quelques conseils pour parvenir à la compétence. Comme tous les conseils dans le présent ouvrage, ils visent à stimuler vos propres réflexions. Ne les suivez pas comme s'il s'agissait de recettes !

• Assurez-vous que vous et vos enfants savez faire la différence entre la réussite et la compétence. La réussite est un point de repère, tandis que la compétence est un sentiment. Les deux peuvent aller de pair, mais n'oubliez pas de vérifier si la réussite de votre enfant s'accompagne d'un sentiment de compétence. La réussite sans le sentiment de compétence est un gruau clair qui nourrit très peu ;

- Le sentiment de compétence est un grand facteur de motivation. Je joue au golf quatre fois par année au lieu de ne jamais jouer, car je réussis au moins un bon coup chaque fois que je joue. Le sentiment que je ressens lorsque je réussis ce coup exceptionnel me fait oublier tous mes mauvais coups, ce qui me motive à jouer de nouveau. Plus vous guidez votre enfant à faire l'expérience de la compétence, plus il trouvera de motivation en lui-même ;

- Essayez de multiplier les domaines dans lesquels votre enfant parviendra à un sentiment de compétence. Un enfant qui commence à marcher ressent un vif sentiment de compétence. Il ressent aussi le même sentiment lorsqu'il apprend à parler, à lire et à compter. Multipliez ces occasions ;

- Ne croyez pas que les louanges puissent remplacer l'expérience du sentiment de compétence. Certains adultes croient renforcer la confiance de leur enfant en se contentant de le complimenter. Cela ne marche pas. La confiance et l'estime de soi-même viennent de l'expérience et de la satisfaction d'une chose bien faite ;

- Expliquez à votre enfant que la douleur et la frustration précèdent la compétence. Ne lui présentez pas les choses sous forme de sermons, car il n'y accordera pas plus d'attention qu'à vos autres remontrances. Offrez-lui plutôt de l'information sur un fait curieux de la vie que vous voulez lui révéler. Le plaisir de la compétence se paie en peine. Si votre enfant se plaint qu'il est difficile de faire une chose et frustrant de ne pas pouvoir mieux la faire, dites-lui ceci : «Il est normal et positif que tu éprouves de tels sentiments. Cela signifie que tu fais des efforts, que tu t'améliores. Bientôt, tu éprouveras une certaine satisfaction. Persévère et tu verras !»

CHAPITRE 11

LA RECONNAISSANCE :
LE PONT ENTRE LE DÉSIR D'APPARTENIR
ET L'APPARTENANCE

L a compétence est une récompense en elle-même, mais un autre élément crucial renforce la compétence tout en entraînant un sentiment plus général de connexité. Cet élément est la reconnaissance, c'est-à-dire le sentiment d'être estimé des autres, plus particulièrement des personnes dont on respecte l'opinion.

Charles Ducey, de l'université Harvard, parle du «désir d'appartenir à l'appartenance», et je crois que cette expression résume parfaitement l'effet de la reconnaissance lorsqu'elle est offerte et reçue adéquatement.

N'avez-vous jamais éprouvé le merveilleux sentiment de flotter sur un nuage après qu'un professeur exigeant vous eut félicité pour votre travail? N'avez-vous jamais été motivé à faire de votre mieux un jour qu'une enseignante vous a fait un compliment? Peut-être n'étiez-vous qu'à la petite école, peut-être à l'université. La plupart des adultes se souviennent d'un enseignant ou d'un entraîneur qui savait les inspirer et les pousser à faire de leur mieux — et à se sentir vraiment bien dans leur peau — en leur offrant simplement un peu de reconnaissance au moment propice.

En fait, le principal domaine d'intérêt d'un adulte est souvent déterminé par la reconnaissance qu'il a reçue, autrefois, d'un enseignant ou d'un entraîneur, et non par un talent inné ou par la curiosité. Par la suite, cette reconnaissance fut pour lui une telle source d'inspiration qu'il a développé pour la matière de l'enseignant ou le sport de l'entraîneur une passion qu'il conservera toute sa vie.

La reconnaissance peut sembler aussi banale que le privilège de secouer les brosses à tableau ou de prendre le premier rang dans la file à la cafétéria. Pourtant, confier des responsabilités à un enfant, plus particulièrement lorsqu'elles sont imprévues, peut être la première étape de la création d'un chef d'État ou d'un important PDG.

Les parents, les enseignants et autres intervenants peuvent exercer une influence extrêmement positive en sachant se servir de la reconnaissance. Adultes, nous oublions trop rapidement combien la reconnaissance nous importait quand nous étions enfants. C'était ce que nous voulions le plus, et c'est ce que veulent les enfants aujourd'hui.

La source de la reconnaissance a aussi son importance. Vous pensez peut-être que j'aurais pu embaucher un professeur pour apprendre à Jack à jouer au bowling. Il aurait acquis la même compétence, ou même une compétence supérieure, mais vous aurez deviné que je voulais que l'expérience de Jack ne se limite pas à l'acquisition d'un savoir-faire. Je voulais qu'il garde le souvenir d'avoir fait quelque chose avec moi ; qu'il découvre avec moi le sentiment que procure le travail d'équipe ; et qu'il sache que je tenais à être là. Je voulais qu'il reçoive de la reconnaissance d'une personne qui lui est chère.

La reconnaissance peut faire la différence entre la réussite sans joie et la joie de la compétence. Une personne est plus heureuse lorsqu'elle sait que ce qu'elle a accompli compte aux yeux des personnes qui lui sont chères. Elle se sent plus connectée aux gens qui lui offrent cette reconnaissance. En conséquence, tout comme la pratique jette un pont entre le jeu et la compétence, la reconnaissance conduit de la compétence à la connexion.

Si vous apprenez à maîtriser une activité et que quelqu'un appré-cie vos efforts, vous ressentez un sentiment de fierté et un sentiment de connexion à la personne qui reconnaît ce que vous avez fait, voire à l'ensemble du groupe qu'elle représente.

Par exemple, lorsque j'ai réussi à monter à bicyclette et que mon cousin m'a félicité, je me suis senti plus étroitement lié à lui et au monde des cyclistes qu'il représentait. J'avais l'impression de pouvoir fière-ment prendre ma place parmi ceux qui savaient.

Cependant, il faut utiliser prudemment la reconnaissance, qu'il s'agisse d'en donner ou d'en recevoir. La reconnaissance a un tel pou-voir qu'elle peut être dangereuse. Certains enfants (et certains adultes) ont une telle soif de reconnaissance que celle-ci devient comme une drogue dont ils ne peuvent plus se passer, car elle ne leur sert pas à se connecter à l'ensemble du groupe, mais à s'en *séparer* pour s'élever au-dessus de lui. Ils ont besoin de louanges pour prouver qu'ils valent mieux que les autres.

Ce sont là les grands dangers des compliments et de la reconnais-sance, surtout dans un monde compétitif comme le nôtre. Un enfant ou un adulte qui a besoin de reconnaissance uniquement pour s'éle-ver au-dessus des autres devient narcissique : il ne peut ressentir de plaisir que si les autres l'admirent et sa soif d'admiration est insatiable. Une telle personne est incapable de ressentir un amour véritable et d'inspirer aux autres des sentiments positifs. Les narcissiques sont dé-sespérément malheureux, même si beaucoup d'entre eux réussissent brillamment.

Le narcissique est malheureux parce qu'il est seul. Dès qu'il se rap-proche d'une autre personne, il a le sentiment de devoir devenir pour elle un objet d'admiration et d'adoration, déployant alors tous ses charmes pour susciter chez elle toute l'admiration qu'elle peut lui vouer.

Une fois qu'il a épuisé son admiration, le narcissique se lasse d'elle et part en quête d'une nouvelle victime. Comme des vampires émotionnels, les narcissiques sapent la vitalité des autres.

N'allez pas croire cependant que toutes les louanges mènent au narcissisme. Sachant que la reconnaissance peut être dangereuse, nous enseignons parfois à nos enfants qu'il est mauvais, ou «égoïste», de rechercher et d'aimer les compliments. Nous le leur enseignons de peur qu'ils ne deviennent de petits monstres narcissiques. Pourtant, tous les enfants et tous les adultes ont besoin d'une certaine part de louanges.

Si par puritanisme nous décourageons un enfant de tirer la moindre fierté de ses réalisations et si nous lui enseignons qu'il est «inconvenant» d'apprécier les compliments, nous lui inculquons une attitude pratiquement aussi dangereuse que celle que nous espérons lui éviter. Nous lui faisons croire qu'il est honteux d'être heureux de ses réalisations ou des louanges des autres.

Nous faisons alors de cet enfant tout le contraire d'un narcissique. Nous le préparons à devenir un adulte dépourvu d'estime de soi, passif au travail et dans ses relations avec les autres, peu enclin à prendre plaisir à ce qu'il fait. La culpabilité le tenaillera et tuera en lui la moindre petite pousse de fierté.

Ces deux extrêmes ne sont pas rares, mais ils peuvent être évités.

La connexité est le premier élément du cycle en cinq étapes, mais aussi l'élément crucial qui différencie le narcissique de la personne normale pour qui la compétence et la reconnaissance sont des sources de plaisir. Si un enfant (ou un adulte) est suffisamment connecté au monde pour s'y sentir à l'aise et en sécurité, il n'aura pas besoin de thésauriser la reconnaissance et les louanges, comme une personne affamée accumulerait la nourriture. Au contraire, il voudra les partager fièrement avec son groupe, et non se séparer de lui. Il sera heureux de faire sa part et même plus, non pour pouvoir s'isoler et s'élever au-dessus des autres, mais bien pour jouir de ses liens avec le groupe et pour faire en sorte que ce dernier ait de meilleures chances de prospérer.

Le groupe peut être une famille, une équipe, une classe, des cyclistes ou des joueurs de bowling, n'importe quelle organisation à laquelle une personne a le sentiment d'appartenir. De nos jours, si le narcissisme est aussi répandu, c'est que les gens n'ont plus l'impression d'appartenir à aucun groupe. Ils se sentent déconnectés. Or, les personnes déconnectées peuvent se ruer sur les réalisations et la reconnaissance comme sur des drogues. Tous les jours, à toute heure, elles ont besoin d'une «dose». Si elle leur fait défaut, elles se sentent outrées et déprimées. Au lieu de tendre la main aux autres pour se faire aider, elles se servent de leurs talents souvent considérables pour se venger de ceux qui ne leur ont pas donné leur «dose» de louanges et de reconnaissance. Elles en rajoutent dans l'espoir que les autres ne pourront manquer de les louanger. «Je vais leur montrer!» est leur rengaine. Elles rêvent de s'élever au-dessus des autres et, rapidement, du monde entier. Elles cultivent des fantasmes de toute-puissance pour se venger et se faire couronner, et non pour apporter quelque chose aux autres ou se joindre à eux.

À l'autre extrémité, les adultes qui ont appris qu'il est mal de tirer la moindre fierté de leurs réalisations sont des personnes moins flamboyantes que les narcissiques, de sorte que leur désarroi peut passer inaperçu, même pendant leur enfance. Ces personnes souffrent en silence. Elles sourient lorsqu'il le faut et disent merci lorsqu'on les encense; elles ne font jamais de chichis et ne se retirent jamais pour bouder. Si seulement elles le faisaient, les gens découvriraient peut-être combien elles sont malheureuses.

Pour ces personnes, s'effacer devant les autres tient de l'habitude. Elles devinent leurs besoins et les satisfont. Elles leur font plaisir non pour susciter leur admiration ou leur reconnaissance, mais parce qu'elles se sentiraient coupables de ne pas le faire. Elles

auraient l'impression de les laisser tomber. Si la soif de reconnaissance et de louanges est ce qui motive le narcissique, la peur de
déplaire est le moteur de l'individu morne. Celui-ci se sent extrêmement mal à l'aise lorsqu'on le remarque ou qu'on veut le mettre en
avant, de sorte qu'il s'efface rapidement. Il se sent honteux et indigne
d'être louangé.

Une personne incapable de recevoir des compliments sans se sentir mal à l'aise est incapable de développer la moindre estime d'elle-
même ; or, l'estime de soi est l'une des clés du bonheur. Cette personne
croit qu'il est *mal* d'être heureux de ce que l'on est. Elle est tout le
contraire d'une personne centrée sur elle-même ; elle n'a pratiquement
pas d'ego et elle nie intentionnellement son identité.

Une telle attitude trouve son origine dans l'enfance. Comme le narcissique, cette personne n'a jamais appris à composer sainement avec
la reconnaissance. Or, la reconnaissance a un pouvoir tel qu'elle peut
entraîner des déformations psychologiques permanentes lorsqu'elle
n'est pas judicieusement utilisée.

Pour éviter à un enfant les deux malaises que je viens de décrire,
vous devez lui fournir des connexions saines et, surtout, lui assurer une
enfance connectée. Il est à peu près impossible de trouver un adulte
narcissique ou un adulte effacé parmi les personnes qui disent avoir
eu une enfance chaleureuse et connectée.

Si vous offrez une enfance connectée à un enfant, les louanges et
la reconnaissance ne deviendront pas pour lui des drogues ou des
substances menaçantes. Au contraire, elles intensifieront et approfon-
diront ses sentiments de connectivité. La reconnaissance donne à un
enfant le sentiment d'appartenir à un groupe parce qu'il fait une chose
que le groupe apprécie. Au lieu de s'élever au-dessus d'eux ou de se
rabaisser, il est plus enclin à penser aux autres, car il se sent connecté
à eux, convaincu d'aimer et d'être aimé, convaincu de la légitimité de
cet amour réciproque.

Il est particulièrement important que les adolescents apprennent à composer avec la reconnaissance. S'il y a tant d'adolescents renfrognés, en colère, ingrats et peu réceptifs aux adultes, c'est parce que les adolescents se sentent déconnectés du monde adulte. Ils n'ont aucun sentiment d'appartenance à ce monde. Ils ne sont plus des enfants qui peuvent réclamer qu'on s'occupe d'eux, mais ils ne sont pas encore des adultes indépendants qui peuvent gagner leur vie et aller et venir comme bon leur semble. Ils sont coincés entre ces deux mondes. Souvent, leur groupe d'amis est leur seule source de connexion.

Lorsqu'un adolescent se mérite la reconnaissance des adultes, par exemple en gagnant un salaire, en remportant un prix à l'école ou simplement en faisant du bon travail, il se sent plus connecté au monde dans lequel il s'apprête à entrer et qu'il espère secrètement.

Permettez-moi de vous donner un exemple tiré de ma propre vie. Lorsque j'étais en dernière année du secondaire, je me sentais plutôt inepte. Un jour, mon professeur d'anglais, Fred Tremallo, m'a remis une nouvelle que j'avais écrite au début de l'année en me faisant le commentaire suivant: «Pourquoi n'en ferais-tu pas un roman?»

«Un roman? m'étais-je dit à ce moment-là, mais je peux à peine rédiger un texte de trois pages!» Lorsque j'ai demandé à M. Tremallo s'il croyait vraiment que je devrais essayer d'écrire un roman, il m'a simplement fait signe que oui.

J'admirais M. Tremallo. Il était très décontracté. Il portait la moustache et avait déjà travaillé pour les services secrets. Il avait lui-même publié des livres. Si un tel homme me croyait capable d'écrire un roman…

J'ai aussi eu un avant-goût de ce que peuvent ressentir le narcissique et l'individu effacé. Je me disais: «Il pense que je peux écrire un roman? Ouais! Je dois vraiment être quelqu'un de spécial!» Mais je me disais aussi: «Pourquoi moi? Je ne suis vraiment pas assez doué. Pourquoi me met-il une telle pression sur les épaules?» La plupart des gens ont connu ces deux sentiments antagonistes, assez souvent pour connaître leurs dangers et leur pouvoir d'accoutumance.

C'est mon éducation qui m'a empêché de rester coincé à un extrême ou à l'autre. Mon éducation n'a pas été parfaite, mais j'ai été élevé avec assez de doigté pour ne pas tomber dans les pièges de la reconnaissance.

J'ai donc fait ce que j'avais appris à faire. J'ai fait mes devoirs, comme on me le demandait. J'ai lentement commencé à ajouter des pages à ma nouvelle. Page par page, le manuscrit s'est allongé. M. Tremallo a noté ses commentaires dans les marges tout au long du processus. Il m'a encouragé, mais il m'a aussi fait des critiques et il a apporté de nombreuses corrections à mon manuscrit.

À la fin de l'année, j'avais fait une chose qui me semblait absolument impossible en septembre : j'avais rédigé un roman de trois cents pages. À mon grand étonnement, j'ai remporté le prix d'anglais, un prix que j'apprécie plus que tous les autres, qui ne sont pas si nombreux !

Le projet est né de ma connexion avec Fred Tremallo. Cette connexion a mené à un jeu (l'écriture), à la discipline et à la pratique (les commentaires de Fred et ma persévérance), ce qui m'a fait goûter à la compétence, qui a été suivie par la reconnaissance : le prix.

Lorsque j'ai reçu ce prix, j'ai ressenti un vif sentiment d'appartenance à l'école et à la collectivité en général, un sentiment plus fort que tout ce que j'avais ressenti auparavant. J'ai eu l'impression de pouvoir marcher la tête haute parmi mes condisciples. J'avais découvert une chose que je pouvais bien faire.

Permettez-moi de vous donner un autre exemple. En rentrant à la maison un soir, j'ai trouvé Lucy en larmes, assise à la table de la cuisine. Devant elle se trouvait son projet de sciences de la fin du primaire, un modèle réduit du cœur et des poumons. Le devoir consistait à trouver un système ayant une fonction analogue à celle du cœur et des poumons et à en faire un modèle. Lucy avait eu l'idée de faire le modèle d'un aéroport où les avions s'arrêtent pour laisser des passagers et en prendre de nouveaux, tout comme les cellules sanguines pénètrent dans le cœur et les poumons pour libérer des gaz et en ramasser d'autres.

Elle avait fait de l'excellent travail ; du moins, c'est ce que je pensais jusqu'à ce que je la trouve effondrée. Elle m'avait annoncé qu'elle s'était trompée : en relisant les consignes, elle avait constaté qu'elle devait montrer tous les vaisseaux sanguins et toutes les cavités du cœur, ce qu'elle ne pouvait faire avec son « stupide modèle d'aéroport ».

À ce moment-là, j'ai eu envie de téléphoner à l'enseignant de Lucy pour lui dire que le travail demandé était beaucoup trop difficile et qu'il ne connaissait rien aux enfants. Heureusement, j'ai résisté à cette tentation, comme j'ai résisté à la tentation de prendre les choses en main et d'arranger le projet de Lucy.

Au contraire, je me suis assis à côté d'elle et je l'ai rassurée en lui disant qu'elle trouverait bien un moyen de s'en sortir. J'ai aussi essayé de la faire rire, et j'y suis parvenu. Une fois qu'elle s'est mise à rire, sa créativité et son cran naturel lui sont revenus. Elle n'a pas tardé à me demander d'aller lui acheter des cure-pipes et du vernis à ongles, qui formeraient les vaisseaux sanguins, tandis que des pièces de Lego de son frère serviraient à représenter les cavités du cœur. En quelques heures, elle avait refait son devoir, et pourtant je ne lui avais offert qu'un soutien moral.

Le lendemain matin, elle est partie à l'école avec son projet de sciences, contente de son travail. Elle avait peiné un peu, tout en goûtant à une certaine mesure de compétence. Par l'intermédiaire du jeu, elle était passée de la connexion à la discipline et à la compétence. Mais quel genre de reconnaissance allait-elle recevoir ? Quels seraient les effets de cette reconnaissance ?

Elle a remis son travail, mais elle a dû attendre pour savoir ce que son enseignant en pensait. Les autres élèves ont dit qu'ils aimaient son

projet, mais Lucy se préoccupait surtout de l'évaluation de son enseignant. Quelques jours plus tard, elle a appris qu'elle avait obtenu A−.
Jack l'a taquinée, lui demandant : «Pourquoi moins ?», mais elle était
fière. Cette reconnaissance a raffermi chez Lucy le sentiment que le
dur labeur vaut souvent la peine et que, même si tout semble perdu, il
y a encore de l'espoir.

La reconnaissance peut donc nous connecter au monde extérieur,
mais aussi à des sentiments importants en nous-mêmes. Cependant,
si elle n'est pas utilisée judicieusement, elle peut paralyser ce que nous
espérions raffermir.

La grande illusion de Harvard

Voici un exemple de la façon dont la reconnaissance peut faire du tort.

Ce que j'appelle la «grande illusion de Harvard», c'est-à-dire le but
à tout prix, est l'accent démesuré que l'on met sur une réalisation particulière comme moyen d'être heureux. En Amérique, être admis à
Harvard (ou dans quelque autre université prestigieuse) devient souvent le but magique qui garantit le bonheur.

Cette illusion n'a rien à voir avec l'université Harvard elle-même. Il
s'agit plutôt de ce que cette institution représente aux yeux des gens.
C'est ce que Samuel Johnson a appelé «l'embuscade secrète d'une
prière spécieuse». Il voulait dire par là qu'il faut être très judicieux dans
le choix de ses prières, car celles-ci peuvent être exaucées.

Le but magique peut être Harvard, mais aussi Yale, Princeton,
Stanford, Duke, l'université du Texas ou West Point. Ce but magique
peut aussi être une profession, comme la médecine ou le sport professionnel. Enfin, une personne peut viser un titre, par exemple amiral,
professeur ou PDG, ou même un prix, comme une médaille d'or olym-
pique ou un Nobel. Quel que soit le but, celui-ci en vient à symboliser

la clé du bonheur. Nous croyons qu'une fois atteint, ce but peut nous conférer le statut de demi-dieu. Bon nombre de gens croient en effet que quiconque atteint un tel but devient une personne extraordinaire qui a trouvé la clé du bonheur. Malheureusement, au lieu d'ouvrir la porte du bonheur, cette clé peut la verrouiller à jamais.

C'est le cas classique de la queue qui commande le chien, de la fin justifiant les moyens ou de la charrue avant les bœufs. Nous disposons de nombreux clichés pour décrire ce phénomène, qui est en réalité un piège psychologique très répandu. Si vous tombez dans ce piège, vous pouvez faire beaucoup de tort à votre enfant en croyant l'aider.

Si vous réfléchissez, vous verrez tout de suite l'erreur. Dans la vie, ce qui détermine le succès et le bonheur n'est pas la qualité de l'université qu'une personne fréquente, mais la qualité de la personne qui fréquente l'université. Malheureusement, de nombreux enfants et parents croient exactement le contraire. Ils souscrivent à la croyance cynique et éminemment fausse selon laquelle le nom d'une institution garantit le succès.

Une étude publiée en 1999 par Alan Krueger, de Princeton, et Stacy Berg Dale, de la fondation Andrew W. Mellon, a démontré que l'avantage immédiat que les universités d'élite procurent à leurs diplômés quant à la rémunération est faible (environ sept pour cent) et que cet avantage s'atténue fortement avec le temps, puisque les qualités des diplômés prennent ensuite le dessus.

Dale et Krueger ont découvert que certains traits particuliers sont beaucoup plus importants que le nom de l'université pour prédire la rémunération future. Ces qualités incluent l'imagination, l'ambition, la persévérance, la maturité, la discipline et une habileté exceptionnelle dans un domaine particulier.

Si les parents et les enseignants se concentraient sur l'acquisition de ces qualités par les enfants – comme le fait ma méthode –, le succès et l'admission à l'université suivraient naturellement.

Les bœufs seraient devant la charrue et le chien commanderait sa queue.

Si vous aidez votre enfant à devenir une bonne personne qui fait de son mieux pour cultiver ses goûts et ses intérêts tout en respectant les autres, une juste proportion de «succès» s'ensuivra, quelle que soit la définition que vous donniez à ce mot. En outre, une telle approche vous assurera un certain contrôle sur le résultat.

La grande illusion ou la grande loterie de Harvard ne vous laisse aucun contrôle. Votre enfant peut satisfaire aux exigences d'admission et manquer la cible malgré tout. S'il a essayé de tout son cœur et de toute son âme d'entrer à Harvard et s'il a fait tout ce qu'on lui a dit de faire, un refus risque d'être traumatisant. Cependant, ce refus n'est pas inévitable. Il suffit de ne pas tomber dans le piège du but à tout prix.

J'ai un très bon ami dont le fils vient d'entrer à l'université. Cet ami est un ancien étudiant de Harvard et son fils, que j'appellerai Alex, a toujours été un élève brillant, récoltant uniquement des A et affichant des résultats de 800 et 790 aux tests d'aptitude, soit 1590 sur un total possible de 1600. Il faisait aussi partie de trois équipes de sport universitaire et était capitaine de l'équipe de tennis. En outre, ses congénères et ses enseignants l'appréciaient et avaient pour lui une certaine admiration. Tous pensaient qu'il serait accepté à Harvard sans difficulté, mais il fut refusé.

J'ai été particulièrement impressionné par la façon dont Alex et ses parents ont réagi. Ils en ont été surpris, mais non dévastés. Ils savaient qu'il n'y avait pas de garantie : comme je l'ai mentionné dans le chapitre 1, Harvard pourrait remplir ses cours de première année uniquement avec des premiers de classe. Naturellement, il aurait été merveilleux que fiston fût accepté à Harvard, excellente université prestigieuse, mais ils savaient que tout cela n'a pas une si grande importance, que ce qui compte vraiment avait déjà été accompli. Un jeune homme était sur la voie du bonheur et du succès en raison de ce qu'il était, et non en raison de l'université qu'il fréquenterait.

Finalement, Alex s'inscrivit avec enthousiasme à l'université Bates à l'automne 2001. Je puis vous promettre que ce jeune homme contribuera beaucoup au monde et qu'il sera heureux.

Lorsqu'il avait fait sa demande d'admission à Harvard, ni lui ni ses parents ne s'étaient laissé prendre au piège de la grande illusion.

Malheureusement, de nombreux enfants ternissent les meilleurs moments de leur vie – leur enfance – en poursuivant frénétiquement un but unique, parce qu'ils croient que c'est la seule voie vers une vie agréable. Malheureusement, ce n'est pas la seule voie et elle n'offre aucune garantie.

Tous ces buts – fréquenter une université prestigieuse, gagner l'or aux Jeux olympiques – sont en eux-mêmes merveilleux. Harvard est une excellente université, la médecine est une excellente profession, les PDG sont importants et les lauréats de prix Nobel font progresser les connaissances pour le bien de tous. Mais quand les buts prennent trop de place, ils deviennent dangereux et peuvent tyranniser une personne pendant sa vie adulte ou, pis encore, pendant son enfance. Si vous habituez votre enfant à être jugé d'après ses succès, ce sentiment deviendra pour lui une calamité qui le suivra toute sa vie. Au lieu de favoriser son bonheur, ce sentiment mettra le bonheur hors de sa portée. Il aura l'impression de ne jamais en faire assez.

Les deux plus grands dangers sont les suivants : lorsqu'un enfant n'atteint pas son but, il peut avoir l'impression de ne rien valoir ; et les efforts qu'il déploie pour atteindre son but peuvent le détourner de ce qu'il est véritablement.

Il faut beaucoup de maîtrise de soi pour éviter de tomber dans le piège de la grande illusion de Harvard. Elle est là, comme un gouffre psychologique, et la plupart des victimes s'y précipitent aveuglément.

Qui ne veut pas ce qu'il y a de mieux pour ses enfants? Et l'université Harvard ne représente-t-elle pas ce qu'il y a de mieux?

Pour éviter ce piège, il faut se raccrocher à un fait clé: il n'y a pas d'université qui soit la meilleure pour tous les étudiants. Il y a les meilleures adéquations entre les étudiants et les universités, mais il n'y a pas d'université parfaite pour tous. Il n'y a pas non plus de professions supérieures, seulement les meilleures correspondances entre les personnes et les professions. Enfin, la meilleure épouse n'existe pas, mais il y a les affinités particulières. Tout comme le concept d'intelligence fait du tort à de nombreux enfants, le concept de la «meilleure université» fait croire à de nombreux étudiants doués qu'ils sont de deuxième ordre.

Vouloir ce qu'il y a de mieux pour votre enfant vous occasionnera de graves problèmes si vous ne tenez pas compte de cet euphémisme. Si vous discutez avec un conseiller en orientation d'une école secondaire ou avec des responsables des admissions dans de prestigieuses écoles primaires privées, vous entendrez des histoires d'horreur sur les ravages de la grande illusion de Harvard. On vous dira que certains parents préparent leurs enfants dès la naissance à joindre les rangs de ce que l'auteur David Brooks a appelé, dans un article du magazine *Atlantic Monthly* (avril 2001), les «enfants d'organisation», qui formeront, à son avis, la «prochaine classe dirigeante». Ces jeunes gens performants sont les bourreaux de travail polis et bien mis qui réussissent à entrer dans les grandes universités. Contrairement à leurs parents qui étaient rebelles et voulaient changer le système, ces jeunes se livrent une concurrence féroce pour se hisser jusqu'au sommet.

Une élève du secondaire m'a confié qu'elle-même et une amie avaient parlé de se suicider en cas de refus à Harvard. Elle m'a dit qu'il n'était pas rare d'entendre des propos pareils à son école publique, dans une banlieue huppée de Boston. Les élèves, comme leurs parents, peuvent manquer de discernement en poursuivant le but pourtant louable d'entrer dans une bonne université.

L'exercice devient périlleux lorsque les parents essaient de dénicher la garderie qui favorisera les chances de leur enfant d'être admis dans la meilleure école primaire qui, à son tour, lui donnera accès à la meilleure école secondaire, laquelle pourrait lui ouvrir les portes de la faculté de médecine ou de droit la plus réputée, ce qui accroîtra ses chances de devenir professeur, de gagner des millions de dollars ou de remporter un prix Nobel, et de peut-être ressentir un jour, encore lointain, le sentiment d'être heureux.

Certains jeunes enfants perçoivent la sottise de tout cela. J'ai un ami qui a un enfant très enjoué de huit ans, Bobby, qui fréquente une école publique près de Boston. Dans cette école, comme dans la plupart des écoles publiques des États-Unis, on se soucie avec frénésie des résultats aux tests et des notes des élèves, souvent au détriment du bon sens. Au cours du mois d'août précédent, Bobby avait reçu une lettre de trois pages qui lui souhaitait la bienvenue en troisième année et qui décrivait les attentes détaillées qu'on avait à l'égard des élèves.

Lorsque la mère de Bobby lui a montré cette lettre, il a commencé à la lire, puis l'a jetée sur le plancher. «C'est pathétique, s'est-il exclamé, dégoûté. Je suis encore en vacances. On m'expliquera cela bien assez tôt!» J'ai demandé à sa mère s'il avait réellement utilisé le mot *pathétique*. Elle m'a assuré que oui.

Eh bien! Combien j'aimerais que Bobby siège à un comité d'école! Peut-être pourrait-il rappeler aux adultes qu'un enfant de huit ans vit pendant l'été des choses plus importantes que la découverte du programme de troisième année.

Un soir, lors d'une réunion à l'école locale, on m'a demandé de parler de la question des admissions à l'université. J'ai souligné que tous les enfants n'iront pas à Harvard et que tous ne devraient pas y aller, puis un père m'a demandé : «Dr Hallowell, vous avez dit que tous nos enfants n'iront pas à Harvard, mais pouvez-vous nous conseiller sur ce que nous pouvons faire pour accroître leurs chances d'y aller?

— Eh bien, Harvard utilise les mêmes critères d'admission que les autres universités — notes, résultats aux tests d'aptitude, activités parascolaires, recommandations des professeurs, nom des membres de la famille ayant fréquenté cet établissement et entrevue personnelle. Ainsi, mieux un enfant réussit dans tous ces domaines, plus il a de chances d'être admis. Mais, dites-moi, croyez-vous qu'il soit extrêmement important que votre enfant aille à Harvard?

— Évidemment! Harvard ouvre des portes.

— À votre avis, quel sacrifice vaut-il la peine de faire pour aller à Harvard?

— À peu près n'importe quel sacrifice, m'a-t-il répondu. Je donnerais mon bras à couper pour que mon fils et ma fille puissent fréquenter Harvard.

— Pourquoi?

— C'est évident, non? Afin qu'ils aient de meilleures chances dans la vie!

— Peut-être ne sont-ils pas faits pour aller à Harvard. Voudriez-vous qu'ils y aillent quand même?

— Que voulez-vous dire par "pas faits pour aller à Harvard"? S'ils sont acceptés, c'est qu'ils sont faits pour y aller, non?

— Pas nécessairement. Même le comité d'admission de Harvard vous dira qu'il lui arrive de se tromper. Cependant, je me préoccupe davantage de votre hypothèse selon laquelle il vaut la peine de faire tous les sacrifices possibles pour entrer à Harvard, comme si cette université était la voie royale qui mène au bonheur. Je puis vous assurer qu'il y a dans notre monde de nombreux adultes heureux qui ne sont jamais allés à Harvard et de nombreux adultes malheureux qui y sont allés. Avez-vous déjà pensé que toutes les pressions exercées sur votre enfant pour qu'il entre à Harvard risquent de lui laisser une certaine amertume devant la vie ? Vaut-il la peine de rendre un enfant amer en faisant tout pour qu'il entre à Harvard ?

— Absolument. »

Je doute que ce père, ainsi que les millions d'autres comme lui, se rende compte du risque qu'il prend. De nombreux parents bien intentionnés empoisonnent la vie de leurs enfants en leur martelant que le but de la vie est d'aller à Harvard ou ailleurs, de jouer pour telle équipe, de battre tel record ou de remporter mille honneurs — sans vraiment examiner quels sacrifices il faut consentir pour atteindre ce but.

Cela est particulièrement dangereux si l'enfant n'atteint pas l'objectif fixé. Par exemple, Harvard refuse environ quatre-vingt-cinq pour cent des candidats, et la vaste majorité a pourtant les compétences nécessaires. Si entrer à Harvard a pris une trop grande signification dans la vie d'un enfant et que celui-ci est refusé, il risque de considérer cela comme un échec majeur et son bonheur pourrait être compromis. Je connais un patient qui se sent encore, à cinquante ans, une personne de deuxième ordre, malgré des succès spectaculaires, parce qu'il n'a fréquenté que l'université Lehigh en Pennsylvanie.

Pour les sceptiques, voici une liste de personnes qui ne sont diplômées ni de Harvard ni d'aucune autre université américaine : Edward Albee, Woody Allen, Andrew Carnegie, Walter Cronkite, William Faulkner, Shelby Foote, Bill Gates, Barry Goldwater, Alex Haley, Nat Hentoff, Tom Hanks, Peter Jennings, Fran Lebowitz, Doris Lessing, Abraham Lincoln, Bill Murray, Jack Nicholson, Anaïs Nin, S. I. Newhouse, Neil Simon, Eleanor Roosevelt, Robert Redford, Margaret Sanger, William Howard Taft, Harry Truman, Ted Turner, Frank Lloyd Wright, John Wayne, etc. Politiciens, industriels, écrivains, artistes, stars…

Sachez que si 75 % des jeunes Américains diplômés du secondaire entrent à l'université, seulement 25 % obtiennent un diplôme universitaire, ce qui place les États-Unis au deuxième rang mondial, après le Canada. En Allemagne, par exemple, 13 % de la population détient un diplôme universitaire, 23 % au Japon. De nombreux parents se laissent piéger par le mythe selon lequel le succès dans la vie dépend d'un diplôme universitaire, particulièrement d'un diplôme d'une université prestigieuse.

Pour ma part, mes enfants sont encore à l'école primaire. Je n'ai pas encore vécu avec eux ce qui semble le pénible processus des demandes d'admission à l'université. Pour le moment, j'essaie de suivre mes propres conseils. Je m'attache donc à protéger les quinze premières années de leur vie afin qu'ils puissent se connecter, jouer, pratiquer, parvenir à la compétence et goûter à la reconnaissance. S'ils peuvent le faire et s'ils ont une enfance digne de ce nom, ils seront plus aptes à composer avec les pressions et les préoccupations de l'âge adulte que s'ils y avaient été exposés dès l'âge de cinq ans.

La question des buts est épineuse pour tous les parents, pour Sue et moi aussi. Nous voulons que nos enfants fassent de leur mieux et nous espérons que leurs efforts se traduiront par de bonnes notes qui pourraient peut-être même leur permettre d'entrer dans une univer- sité prestigieuse. Cependant, s'ils font de leur mieux mais n'atteignent pas ces buts, nous ne serons pas déçus, du moins je l'espère. Nous reconnaîtrons qui ils sont et non ceux que nous aurions aimé qu'ils soient. C'est le genre de reconnaissance dont les enfants ont le plus besoin.

Se sentir reconnu et valorisé pour qui on est

De nombreux enfants s'efforcent d'agir d'une certaine façon parce qu'ils croient que cela leur vaudra approbation et amour, et non parce que c'est dans leur nature.

Un garçon poussé à jouer au baseball par son père peut faire sem- blant d'aimer ce sport pour faire plaisir à son père. De même, une petite fille dont la mère a toujours regretté de ne pas avoir appris le violon peut jouer de cet instrument pour plaire à sa mère, et non parce que cela lui plaît.

Des filles et des garçons qui se sentent attirés par des gens du même sexe peuvent taire ces sentiments pour ne pas déplaire à leurs parents. De nombreux homosexuels ont connu tout au long de leur enfance les déchirements de la honte et la peur d'être «démasqués».

Lorsqu'une personne se sent comprise et appréciée pour ce qu'elle est, elle vit un moment privilégié. Il y a une place pour elle dans le monde et elle en acquiert un sentiment d'appartenance, ce qui l'amène à vouloir en faire plus et à raffermir sa connexion avec le reste du monde.

Il est important que les parents et les enseignants voient l'enfant tel qu'il est et non comme un être idéalisé. C'est l'enfant réel qui a besoin de notre amour et de notre aide, car c'est lui qui partage notre vie.

Les moments de reconnaissance peuvent se produire dans un éclair.

Un matin, il y a peu, Lucy se disputait avec Sue pour une banalité. Tout d'un coup, Lucy s'est arrêtée pour regarder les chaussures de sa mère. Sue s'est rendu compte que Lucy remettait en question son choix de chaussures, et elle lui a dit : «Oh! J'ai mis ces souliers parce qu'il y a de la boue dehors.» Lucy a acquiescé, puis a repris la discussion.

Pendant ce bref instant, Lucy s'est sentie reconnue et valorisée, car elle tire une grande fierté de son goût en matière d'habillement. En plus d'avoir l'œil pour les détails, elle a un sens esthétique très développé. Son bon goût n'est pas reconnu dans son bulletin et il lui vaut parfois des taquineries de la part de ses frères, mais il reflète chez Lucy un très vif intérêt pour la mode. En fait, elle aimerait aller à la Parsons School of Design de New York, une amie lui ayant dit que c'était la meilleure école.

Ainsi, lorsque Lucy s'est arrêtée au beau milieu de la conversation pour examiner les chaussures inélégantes de sa mère, Sue a cru bon de justifier son choix et Lucy s'est sentie reconnue et valorisée par sa mère, qui tenait compte de son opinion dans un domaine très important à ses yeux. Que Sue l'ait fait spontanément est encore mieux, car cela prouve sa sincérité.

Ni Sue ni moi n'avons jamais rêvé de voir Lucy devenir dessinatrice de mode, mais c'est sa passion et rien ne me rendrait plus heureux de la voir réussir dans ce domaine. Nous reconnaissons et apprécions Lucy pour ce qu'elle est, même si elle ne cesse jamais de nous étonner.

CHAPITRE 12

APPRENDRE À PÊCHER À JACK : LES SEMENCES DE LA JOIE

Je ne vaux rien comme pêcheur. Or, si je dois guider mes enfants à travers les étapes que je préconise pour passer de la connexion à la compétence et à la reconnaissance, que dois-je faire quand je ne possède pas moi-même des compétences très étendues ?

Il y a de nombreuses sources potentielles de joie que je veux faire connaître à mes enfants, mais j'ai des compétences limitées et la pêche est un domaine où je suis médiocre. Je ne suis pas non plus un athlète ; je n'ai pas de talent en menuiserie ; je ne sais rien de la chasse ni de la mécanique automobile ; je n'ai pas vraiment la bosse des affaires ; je ne sais jouer d'aucun instrument de musique ; et si l'on m'attaquait dans la rue, je ne pourrais sans doute pas résister longtemps. En bref, j'aurais bien aimé être un joueur de football ou une vedette de la télé, un de ces pères qui respirent la confiance, mais je ne suis rien de tout cela, je ne possède pas d'habiletés ou de dons particuliers. C'est pourquoi le rôle de père me rend si humble.

La seule qualité dont je dispose est mon désir d'être un bon père, et cela semble suffisant !

Je peux aussi apprendre à assez bien faire toutes sortes de choses pour pouvoir guider mes enfants. Nul besoin d'être un expert: il suffit de pouvoir leur ouvrir la porte.

J'essaie d'ouvrir à mes enfants autant de portes que je le peux. Je veux leur faire connaître autant de compétences et de plaisirs que possible. Je dois pour cela accepter de faire des choses que je connais peu ou qui ne me plaisent guère, comme pêcher, siffler ou cirer les chaussures. En fait, je dois reconnaître que je suis devenu assez bon siffleur. En général, vous constaterez que vous avez un certain talent pour beaucoup de choses que vous et vos enfants voulez faire ensemble.

Je voudrais sans cesse exposer mes enfants à de nouvelles choses, même si je risque de me sentir un peu idiot ou de m'ennuyer, comme cela m'arrive lorsque je pêche. Mais il est crucial que je le fasse pour faire germer des semences. Toute activité à laquelle un enfant s'adonne est une semence qui peut se transformer en plaisir ou en passion.

Ces semences deviennent les racines du bonheur à l'âge adulte.

Une personne qui s'adonne à un grand nombre d'activités pour le simple plaisir a de meilleures chances d'être heureuse. J'ai énuméré plus haut toutes les choses que je ne fais pas très bien, mais il y en a d'autres que j'aime — jouer au tennis et au squash, écrire, écouter de la musique, rêvasser, cuisiner; ce sont des choses que j'ai apprises pendant mon enfance et qui me procurent encore beaucoup de plaisir.

Il est important de développer des sources de plaisir durables. Beaucoup d'adultes ont des problèmes parce qu'ils ont du mal à aimer la vie. Ces personnes sont souvent en quête de plaisirs dangereux et excessifs. Elles mangent trop, boivent trop, font l'amour avec la mauvaise personne ou recherchent la richesse au point d'en oublier tous leurs principes, parce qu'elles n'arrivent pas à trouver suffisamment de plaisir dans des choses utiles.

Nous devons prendre au sérieux le devoir de faire découvrir le plaisir à nos enfants. Nous devons nous montrer aussi diligents dans ce domaine que lorsqu'il s'agit de leur apprendre à se brosser les dents. Nous devons les aider à trouver des sources de joie vers lesquelles ils pourront se tourner pendant toute leur vie, des sources de joie qui ne sont ni dommageables ni dangereuses. Les enfants qui ne se découvrent pas des plaisirs sains risquent d'en trouver des malsains ou de se résigner à un désespoir tranquille.

Je crois qu'il devrait y avoir sur chaque bulletin un espace réservé à la joie. À la suite des notes de français, de mathématiques et des autres matières, il devrait y voir une ligne pour noter les «sources potentielles de joie pour lesquelles l'élève a manifesté un intérêt». La joie mérite beaucoup plus d'attention qu'elle n'en reçoit. Le processus en cinq étapes que je recommande dans le présent livre vous procurera un moyen efficace d'aider votre enfant à trouver des sources de joie fiables et durables.

De nombreux adultes malheureux n'ont pas eu accès à des sources de plaisir constructif durant leur jeunesse. Certains s'en sont remis aux drogues et à l'alcool, ou à l'oisiveté, de sorte qu'ils n'ont jamais appris à aimer quoi que ce soit. Ils se contentaient de faire ce qu'il fallait, tout ce qu'on attendait d'eux et même parfois plus, mais ils n'ont jamais eu d'activités qui leur plaisaient vraiment. Par conséquent, lorsqu'ils ont eu l'âge de choisir par eux-mêmes, ils n'ont pas su ce qu'ils voulaient ou se sont tournés vers des plaisirs désespérés ou dangereux.

Je parie que vous connaissez des adultes de ce genre. Des gens qui ont «réussi», mais qui ne sont pas heureux ; et d'autres qui ne sont jamais tombés dans les pièges conventionnels du succès, mais qui mènent une vie extrêmement heureuse.

Il est facile de négliger l'importance d'aider les enfants à apprendre à trouver des plaisirs sains. Tous les soirs d'école, ma principale préoccupation est de veiller à ce que mes enfants fassent leurs devoirs, et non qu'ils trouvent des sources de joie durables. Je veille à ce qu'ils prennent un bain, se mettent en pyjama, se brossent les dents. Il y a tant de choses à faire qu'il est facile d'oublier les grands buts que nous avons en tête.

C'est pourquoi il est utile de prendre du recul pour nous assurer que tout ce que nous faisons vise à aider nos enfants à développer des sources de joie éternelle.

Par conséquent, en leur faisant faire leurs devoirs, nous devons éviter de trop insister sur les réalisations au détriment de la joie. Idéalement, les deux doivent aller de pair, mais cela prend du temps. Vous n'avez qu'à le demander à Lucy. J'espère qu'elle jouera toujours du violon, mais je sais qu'il n'a pas été facile pour elle d'apprendre à maîtriser suffisamment cet instrument pour avoir du plaisir à en jouer.

Comme dit son professeur : «Peu importe le talent, il faut travailler d'arrache-pied.»

Que fait-on de la joie dans tout cela? C'est là où les enseignants, les parents et autres intervenants deviennent cruciaux. Ils remontent le moral des enfants lorsque ceux-ci travaillent à trouver du plaisir dans ce qui leur était peut-être pénible au début.

Sachez qu'apprendre à connaître les voies plus difficiles vers la joie est ce qui mène au bonheur pendant toute la vie.

La voie vers le bonheur prend naissance dans la connexion et passe par le jeu, puis par la pratique et la discipline, pour arriver finalement à la compétence et à la reconnaissance. Une performance exceptionnelle et le succès matériel sont souvent les sous-produits de cette voie, mais ils n'en sont pas les buts premiers.

L'enfance est le moment idéal pour faire germer les plaisirs de la vie, même si une seule semence lève et pousse. Chez de nombreuses personnes, aucune semence n'a germé. Considérez que vous êtes béni des dieux si vous pouvez prendre plaisir à une activité sûre, légale et abordable. Il y aura toujours quelque chose qui vous rendra heureux ;

vous aurez toujours à votre portée le moyen de vous offrir des moments de bonheur.

Ce sera peut-être la pêche, la lecture ou la musique, ou une activité interpersonnelle, par exemple organiser des groupes et planifier des rencontres, réunir des amis. Si vous avez une passion, quelle que soit votre occupation, vous avez beaucoup de chance, et la plupart du temps les passions se développent pendant l'enfance.

Actuellement, je suis en vacances avec Sue et les enfants dans un chalet du lac Doolittle, à trois heures de Boston. Lucy a organisé une fête pour son anniversaire. Elle est née le 15 juillet, mais elle a remis la fête au mois d'août, pendant la période où nous serions au chalet. Elle a invité cinq copines pendant trois jours. C'est une fête assez compliquée, mais Lucy a travaillé très fort avec sa mère et la mère de chacune de ses amies.

Lucy attend le grand jour depuis des semaines. Ce matin, je l'entendais parler au téléphone. Elle riait, parlait tout bas et riait encore. Je n'ai pas entendu ses paroles, mais j'ai reconnu le ton, qui était comme un hymne à la joie. Il me semble que ma tâche la plus importante est de réserver à Lucy l'espace et le temps qu'il lui faut pour ce genre de choses. En organisant cette fête, elle développe une compétence, une compétence à vie, et du même coup elle s'amuse.

On peut voir dans la planification de Lucy les cinq étapes que j'ai décrites. Premièrement, elle se connecte avec ses amies. Puis, pendant l'étape de planification, elle jongle avec des idées pour bien organiser les choses. Cet exercice de planification exige de la pratique et de la discipline : Lucy doit élaborer des horaires, prévoir où ses amies dormiront, calculer la nourriture nécessaire, etc. En organisant ce qui se révèle un événement compliqué, elle apprend à maîtriser une tâche difficile. Lorsque les cinq fillettes arriveront pour passer ces trois jours avec nous, Lucy sera heureuse non seulement de fêter son anniversaire, mais aussi d'avoir organisé un événement complexe qui lui vaudra la reconnaissance des autres.

Sue et moi avons subi les affres des préparatifs de cette fête – le téléphone monopolisé, la tâche de joindre les parents, les problèmes liés aux horaires et le défi de trouver de l'espace pour loger tout ce beau monde –, de sorte que nous n'avons pas toujours gardé à l'esprit à quel point cette expérience était bénéfique pour Lucy. Elle apprend à composer avec l'adversité tout en intégrant la joie dans sa vie ; elle cultive les racines qui lui assureront le bonheur à l'âge adulte. Sans le savoir, Lucy applique les cinq étapes dont je parle depuis le commencement.

Maintenant, je vais suivre l'intérêt que la pêche a suscité dernièrement chez mes fils.

Comme je l'ai dit, je suis un très piètre pêcheur, mais je sais quand même amorcer une ligne et retirer l'hameçon de la gueule d'un poisson. Je possède les notions de base et c'est tout ce qu'il faut pour semer la graine qui germera peut-être.

Je ne sais pas si nos expéditions feront naître le plaisir de la pêche chez mes enfants, mais il vaut la peine d'essayer. J'imagine qu'elles donneront lieu à des anecdotes – papa avec un hameçon accroché à ses culottes, Tucker qui pêche une vieille chaussure, etc.

J'imagine qu'elles engendreront aussi quelques déceptions si nous rentrons bredouilles, si nous nous faisons dévorer par les moustiques, ou les deux à la fois.

En fait, la pêche a déjà causé chez nous certaines déceptions. La veille de notre départ pour une expédition, j'ai dit aux enfants que nous devions passer dans un magasin de sport. Les garçons étaient ravis, contrairement à Lucy qui juge la pêche de mauvais goût.

C'est alors qu'un voisin est passé pour demander aux enfants s'ils avaient envie d'aller manger une glace. Bien évidemment, ils ont hurlé de joie. Cela m'a ennuyé et je leur ai dit : «Avez-vous oublié que nous devons passer au magasin de sport? Je croyais que vous aviez hâte d'y aller. J'imagine que vous vous en fichez.» Je parlais comme un enfant de mauvaise humeur.

«Non, papa, m'ont-ils répondu. Nous voulons aussi aller au magasin.» J'étais déçu de constater que leur envie d'aller manger une glace avec le voisin détruisait mes efforts pour faire germer en eux la semence du «plaisir durable».

C'est là une frustration commune. De nombreuses semences sont simplement emportées par le vent. Vos enfants ne voudront pas toujours faire ce que vous voulez. Et peut-être vous soucierez-vous beaucoup plus qu'eux de l'intérêt qu'ils développeront. (Les leçons de musique sont l'exemple classique de ce phénomène.)

Sentant ma déception, Tucker a déclaré : «Papa, nous voulons vraiment aller au magasin avec toi, mais nous ne savions pas quand tu serais prêt.» Voilà comment un enfant peut se soucier de son père ! Je suis certain que cela se produit plus souvent que je ne le crois. Nous voulons faire pousser les racines du bonheur de nos enfants, mais en retour ce sont nos enfants qui deviennent nos plus grandes sources de bonheur.

Les enfants sont allés manger une glace et sont revenus, puis nous sommes allés au magasin de sport. Une fois là-bas, un jeune homme jovial du nom de Brody nous a accueillis. Brody avait les cheveux courts et une tenue de camouflage, mais rien d'autre ne faisait de lui le stéréotype de l'amant de la nature. Il a tout de suite compris quand j'ai dit que je n'y connaissais pas grand-chose et que j'avais besoin de son aide pour choisir des cannes à pêche, des moulinets et des leurres pour les enfants. Brody nous a trouvé des cannes peu coûteuses et un coffret. «Achetez celui à deux tiroirs, a-t-il dit. Il ne coûte qu'un dollar de plus, mais il est beaucoup plus spacieux.» Nous avons aussi acheté une épuisette et avons eu droit à un cours sur les nœuds.

Nous devions apprendre à faire un nœud particulier pour attacher les leurres. J'ai demandé si un nœud plat ne suffirait pas, puisque c'était le seul que je connaissais. Brody ne s'est pas moqué de moi ; il a simplement hoché la tête. «Vous perdrez vos leurres si vous faites un tel nœud. Permettez-moi de vous montrer à faire le nœud approprié.»

Lorsque nous sommes rentrés à la maison, le soir était tombé. Nous avons attaché nos leurres à nos cannes et nous avons rangé notre équipement pour la nuit. Tucker a renoncé à faire des nœuds, mais Jack s'est montré plutôt habile.

Ce soir-là, les garçons ont dormi dehors, dans une tente. Le lendemain matin, je me suis réveillé tôt. Lorsque j'ai regardé dehors, j'ai vu une scène que je n'oublierai jamais.

À une trentaine de mètres à peine, les garçons se tenaient debout sur le quai, en train de chuchoter et d'essayer de lancer leur ligne. Je leur avais dit de ne pas faire de bruit pour ne pas effrayer les poissons. Tucker avait un peu de mal à manier sa canne, mais Jack parvenait à lancer sa ligne assez loin.

Je me suis empressé de sortir pour les observer. La brume du matin montait du lac pendant que le soleil se levait au-dessus des arbres. Je voyais Jack s'efforcer de faire les choses dans le bon ordre : doigt sur la ligne, dégagement du moulinet, mouvement de la canne vers l'arrière, lancement en relevant le doigt. Puis, à la fois excité et détendu, il rembobina doucement la ligne.

C'est ce que j'avais attendu toute ma vie. C'est pour cela que j'ai fait des études, que je suis devenu médecin, que je me suis marié, que j'ai gagné de l'argent et payé des impôts, et que j'ai traversé des épreuves : pour voir des enfants heureux se préparer à une vie heureuse.

Naturellement, je ne crois pas qu'ils seront heureux éternellement. Je sais qu'ils connaîtront des moments difficiles. En fait, je ne sais même pas s'ils attraperont jamais un poisson. Mais en les regardant pêcher ce matin-là, je me suis senti plus ému que si je m'étais trouvé devant une des Sept Merveilles du monde. J'avais devant les yeux la merveille de mon monde. Rien n'aurait pu être plus merveilleux, et je suis certain que c'était aussi une merveille pour les enfants.

CHAPITRE 13

LES INGRÉDIENTS
D'UNE ENFANCE CONNECTÉE

J'ai déjà insisté sur l'importance capitale de la première étape du cycle. Offrir à son enfant une enfance connectée est la tâche la plus importante et elle requiert l'assistance d'un grand nombre de personnes.

Il arrive parfois que les gens me regardent d'un drôle d'air quand je parle d'enfance «connectée». C'est bien beau, me disent leurs yeux, mais que voulez-vous dire exactement? Qu'est-ce que je suis censé faire pour offrir à mes enfants une enfance connectée? J'espère que vous ne me demanderez pas de quitter mon emploi ou de me remarier! Avez-vous des suggestions concrètes que je puisse mettre en pratique?

D'accord pour les suggestions concrètes. Le présent chapitre propose des conseils sur chacun des douze types de connexité que comporte une enfance idéale. Ne vous sentez pas obligé de vous attaquer à toutes les tâches en même temps; certaines seront impossibles à réaliser ou simplement d'un intérêt limité pour vous. Si vous pouvez en exploiter deux ou trois, vous serez sur la voie d'une vie connectée pour vous et pour votre enfant. Sachez que la connexité est l'ingrédient le plus important d'une vie heureuse.

Mes suggestions ne vous seront pas toutes également utiles, évidemment. En poursuivant votre lecture, cependant, vous en trouverez quelques-unes que vous pourrez utiliser et vous en inventerez sans doute quelques-unes de votre cru.

L'amour inconditionnel et l'intimité familiale

Le premier élément est le plus important de tous.

Ne vous découragez pas. Vous n'avez pas besoin d'avoir une famille parfaite pour offrir à vos enfants une enfance connectée. Vous n'avez pas besoin d'être marié ni de souscrire à un système de valeurs en particulier, ni même d'avoir eu vous-même une enfance très heureuse. Tout ce que vous avez à faire est de laisser se déployer votre amour pour vos enfants.

Il existe des conflits même dans les familles les plus unies. En fait, la présence de conflits est un bon indicateur de proximité. Il n'y a rien de mal à vous quereller, à vous mettre en colère et à crier. Au contraire. Vous établissez ainsi une connexion.

Évidemment, tout réside dans la façon dont vous réglez vos différends. La règle d'or consiste à se traiter mutuellement avec respect et à ne jamais recourir à la violence. Vous ne frappez pas, ne donnez pas de fessée ni n'exercez la moindre violence physique. Je dis à mes enfants : «Je ne vous frapperai jamais et je m'attends à ce que vous ne me frappiez jamais, et que vous ne vous frappiez jamais l'un l'autre.» Ils ne respectent pas toujours cette règle, mais je n'en attends pas moins.

De nos jours, l'un des principaux obstacles à la connexité familiale est le rythme effréné de la vie. Nous sommes tous si occupés! Pour combattre ce problème, nous devons nous réserver du temps en famille. Voici quelques suggestions pour vous aider à avoir une vie familiale plus connectée :

- Énoncez clairement le concept de connexité de manière à pouvoir y faire référence quand vous expliquerez pourquoi vous faites une chose plutôt qu'une autre. Dites à vos enfants à quel point il est important pour vous, en tant que famille, de ressentir un sentiment d'intimité ou de connexité. Laissez-les discuter de ce qu'ils entendent par là et pourquoi cela leur semble important ou négligeable. C'est un sujet qui engendre de très intéressantes conversations ;
- Réservez du temps pour le dîner en famille. Vous n'avez pas besoin de le faire tous les soirs, mais essayez de le faire le plus souvent possible. S'il vous est impossible de dîner en famille, prenez le petit-déjeuner tous ensemble ou réservez un moment pendant la soirée où tout le monde est à la maison pour prendre une collation. Pas facile de créer un sentiment de connexité quand on ne se voit pas ;
- Essayez de ne pas régner par l'intimidation. Lorsque vous fixez des limites à vos enfants, faites-le respectueusement, au nom d'un principe — comme l'esprit sportif, le partage ou le respect des sentiments des autres — et non parce que vous êtes plus grand et plus fort. Le même principe s'applique à vos relations avec votre conjoint. Les enfants qui intimident d'autres enfants apprennent habituellement ce comportement de leurs parents, soit en étant intimidés par eux ou en les voyant s'intimider l'un l'autre ;
- Établissez des célébrations et des rituels familiaux. Les fêtes les plus évidentes sont les anniversaires de naissance. (Vous n'avez pas besoin de transformer l'anniversaire de votre enfant en bal costumé : loin de promouvoir la connexité, une célébration trop flamboyante produit l'effet contraire en suscitant l'envie, la compétition et le ressentiment.) En plus des anniversaires, célébrez des fêtes civiques. Organisez par exemple un barbecue pour la fête nationale, que vous pouvez faire précéder d'une visite au cimetière pour honorer vos parents disparus. Créez vos propres

traditions, comme aller manger une glace chaque semaine, ou réservez la soirée du vendredi aux jeux de société. Discutez entre vous des traditions que vous aimeriez perpétuer, puis célébrez-les tous les ans. Un rituel quotidien peut être très utile pour créer une atmosphère familiale intime : récitez des prières si vous êtes croyant, regardez une émission de télévision tous ensemble (oui, la télévision peut être une source de connexité !) ou inventez un jeu pour la voiture, comme reconnaître différentes plaques minéralogiques ;

- Faites la lecture à haute voix à vos enfants aussi longtemps qu'ils vous laisseront le faire. La lecture à haute voix est l'une des meilleures activités que vous puissiez proposer aux enfants, parce qu'elle favorise non seulement la connexité, mais aussi l'apprentissage de la lecture et le développement de l'imagination. Une étude récente a démontré que les deux activités les plus fortement corrélées à la réussite des examens d'admission à l'université sont le dîner en famille et la lecture à haute voix pendant l'enfance ;

- Touchez vos enfants, serrez-les dans vos bras, embrassez-les et faites-leur des câlins. Faites de la lutte, roulez-vous sur le plancher. Je conseille autant le contact physique que je déconseille la violence. La proximité physique est l'un des plus grands plaisirs de la vie familiale. Le toucher exprime l'amour d'une façon beaucoup plus directe et crédible que tous les mots. Quand vous dites «je t'aime» à vos enfants, cela finit par devenir un automatisme facile à ignorer. Mais qui peut ignorer un câlin ? En vieillissant, les enfants rejettent les câlins et les bisous. Que faire ? Continuez à les serrer dans vos bras et à les embrasser. Il ne faut évidemment pas les forcer indûment, mais on peut toujours trouver une forme de contact physique acceptable, même avec les adolescents les plus rétifs ;

- Philosophez. J'adore écouter les conseils des parents, même à mon âge. Je trouve cela rassurant. Même si vos enfants sont peu réceptifs, offrez-leur des conseils. C'est un art qui se perd. Les enfants en ont besoin. Je ne parle pas des tirades colériques auxquelles nous nous abandonnons tous de temps à autre, mais plutôt de la transmission de la sagesse populaire. Même si vos enfants lèvent les yeux au ciel et ont l'air de s'ennuyer, vos paroles finiront par laisser une empreinte plus profonde que vous ne le croyez. Vous souvenez-vous des réflexions de vos parents ? Je me rappelle celles des miens. De mon père : « Tu seras toujours heureux dans la vie si tu as un véritable ami. » Il le disait tout le temps. De ma mère : « Essaie de voir le bon côté des choses. » Des maximes toutes simples dont le contenu importe peu ;
- Parlez. Les études prouvent que le nombre de mots échangés en famille a décliné depuis l'avènement de la télévision et d'Internet. Trouvez des occasions de parler, en voiture ou dans la cuisine. Faites valoir vos opinions en tant que parents. À mesure que vos enfants vieilliront, vous devrez être prêt à mettre le temps et les efforts nécessaires pour faire valoir les points de vue auxquels vous croyez et à en discuter jusqu'au milieu de la nuit s'il le faut. Dans les familles déconnectées, on ne discute pas, parce que tout le monde s'en fiche. Les gens sont trop occupés à vaquer à leurs occupations pour consacrer des heures à essayer de superviser la conduite des autres. Pourtant, les parents doivent assumer leur rôle, et l'une de leurs principales tâches consiste à s'imposer et à faire respecter leurs décisions ;
- « Profitez de chaque jour qui passe : les enfants grandissent si vite ! » Combien de fois avez-vous entendu ce genre de réflexion ? C'est tout de même le meilleur conseil sur l'art d'être parent.

Par-dessus tout, soyez heureux avec vos enfants, et le reste viendra naturellement! Ne passez pas tout votre temps à les discipliner, à les contrôler, à vous en inquiéter, à les vêtir, à les nourrir, etc. Il est beaucoup plus important que vous ayez du plaisir avec eux, car il se produit alors de bonnes choses. N'en doutez pas. Lorsque vous avez du plaisir avec vos enfants, les forces de l'énergie positive irradient de votre personne et de vos enfants et finissent par vous envelopper. Une atmosphère magique s'installe autour de vous.

N'attendez pas de preuves scientifiques irréfutables avant d'y croire et d'agir en conséquence. Je sais que cela est vrai. *Vous* le savez aussi, et si cela ne vous suffit pas, sachez que de nombreuses personnes le savent aussi. La science ne l'a pas encore formellement démontré, mais nous savons que la physiologie des gens qui établissent des connexions change et que leur santé s'améliore. En fait, la science est sur le point de prouver l'existence de la force magique invisible dont je parle.

Or, c'est autour des enfants que cette force se manifeste le plus intensément. Quand vous vous amusez avec eux, vous puisez à sa source. Vous ajoutez votre propre énergie positive à leur magie et tirez des bienfaits de leur force toute spéciale; vous vous oubliez, vous oubliez votre âge, vos soucis, vos douleurs à la hanche et vos problèmes financiers; le patron que vous ne pouvez plus supporter disparaît comme par enchantement. Vous devenez entièrement imprégné d'énergie positive.

Saisissez l'occasion quand elle se présente. Tout comme notre enfance a passé dans un éclair, celle de nos enfants peut connaître le même sort si nous nous empêtrons dans nos responsabilités — lessive, devoirs, repas — sans trouver le moyen de jouir une deuxième fois des plaisirs de l'enfance en participant à celle de nos enfants.

Les amis, le quartier, la collectivité

Nous savons tous que l'amitié joue un grand rôle dans la vie, mais dans quelle mesure et de quelle façon? Le débat se poursuit. Pour la plupart des parents et des enseignants, il suffit d'être conscient de l'importance de l'amitié. Pour Robert Putnam, éminent sociologue de Harvard, les amis sont un «actif» dans la vie, un capital social au même titre que l'argent à la banque. Comme Putnam le décrit dans *Bowling Alone*, de nombreuses études démontrent que les amis sont non seulement un soutien émotionnel, mais aussi un gage de santé. Si vous êtes riche en amis, vos chances d'être heureux et en santé augmentent considérablement.

Le matérialisme est l'un des pièges dans lesquels les jeunes peuvent facilement tomber. Les enfants absorbent le message qui dit que la richesse est la «clé du bonheur», sans se rendre compte à quel point cette conviction s'ancre profondément en eux-mêmes. On trouve aujourd'hui de nombreux ouvrages visant à aider les enfants à devenir plus perspicaces sur le plan financier afin de s'enrichir. Ironiquement, si on apprend aux enfants à se faire des amis et à les garder, l'argent leur viendra par surcroît. Il ne faut pas minimiser l'importance de l'argent, mais, comme les résultats scolaires, nous l'avons trop souvent présenté aux enfants de la jeune génération comme une fin en soi. Or, les bonnes notes et l'argent doivent être perçus comme les fruits d'une vie bien vécue et non comme ses buts.

J'ai donné une conférence à des élèves de la dernière année du secondaire dans la banlieue new-yorkaise. Je leur ai parlé de l'importance de vivre une vie «connectée» et de la valeur des amis intimes. Un élève a levé la main, s'est levé et a déclaré: «Mon but est d'avoir trente millions de dollars avant l'âge de trente ans. Après, j'aurai tous les amis que je voudrai.» Les autres ont ri. «Penses-tu vraiment ce que tu viens de dire?» lui ai-je demandé.

Ce garçon avait l'air d'un gros ourson : il arborait un large sourire, faisait un peu d'embonpoint, portait un tee-shirt coloré et semblait très populaire. Par la suite, j'ai appris qu'il avait beaucoup d'amis et qu'il était un leader. Il énonçait tout simplement les valeurs de beaucoup de jeunes : la voie du bonheur est pavée d'argent, un point c'est tout.

« Oui, je le pense vraiment, a-t-il répondu.

— Alors, que vas-tu faire avec tes trente millions ?

— Perdre mon temps », a-t-il répondu, déclenchant l'hilarité générale.

Nous avons tous caressé un jour ou l'autre, à l'école, à l'université ou dans quelque emploi détesté, le rêve de gagner des millions pour nous permettre de ne plus travailler. Cependant, quand le but d'une personne est de « faire de l'argent » ou quand trop de gens ne rêvent que d'être « riches », on peut dire qu'il y a un problème. Rêver de gagner beaucoup d'argent pour paresser à sa guise peut faire rire, mais c'est en réalité le but d'une personne déconnectée. Ne rien faire de sa vie n'apporte pas le bonheur.

Il est important que les parents initient leurs enfants à des plaisirs autres que la perte de temps, à des buts autres que les bonnes notes et l'argent, et à des rêves autres que l'oisiveté. L'alternative que je propose est une vie connectée où l'accent est mis sur le capital social plutôt que sur le capital financier et les résultats scolaires.

Lorsque les enfants grandissent et commencent à fréquenter l'école, leur capital social — leurs amis — peut être la principale influence dans leur vie. Dans son ouvrage *The Nurture Assumption*, Judith Rich Harris a démontré l'influence majeure qu'exercent sur les enfants les gens — surtout leurs congénères — qu'ils rencontrent hors du cercle familial.

Laissez vos enfants vous apprendre l'importance de l'amitié. Il est crucial que nous, adultes, soyons intimes avec nos amis. Beaucoup d'adultes perdent leurs amis de vue lorsqu'ils deviennent parents. Ne commettez pas cette erreur et continuez à fréquenter vos amis adultes. Vous n'en avez pas moins besoin que vos enfants.

Il y a de multiples façons d'aider les enfants à tisser des liens avec leurs amis, leur quartier et leur collectivité. Voici quelques suggestions :

- Parlez à vos enfants de l'importance de l'amitié et faites-en la démonstration dans votre propre vie en restant en contact avec vos amis. Les parents font toutes sortes de discours sur l'importance de la réussite, mais ils négligent de le faire — et de donner l'exemple — quand il s'agit de l'amitié ;
- Parlez des principes de l'amitié comme vous parleriez des mathématiques ou de tout autre sujet qu'il faut apprendre. En voici cinq qui sont, à mon avis, très importants (vous pouvez en ajouter de votre cru) :
  1. Être loyal envers ses amis. Ne jamais annuler un rendez-vous avec un ami parce qu'une activité plus intéressante se présente ;
  2. Ne jamais intimider, provoquer ou embarrasser une autre personne ;
  3. Essayer d'inclure les enfants qui sont exclus ;
  4. Traiter les autres comme on aimerait être traité ;
  5. Ne pas oublier que des sentiments négatifs — jalousie, colère, ressentiment — peuvent surgir dans toute amitié. Essayer d'en parler et de pardonner.

Si l'on enseignait ces principes aux enfants avec la même rigueur que les mathématiques, la vie dans les écoles changerait !

- Racontez à vos enfants des histoires sur vos propres amis adultes. Demandez-leur de parler de leurs histoires avec leurs amis. Essayez d'en apprendre un peu plus sur les personnes qu'ils fréquentent ;
- Insistez pour connaître les parents des amis de vos enfants. Ils peuvent vous fournir des informations importantes lorsque les enfants restent muets ;

- Essayez de connaître un de vos voisins assez bien pour pouvoir lui emprunter une tasse de sucre ou lui demander de ramasser votre courrier lorsque vous vous absentez. Bien que la plupart des quartiers ne soient plus aussi conviviaux qu'avant, il ne faut pas laisser le tissu social se détériorer complètement. En faisant un effort, vous pouvez vous lier d'amitié avec au moins une personne du voisinage ;

- Élaborez des stratégies pour vivre ce que j'appelle la «nouvelle vie de quartier». Les vieux quartiers où les voisins regardaient par la fenêtre ou par-dessus la clôture pour surveiller tous les enfants du coin ont disparu dans plusieurs régions, mais vous pouvez les remplacer par un nouveau genre de quartier composé des enfants et des parents que vous connaissez à l'école, à la garderie, dans un club sportif ou encore au travail. Vous pouvez inclure dans votre nouveau quartier des gens d'autres villes avec lesquels vous restez en contact grâce au téléphone, au courrier électronique ou à l'automobile. Jusqu'à ce que vos enfants sachent conduire, vous devrez les conduire dans leur nouveau quartier. Cette situation cause parfois des embêtements, mais elle est préférable à l'absence de contacts sociaux et à la télévision tout l'après-midi.

Voici quelques trucs qui vous aideront à vivre dans un nouveau quartier de ce genre :

- Sachez dire non. Vous ne pouvez pas conduire vos enfants partout et n'importe où ;

- Trouvez d'autres parents et d'autres enfants en qui vous avez *vraiment* confiance et traitez-les comme s'ils faisaient partie de votre famille étendue ;

- Envisagez de nouvelles formes de regroupement. Dans une banlieue de Boston, une mère a fondé un club du livre pour les enfants. Ils s'installent dans une pièce avec une collation et des livres, tandis que les mères — et quelques pères — conversent dans une pièce voisine. Habituellement, les deux groupes finissent par se réunir;

- L'école peut aussi jouer un rôle. Un enseignant que je connais se rend beaucoup plus disponible pour ses élèves de création littéraire en les encourageant à communiquer avec lui et à communiquer entre eux par courrier électronique;

- Dans une autre école, une enseignante a fondé un programme de «jumelage» pour aider ses élèves à faire connaissance et à se parler. Elle a mis ce programme sur pied pour contrer l'horaire trop chargé de ses élèves, qui n'avaient jamais le temps de s'arrêter pour discuter. Lorsqu'elle a proposé d'utiliser une salle de classe pour que les élèves puissent se rencontrer, elle n'imaginait pas qu'ils seraient si nombreux. Elle a dû changer de local aussitôt! Le succès de ce programme n'est qu'un signe de plus du désir des enfants de communiquer entre eux, sans activité ni cadre préétabli;

- Utilisez tous les moyens de communication modernes qui vous permettent de cultiver des amitiés. Voyez la technologie comme une alliée de plus dans votre nouveau quartier. Par exemple, un serveur peut fournir à un groupe d'amies des mises à jour quotidiennes sur des projets, des nouvelles et des potins;

- Limitez le temps que vos enfants peuvent passer à utiliser des appareils électroniques (télévision, jeux vidéo, ordinateur, courriel, téléphone). Si les moyens de communication dont nous disposons aujourd'hui peuvent nous aider à tisser et à entretenir des amitiés dans notre nouveau quartier, ils peuvent aussi nous conduire à un mode de vie virtuel bizarre et sédentaire si nous en faisons un usage abusif. Pour rester en santé, nous avons besoin de véritables contacts humains;

- Aidez vos enfants à faire la distinction entre l'amitié et la popularité et encouragez-les à privilégier la loyauté plutôt que la popularité;

- Ne protégez pas trop vos enfants socialement, mais ne soyez pas passif pour autant. Par exemple, si votre enfant se fait importuner à l'école, vous devez consulter son enseignante pour remédier à ce problème ;
- Si votre enfant a un problème social, cherchez de l'aide. Il existe d'excellents ouvrages sur les amitiés enfantines et leurs problèmes – les cliques, les gestes d'intimidation et les comportements cruels. L'un de mes préférés est un livre récent que Michael Thompson a écrit en collaboration et qui s'intitule *Best Friends, Worst Enemies*. Si votre enfant a du mal à se faire des amis, ce livre constitue une excellente ressource ;
- Vous pouvez aussi obtenir de l'aide auprès des enseignants, des médecins et des psychologues. On doit poser un diagnostic avant de régler des problèmes scolaires et sociaux.

Voici les problèmes les plus fréquents que l'on peut maintenant traiter :

- *La dépression.* Oui, les enfants aussi souffrent de dépression. En fait, vingt pour cent des enfants souffrent d'un épisode dépressif majeur pendant leur croissance. S'ils sont traités, leur dépression dure moins longtemps et ils s'évitent une bonne part des dommages que cette maladie peut causer ;
- *Les difficultés d'apprentissage et le déficit de la capacité d'attention (DCA).* Je souffre moi-même de ces troubles. Contrairement à la croyance populaire, ils ne sont pas le signe d'un manque d'intelligence. En fait, la plupart des enfants qui ont des difficultés d'apprentissage et un déficit de la capacité d'attention sont souvent talentueux. Il s'agit pour eux de découvrir leurs talents et de les mettre en valeur. Beaucoup de ces enfants ont aussi des problèmes d'adaptation sociale ;
- *Les troubles anxieux.* Diverses affections – comme le trouble obsessionnel compulsif, l'angoisse sociale et le trouble d'anxiété

généralisée – peuvent isoler un enfant et le rendre malheureux. Ces affections répondent bien aux médicaments et à la psycho-thérapie;

- *La timidité maladive.* Il s'agit d'un trouble anxieux souvent héré-ditaire. Les enfants timides ont besoin d'encadrement et d'aide, non pas pour les guérir, mais pour leur apprendre à être heu-reux et à se sentir bien dans leur peau;

- *Le trouble oppositionnel avec provocation et le trouble de com-portement.* Ces affections se manifestent par des comportements perturbateurs et par le refus de se plier aux règles. Le traitement est difficile, mais beaucoup plus efficace que les punitions, le régime habituel auquel les enfants sont soumis.

Les corvées, le travail, le devoir de faire sa part

Je vous entends presque dire: «Allez-y! Essayez de m'aider à connec-ter mes enfants aux corvées domestiques. Je dois vous dire que les corvées, le travail et le devoir de faire sa part ne figurent pas à leur palmarès.»

Permettez-moi de vous dire qu'ils ne figurent pas non plus au pal-marès de mes enfants, ni au mien d'ailleurs, n'étant moi-même pas très entiché de l'idée de sortir les ordures, de faire la vaisselle, d'aller chez le teinturier ou de passer chez le garagiste avant de récolter une contravention.

Rassurez-vous: je ne vous recommanderai pas d'afficher au mur le tableau des corvées de chacun ni d'inviter un spécialiste de la moti-vation pour qu'il allume la flamme de la responsabilité sociale dans le cœur de vos enfants.

J'énoncerai simplement le fait que les corvées et autres respon-sabilités représentent une partie importante de l'éducation que nous ne devons pas négliger. Des études — spécialement celles de George Vaillant — démontrent que les enfants qui ont des corvées à la maison et qui occupent quelques heures par semaine un emploi rémunéré développent une attitude optimiste et dynamique, qu'Erik Erikson appelait « application ». Si nous ne développons pas cette attitude, nous sommes portés à hésiter, non par paresse, mais en raison d'un sentiment d'infériorité.

Croyez-le ou non, mais l'un des meilleurs moyens d'aider un enfant à se sentir adroit plutôt qu'inférieur consiste à exiger qu'il s'acquitte de certaines tâches.

Le travail a quelque chose de magique. Quand on travaille, on se sent bien. Même si on déteste la tâche elle-même, comme laver la vaisselle dans mon cas, une fois qu'elle est terminée, on se sent mieux qu'avant de l'avoir faite.

Vous pensez peut-être que je suis un puritain fini, mais ce n'est pas le cas. Au contraire, mes amis vous diront que je suis plutôt porté à l'hédonisme. Je connais toutefois la valeur formatrice du travail. C'est pour l'âme l'un des meilleurs toniques que nous connaissions.

Avec un enfant, vous devez définir clairement la tâche à accomplir et vous assurer qu'il a la capacité de la faire, puis le tenir responsable de son exécution. Si vous ne le faites pas, votre enfant risque de devenir l'un des pires désastres que les parents peuvent affronter : l'enfant roi. Les enfants rois font des adultes désagréables.

Heureusement, vous pouvez empêcher vos enfants de devenir des petits rois en leur disant : « Faites vos corvées ! Travaillez ! Vous avez le devoir de faire votre part ! »

Mais vous vous demandez peut-être comment faire pour atteindre ce noble but.

Eh bien, vous auriez pu vous joindre à notre repas en famille il y a quelques jours. J'estimais que mes enfants ne faisaient pas leurs corvées convenablement et ne s'acquittaient pas de leur devoir de faire leur part. Je me suis donc emporté et j'ai mis le poing sur la table (pas trop fort…) en me lançant dans une longue tirade. Je leur ai parlé de tout le travail que nous faisions, Sue et moi, et je leur ai dit que nous avions besoin d'un peu de coopération de leur part; qu'il était injuste qu'ils nous traitent comme leurs serviteurs; que nous avions tort de ne pas exiger ce que le monde exigera d'eux tôt ou tard; qu'ils seraient mieux d'apprendre au plus vite à faire correctement leurs corvées s'ils voulaient recevoir leur argent de poche; et qu'ils devraient s'en acquitter même s'ils ne recevaient pas d'argent de poche, simplement parce que tous les membres d'une famille doivent s'épauler. J'ai terminé mon sermon en disant que je n'aime pas me mettre en colère, mais que c'est mon devoir de père d'établir des règles, et j'ai ajouté qu'ils étaient mieux de s'y mettre, «sinon vous en subirez les conséquences».

Je leur fais ce sermon trois fois par année. Il a une certaine utilité. La dernière fois, Lucy s'est mise à pleurer, ce qui m'a fait mal, mais je savais que Sue m'étranglerait si je cédais. Tucker arborait une mine si déconfite que je suis presque revenu sur mes paroles, mais je ne l'ai pas fait.

Et Jack? Jack a le sens de l'humour et m'a vraiment écouté. À la fin de mon sermon, j'ai déclaré que je m'attendais à ce qu'ils se lèvent le matin sans que j'aie à les appeler dix fois. «Qu'est-ce que vous penseriez si je restais au lit toute la journée et que je n'allais jamais travailler?» C'est là que Jack, une étincelle dans les yeux, a saisi sa chance: «J'en serais très content parce que tu serais plus souvent à la maison.»

Je n'ai pas pu m'empêcher de sourire, ce qui a mis fin à mon sermon. Mais je ne me suis pas contredit et les corvées ont été mieux exécutées. Pas parfaitement, mais mieux.

Sans aller jusqu'aux tableaux et aux thérapeutes, je crois que la meilleure méthode consiste à confier des corvées aux enfants et à veiller à ce qu'ils les fassent. Faire des corvées et trouver, plus tard, un emploi rémunéré peuvent être des choses aussi précieuses qu'une bonne alimentation ou que l'apprentissage des mathématiques.

Cependant, n'insistez pas trop sur l'éthique du travail. Des études révèlent que les avantages que tirent les adolescents d'un emploi rémunéré hors de chez eux disparaissent s'ils travaillent plus de vingt heures par semaine. De trop nombreuses heures de travail entraînent des risques sur les plans social, scolaire et émotionnel.

Convaincre les enfants de faire des corvées et de s'acquitter de leurs responsabilités est l'une des tâches les plus difficiles et les plus importantes des parents. Voici quelques suggestions susceptibles de vous aider :

- Expliquez à vos enfants la raison pour laquelle chacun doit travailler dans la maison, et pourquoi il est important que tous contribuent au bien-être familial. Vous pouvez donner des exemples négatifs qui montrent à quel point les enfants rois, gâtés et oisifs, peuvent être désagréables. Dans notre famille, nous prenons l'exemple de Veruca Salt, héroïne du film *Willy Wonka and the Chocolate Factory* (tiré du roman de Roald Dahl, *Charlie and the Chocolate Factory*). Veruca est une petite fille insupportable dont le père est très riche et très capricieux. Tous mes enfants ont vu ce film et détestent la vilaine Veruca. Quand l'un d'eux se conduit en égoïste, nous lui demandons : « Te prends-tu pour Veruca Salt ? » Cette question réussit habituellement (mais pas toujours, rien ne marche *toujours*) à lui faire honte et à le rendre moins égoïste ;

- Essayez d'avoir avec vos enfants une discussion sur la répartition des tâches ménagères. Il est toujours plus facile de faire appliquer une entente qu'un décret. Choisissez des corvées raisonnables adaptées aux capacités de chacun. Par exemple, Tucker n'arrive pas à dresser la table tout seul. C'est donc Lucy qui s'en occupe, mais il peut rincer son assiette et nourrir le chien ;

- Si vous décidez de donner de l'argent de poche à vos enfants (à mon avis une bonne idée, car les enfants peuvent ainsi apprendre « la valeur de l'argent », un vieux message de nos parents qui résonne encore à nos oreilles), ne leur donnez pas à titre de récompense pour avoir fait leurs corvées. Les enfants doivent faire leur part, qu'ils reçoivent ou non de l'argent de poche ;
- Voyez le travail comme une occasion pour vos enfants d'acqué-rir des compétences et d'améliorer leur estime d'eux-mêmes. Lorsque j'ai visité le ranch Big Oak, en Alabama, un refuge où on fait des miracles pour les enfants abandonnés, j'ai eu pour guide le fondateur et directeur du centre, John Croyle, qui m'a raconté l'histoire de cette miraculeuse institution. « Dans l'an-cien temps, on aurait considéré notre institution comme un orphelinat. Nous acceptons pratiquement tout le monde, des enfants qui ont été battus, abandonnés sur le bord du chemin, ou qu'on a agressés sexuellement. Nous leur donnons un foyer chaleureux et nous les élevons jusqu'à ce qu'ils soient prêts à entrer à l'université. Voilà ce que nous faisons ici, et nous le faisons bien. » John mesure au moins deux mètres et a joué au football, en Alabama, sous la direction de Bear Bryant. Au lieu de devenir joueur professionnel, il a fondé le ranch Big Oak. Il y a au cœur de sa philosophie la conviction qu'il faut aider les enfants à devenir responsables et à développer leur estime de soi par l'accomplissement d'un travail utile. Lorsque nous sommes passés devant un tracteur conduit par un jeune garçon dont la tête dépassait à peine du volant, John m'a dit : « Vous voyez ce garçon ? Il conduit un tracteur de quarante mille dollars. Il a dû faire beaucoup d'efforts pour obtenir la permission de le conduire, mais cela a été pour lui la meilleure des thérapies. » Le travail a une valeur thérapeutique, à tout âge ;

- Lorsqu'un enfant est assez vieux, un emploi rémunéré hors de la maison peut être une excellente idée. Vous pouvez préparer vos enfants en leur proposant de petits travaux rémunérés à la maison;

- Essayez d'adopter vous-même envers le travail une attitude que vous aimeriez voir vos enfants imiter;

- Ne leur cachez pas que certaines corvées sont plus désagréables et exigeantes que d'autres, mais qu'elles doivent quand même être faites. Nous, pauvres humains, sommes encore parfois des bêtes de somme. Une leçon que nous devons tous apprendre dans la vie, et le plus tôt possible;

- Si votre enfant travaille pour une personne difficile à satisfaire, expliquez-lui que cela peut être pour lui une occasion d'apprendre. Dites-lui qu'il y aura toujours dans la vie des enseignants antipathiques ou des patrons difficiles. Profitez de l'occasion pour lui témoigner de la sympathie et essayer de trouver avec lui une façon de s'en accommoder. N'encouragez surtout pas votre enfant à baisser les bras : vous risqueriez ainsi de créer un mauvais précédent;

- Emmenez votre enfant à la banque et aidez-le à franchir toutes les étapes nécessaires pour ouvrir un compte. Aidez-le ensuite à lire ses relevés;

- Vous pensez peut-être qu'utiliser des mots comme *responsabilité* et *contribution* est un peu «vieux jeu», mais ce sont des mots importants que vos enfants doivent entendre dans le contexte des corvées et du travail. Ils rouleront les yeux au ciel quand ils vous entendront, mais ils les retiendront et leur travail aura plus de sens s'ils peuvent le relier à des mots comme *responsabilité* et *contribution*. N'hésitez pas et prenez le risque d'avoir l'air un peu *vieux jeu* !

Activités et sports

Cette section est beaucoup plus facile que la précédente!

La plupart des enfants ont naturellement envie de s'adonner à un sport, à une activité ou à un passe-temps. Malheureusement, de nombreuses écoles retranchent des heures d'activités parascolaires pour ajouter des heures de classe, de sorte que ce sont les parents qui doivent combler cette lacune.

Permettez-moi de vous faire quelques suggestions sur la connexité et toutes ces activités:

- N'oubliez pas que votre enfant doit avoir pour but d'établir une connexion avec ces activités et non de devenir un champion. Je n'ai jamais été très doué pour les sports quand j'étais enfant, mais je prends maintenant beaucoup de plaisir à jouer au squash. Je joue une ou deux fois par semaine depuis des dizaines d'années, même si je ne suis pas un joueur fantastique. Je joue avec des gens du même calibre que moi, de sorte que nous ne nous améliorons pas beaucoup. Je suis quand même un fervent du squash, qui est pour moi un excellent moyen de faire de l'exercice et une merveilleuse façon de rester en contact avec certains amis. Je suis heureux d'avoir été initié au squash à l'école secondaire, non pas comme à un sport de compétition, mais comme à un jeu. Trente-cinq ans plus tard, le squash est resté un jeu pour moi, un jeu que j'aime et qui est bon pour ma santé, mon moral et mes amitiés;

- Il peut être bon de pousser un peu votre enfant à s'adonner à un sport ou à quelque autre activité. Les enfants ont souvent peur d'essayer un nouveau sport ou une nouvelle activité parce qu'ils craignent d'avoir l'air ridicule et d'être maladroits. Ils ont besoin que leurs parents les prennent par la main et les aident à se lancer et à oublier leurs peurs. Je connais beaucoup d'adultes qui regrettent que leurs parents ne les aient pas poussés davantage à apprendre à jouer au tennis, à étudier le piano ou à faire d'autres choses qui sont plus faciles à maîtriser quand on est jeune ;

• Laissez vos enfants réaliser leurs propres rêves au lieu de leur imposer les vôtres. Par exemple, mon épouse Sue aurait aimé que Lucy étudie le ballet, mais elle a accepté qu'elle fasse de la gymnastique, une activité qui attirait davantage notre fille. Lucy a fait de la gymnastique pendant plusieurs années et elle a adoré son expérience. Elle y a renoncé lorsqu'elle a eu le sentiment qu'elle devait y consacrer trop de temps, sage décision qu'elle a prise elle-même ;

• Ne devenez pas un parent déchaîné, fanatique et compétitif. Vous ne liriez sans doute pas cet ouvrage si vous l'étiez, mais je ne peux passer sous silence tout le mal que ces parents font à leurs enfants. Vous avez sans doute entendu parler des gymnastes ou des patineurs qui finissent par se suicider sous la pression, ou des ballerines si obsédées par leur poids qu'elles souffrent de troubles de l'alimentation. (Pour des renseignements à ce sujet, je vous renvoie à l'excellent ouvrage de Joan Ryan intitulé *Little Girls in Pretty Boxes: The Making and Breaking of Elite Gymnasts and Figure Skaters.*) Malheureusement, l'adolescence de nombreux enfants est ruinée par les pressions indues qui sont exercées sur eux pour qu'ils excellent tant dans les matières scolaires que dans les sports. On croit que cela les aidera à être admis dans une école ou une université prestigieuse ;

• Chaque enfant a un corps et un esprit distincts. Par conséquent, lorsque vous proposez des activités sportives à votre enfant, encouragez-le à se servir de son corps tel qu'il est au lieu de le forcer à développer un corps qu'il n'a pas. L'important consiste à lui apprendre à prendre plaisir aux sports ou aux jeux ;

- Méfiez-vous des dommages à l'estime de soi-même que peuvent causer les mauvaises expériences sportives, plus particulièrement chez les garçons. Les sports peuvent contribuer à la confiance en soi et à la valorisation d'un enfant, mais ils peuvent détruire son estime de lui-même. Être humilié sur le terrain peut être aussi dévastateur que l'être en classe. Bon nombre d'enfants qui ont d'excellents résultats scolaires perdent toute confiance en eux lorsqu'ils se retrouvent dans la cour de récréation. Par conséquent, la clé – en classe et sur le terrain de jeu – consiste à encourager d'abord et avant tout la connexité, car la compétence suit ensuite en fonction des talents de l'enfant. Si vous inculquez à un enfant un état d'esprit négatif, il se sentira mal dans sa peau et fera moins d'efforts que s'il avait confiance en lui. Je ne comprends pas pourquoi tant d'entraîneurs et d'enseignants refusent de se rendre à cette évidence! Tout apprentissage est plus efficace sans la contrainte de la peur;

- Faites connaître à votre enfant un grand nombre de sports et d'activités. Plus vous lui ferez connaître de choses, meilleures seront ses chances de trouver une activité qui le passionnera toute sa vie. Même si vous n'êtes pas amateur d'opéra, emmenez votre enfant à l'opéra au moins une fois si l'occasion se présente. J'avoue que je n'ai emmené *aucun* de mes enfants à l'opéra, mais je me propose de le faire un de ces jours, de préférence avant qu'ils finissent l'école secondaire;

- Proposez à vos enfants d'adopter vos propres passe-temps, sans toutefois insister. Mon père m'a appris la menuiserie, une activité que nous aimions tous les deux. Ne vous en faites pas si vous ne vous adonnez à aucune activité en particulier et prenez simplement soin de partager votre enthousiasme avec vos enfants;

- Quoi qu'ils fassent, apprenez à vos enfants qu'ils n'ont pas besoin d'être des champions pour s'amuser. Je suis un jardinier médiocre, mais j'adore mon petit lopin négligé. Au cours des dernières années, mes enfants m'ont aidé à le labourer et à y planter des fleurs et des légumes qu'ils ont ensuite regardés pousser entre les mauvaises herbes avec la plus grande curiosité ;
- Si vous le pouvez, offrez des leçons de musique à tous vos enfants. Certaines écoles offrent parfois des cours de base et peuvent ensuite vous recommander un bon professeur. La musique est une excellente activité pour les enfants, car elle forme leur esprit et leur fait prendre l'habitude de pratiquer, ce qui leur permet d'acquérir une compétence particulière qui devient pour eux un plaisir à vie. Ils n'ont pas besoin d'être de petits prodiges pour profiter des bienfaits de la musique et il ne faut surtout pas les pousser à devenir des vedettes. Le simple apprentissage des rudiments de la musique peut devenir une source de joie pour toute leur vie.

Le sens du passé

En aidant vos enfants à établir des liens avec le passé, vous les aidez à comprendre d'où ils viennent et où ils vont.

Par exemple, le père de mon père était professeur. Grâce à la découverte du lithium, mon père, atteint de trouble bipolaire, a pu sortir de l'hôpital psychiatrique où il croupissait depuis des années. Il a passé le reste de sa vie à enseigner dans une école primaire du New Hampshire qui accueillait des enfants souffrant de troubles d'apprentissage. Mon père est décédé, mais je suis devenu pédopsychiatre spécialisé dans les troubles d'apprentissage. Comme l'enseignement et la maladie mentale ont occupé une grande place dans le passé de ma famille, je me sens investi d'une mission dans mon travail.

Mon père est décédé avant la naissance de mes enfants. Je leur raconte des histoires à son sujet, surtout sur ses talents d'enseignant et de marin (à Cape Cod, il a gagné toutes sortes de trophées quand il était enfant). Lorsque mes enfants seront plus grands, je leur parlerai aussi des problèmes de santé mentale de mon père, ainsi que d'autres détails sur sa carrière d'enseignant.

Je ne sais pas quelle sera l'influence sur mes enfants de cette connexion avec le passé, avec un homme qu'ils n'ont pas connu. Quand j'étais jeune, je n'étais pas conscient que la vie de mon père aurait une aussi forte influence sur mon choix de carrière. Je ne suis pas consciemment devenu psychiatre dans le but d'aider des familles à échapper aux problèmes que j'avais connus en raison de la maladie de mon père, et je ne me suis pas spécialisé dans le traitement des enfants souffrant de troubles d'apprentissage pour suivre les traces de mon père. Pourtant, quand on examine ce que j'ai fait, on ne peut s'empêcher d'y voir un parallèle étonnant.

Ma connexion avec le passé – spécialement avec mon père – a donné beaucoup plus de sens à mon travail. On peut dire que ma mission est d'aider les gens comme mon père et comme ceux qu'il a lui-même aidés. En cultivant chez vos enfants les semences de la connexion avec le passé, vous ne pouvez prévoir ce qui en résultera, mais vous élargirez le champ des influences qui façonneront leur vie et lui donneront un sens, ce qui réduira les risques qu'ils se sentent seuls et isolés à l'âge adulte.

Bruce Stewart, un enseignant dont j'ai déjà parlé, aime citer le vieux dicton suivant : « Nous sommes réchauffés par des feux que nous n'avons pas allumés. » Une connexion avec le passé fait connaître aux enfants les gens qui ont allumé ces feux.

Voici quelques suggestions pour aider vos enfants à développer un sentiment de connexion avec le passé :

- Racontez-leur des histoires vraies — c'est ce qu'il y a de mieux —, des histoires sur votre enfance et sur diverses époques de votre vie qu'ils ignorent. Parlez-leur du monde avant Internet, le téléphone cellulaire et le disque compact. Si vous avez encore de vieux disques en vinyle, montrez-leur ces reliques du passé. Vous connaissez sans doute des dizaines d'histoires sur lesquelles vos enfants peuvent bâtir un sentiment vivant de connexion avec le passé;

- Demandez à leurs grands-parents de faire leur part. L'histoire orale de la famille est la plus fascinante que les enfants puissent apprendre;

- Racontez-leur d'autres d'histoires, par exemple en voiture, en passant par les parcs que vous fréquentiez ou les villes que vous avez visitées durant votre jeunesse. Je me souviens que mon père me parlait du square Scollay à Boston. Bien que cette partie de la ville soit devenue méconnaissable, je garde toujours un sens de connexion avec le vieux square Scollay venu des histoires de mon père;

- Mettez-les en contact avec des personnes âgées. Pour les enfants, l'une des meilleures façons d'apprendre des choses au sujet du passé consiste à écouter les personnes âgées. Évitez-leur de s'ennuyer en compagnie de leurs aînés en leur disant qu'ils pourront entendre des histoires très intéressantes s'ils posent des questions comme : «Comment c'était quand vous aviez mon âge?»;

- Faites de la lecture à haute voix. Il existe de merveilleux livres pour enfants qui racontent l'histoire de l'Amérique ou du monde. Ces livres, qui peuvent aussi intéresser les adultes, sont d'excellents ouvrages à lire à haute voix. Quand j'étais enfant, j'ai appris à aimer l'histoire grâce au classique d'Esther Forbes : *Johnny Tremain*;

- Perpétuez les traditions familiales et expliquez-en la signification. Par exemple, l'Action de grâce. Pourquoi nous réunissons-
  nous pour un repas en famille? Pourquoi nous donnons-nous
  tant de mal? Quelle en est la signification? Pourquoi rendre
  grâce? Est-ce hypocrite de rendre grâce une journée par année
  et oublier de le faire le reste de l'année? Et si vous n'avez pas
  de raison de rendre grâce, que faites-vous ce jour-là? Ce genre
  de questions peut mener la discussion sur des pistes très intéressantes;

- Ayez des photos de membres de la famille ou d'amis décédés,
  ainsi que des photos des endroits où ils vivaient. Assurez-vous
  que vos enfants savent qui sont ces personnes et quels sont
  leurs liens avec elles. Racontez-leur les choses que vous
  connaissez sur leur vie et examinez les détails sur les photos,
  comme les voitures anciennes et la mode de l'époque;

- Gardez un album ou une boîte spéciale pour chacun de vos
  enfants. Plus tard, quand ils regarderont leurs dessins de la
  maternelle, qu'ils reliront une composition écrite en cinquième
  année ou qu'ils retrouveront la photo avec le sourire édenté
  qu'ils vous avaient demandé de détruire, ils en riront de bon
  cœur et seront émus;

- Allez vous recueillir dans un cimetière. Vous trouvez peut-être
  cette suggestion macabre, mais de nombreux cimetières sont
  de très beaux endroits pour faire une promenade. De plus, une
  telle visite vous donnera l'occasion d'aborder le sujet de la mort
  et de ses nombreux mystères. Chacun a son point de vue, naturellement, mais il vaut la peine d'y exposer les enfants dans un
  contexte détendu;

- Donnez-leur l'exemple en vous intéressant au passé. Abordez
  de nouveaux problèmes en disant: «Voyons comment d'autres
  ont fait avant nous.» Dites-leur qu'il est utile d'avoir une vaste

culture en histoire ; expliquez-leur que le passé, à l'instar de l'avenir dont ils sont si curieux, recèle une multitude de secrets qu'il est possible de découvrir. Enfin, lorsqu'ils seront assez vieux pour le comprendre, parlez-leur du fameux dicton de George Santayana : «Ceux qui oublient le passé sont condamnés à le répéter.» Enseignez-leur que ce dicton s'applique à la politique, mais aussi à leur propre vie scolaire, sociale, amoureuse, etc.

Les arts

Lorsqu'ils réfléchissent aux ingrédients d'une enfance connectée, tous les parents ne pensent pas immédiatement à la connexion avec les arts. Pourtant, les enfants sont des connaisseurs naturels en matière de beauté – même s'ils n'apprécient pas tous les musées.

Les parents et les enseignants peuvent faire une grande différence dans ce domaine. Les activités artistiques et culturelles auxquelles vous exposez vos enfants et la façon dont vous le faites peuvent susciter chez eux un intérêt durable ou un total désintérêt.

Voici des trucs pratiques pour aider votre enfant à développer une connexion positive avec le monde des arts :
- Laissez-vous guider par votre enfant. Presque tous les enfants aiment peindre, écouter des histoires, chanter ou bricoler. C'est le début de leur rapport à la beauté ;
- Faites-leur la lecture à haute voix. La meilleure façon d'encourager les enfants à développer un amour pour la littérature est de leur faire la lecture à haute voix lorsqu'ils sont jeunes ;
- Ayez des livres dans la maison et dans la chambre des enfants. Apprenez-leur à utiliser un dictionnaire ; parlez-leur des mots, de leur signification et de l'évolution de la langue. Apprenez à vos enfants à être fiers de leur langue maternelle et à la chérir

comme un trésor. Parlez-leur de la richesse de la langue, attirez leur attention sur la prononciation, l'étymologie, la poésie, etc. ;

- Ayez un instrument de musique à la maison. Vous pouvez louer un piano ou un violon à peu de frais si votre enfant désire prendre des leçons. Si cela vous est impossible, gardez au moins une guitare jouet, un clavier à piles ou un instrument de percussion, un tambourin, des castagnettes, des cymbales ou des clochettes ;

- Allez au concert. Si vous vivez près d'une ville qui a un orchestre symphonique, emmenez votre famille au concert. Si cela vous est impossible, assistez aux concerts que donne la fanfare locale dans les parcs durant l'été. À Cape Cod, il y a encore une fanfare qui donne des spectacles tous les vendredis soir, comme elle le faisait pendant mon enfance au cours des années 1950. Je dansais autour du pavillon d'orchestre quand j'avais quatre ans ; d'autres enfants le font encore aujourd'hui ;

- Dansez. Je sais que vous ne pouvez pas passer votre temps à danser dans la cuisine, mais vous pouvez danser dans le salon de temps à autre, n'est-ce pas ? Laissez-vous aller. Voilà ce qu'est la danse ; l'éducation physique à son meilleur ;

- Dessinez. Peignez. Les enfants adorent ces activités. Vous pouvez même les initier à la sculpture avec de la pâte à modeler ou leur faire découvrir la cuisine en confectionnant un gâteau ;

- Laissez vos enfants prendre des photos. Vous pouvez initier un enfant à la beauté de la photographie en en faisant un photographe dès son plus jeune âge. À l'ère du numérique, la photographie devient un art aux facettes multiples. Vos enfants pourront bientôt vous en apprendre dans ce domaine ;

- Parlez à vos enfants des arts comme si vous parliez d'une partie de baseball ou de la confection d'un gâteau. N'en faites pas une chose intimidante. Nombreux sont les gens qui grandissent en s'imaginant que les arts sont pour les riches, ce qui n'est pas le cas. Les arts s'adressent à tous. Lorsque vous regardez un tableau avec vos enfants, demandez-leur ce qu'ils voient. Apprenez-leur à regarder. Faites-en un jeu et demandez-leur combien il y a de couleurs, de formes ou de visages. Lorsqu'ils seront plus grands, vous pourrez les emmener admirer les chefs-d'œuvre des grands maîtres dans les musées ou dans les jardins de sculptures. Évitez cependant d'utiliser le mot *chef-d'œuvre,* sinon vos enfants risquent de perdre leur candeur naturelle. Il est préférable que votre enfant puisse dire de *Mona Lisa* qu'elle est laide si c'est ce qu'il pense !

La nature

Pour peu qu'on leur en donne la chance, la plupart des enfants établissent une connexion avec la nature. En fait, c'est durant l'enfance plus qu'à toute autre époque de la vie que les gens deviennent des « amants » de la nature.

Les enfants devraient jouer dehors le plus souvent possible. De nos jours, les activités à l'extérieur doivent vaincre la télévision, Internet, les jeux vidéo et autres bidules électroniques.

Voici des trucs pour favoriser la connexion de votre enfant avec la nature :

- « Allez jouer dehors ! » Ces trois mots retentissaient autrefois dans toutes les maisons. De nos jours, avec la transformation ou la disparition des vieux quartiers, il est beaucoup plus difficile pour les enfants de jouer dehors avec des copains. Vous devriez quand même faire l'effort de trouver un endroit où vos enfants peuvent jouer dehors : un parc, un terrain de jeu ou la cour d'un voisin ;

- Apprenez-leur à nager. Tous les enfants devraient savoir nager, non seulement parce que cela peut leur sauver la vie, mais aussi parce qu'il s'agit d'une connexion instantanée avec la nature. Si vous ne pouvez pas aller à la mer ou au bord d'un lac, il y a sûrement une piscine près de chez vous ;

- Faites-leur faire du vélo. Des pistes cyclables sillonnent même les villes. Les promenades à bicyclette demeurent pour les enfants l'une des meilleures façons d'établir une connexion avec la nature, d'explorer le monde et de suivre leurs amis. Les excursions en famille sont aussi très agréables ;

- Faites de la randonnée pédestre. Le rythme de la marche favorise une communication intime avec la nature. N'oubliez pas le goûter pour le pique-nique sur l'herbe ;

- Parlez de la nature. Les enfants absorbent ce que vous dites, du moins lorsqu'ils sont jeunes. Procurez-vous des livres illustrés sur la nature, des revues, des cartes géographiques et des atlas ;

- Faites un jardin. Si c'est impossible, plantez une boîte à fleurs et gardez des plantes d'intérieur. Laissez vos enfants choisir les plantes à cultiver dans le jardin ou à l'intérieur. Vous pouvez aussi leur confier le soin du jardin ou des plantes d'intérieur. Si j'aime le jardinage, c'est parce que ma grand-mère et ma tante m'y ont initié autrefois. Pour moi, le jardinage constitue véritablement une des racines du bonheur à l'âge adulte (sans jeu de mots) ;

- Par une belle journée ensoleillée, couchez-vous sur le sol avec vos enfants et contemplez les nuages. Décrivez des formes que vous voyez. Les nuages ressemblent à tant de choses, animaux, personnages, montagnes. Le seul fait d'être couché à terre établit un lien avec la nature, et la contemplation des nuages de ce point de vue inhabituel donne une perspective différente sur le monde. Le soir venu, observez les étoiles ;

- Respectez l'environnement. En apprenant l'amour de la nature à vos enfants, n'oubliez pas de leur rappeler qu'ils doivent en prendre soin s'ils veulent la préserver. Il ne sert à rien d'effrayer les enfants avec des histoires apocalyptiques, mais apprenez-leur à respecter la terre, les forêts, l'air et la mer.

Les animaux de compagnie

Pour la plupart des parents, le problème est fort simple : avoir ou non un animal.

Je ne vous ennuierai pas avec toutes les études qui prouvent l'influence extraordinaire des animaux de compagnie, et ce, autant sur les adultes que sur les enfants.

Les animaux de compagnie :

- vous aiment inconditionnellement ;
- ont beaucoup d'écoute et ne vous contredisent pas ;
- sourient toujours au bon moment ;
- se font du souci pour vous ;
- se fichent de votre apparence, de la richesse de vos parents, de vos résultats scolaires, des ennuis que vous avez ou des soins que vous apportez à vos dents ;
- enseignent aux enfants à être responsables, à s'occuper d'un autre être vivant ;
- sentent les vibrations dans la plupart des foyers et y intensifient l'énergie positive ;
- nous apprennent à nous détendre ;
- nous apprennent ce que sont l'amour et le deuil. En effet, la perte d'un animal de compagnie peut être un moment très émouvant dans la vie d'une personne. Pour les enfants, elle est l'occasion d'apprendre la mort et la perte. Certaines personnes

ne veulent pas que leurs enfants aient d'animaux parce qu'elles se souviennent de leur peine quand leur propre chien est mort. Malheureusement, vous ne pouvez pas protéger vos enfants contre cet aspect inéluctable de la vie. Tout amour s'accompagne d'une perte. Mieux vaut bien le comprendre qu'en être inconscient. Une fois qu'on a fait face à un deuil, on est plus libre d'aimer profondément et pleinement sans chercher à se protéger.

Évidemment, si quelqu'un est allergique ou si vous vivez dans un immeuble où les animaux sont interdits, vous ne pouvez pas avoir d'animal de compagnie. Malgré cela, vous pouvez quand même encourager vos enfants à aimer les animaux en leur racontant des histoires sur eux et en leur offrant des animaux en peluche. Un animal en peluche peut s'animer d'une vie aussi réelle qu'un animal vivant — et il ne fait pas ses besoins dans la maison! Les animaux en peluche sont l'un des classiques intemporels de l'enfance. Chaque enfant devrait avoir au moins un animal en peluche, et plusieurs de préférence!

Alors, voici mes conseils:
- ACHETEZ UN ANIMAL DE COMPAGNIE!
- ACHETEZ UN ANIMAL DE COMPAGNIE!
- ACHETEZ UN ANIMAL DE COMPAGNIE!
- ACHETEZ UN ANIMAL DE COMPAGNIE!
- Si vous ne pouvez pas acheter un animal de compagnie, ACHETEZ UN ANIMAL EN PELUCHE!

Idées et information

Au lieu de mettre l'accent uniquement sur les notes et les tests d'aptitude, il est important que les parents et les enseignants aident les enfants à comprendre que chacun a un esprit différent. Au cours des dernières décennies, les recherches sur le cerveau ont démontré qu'il n'y a pas deux cerveaux parfaitement identiques. Or, ce phénomène a de profondes conséquences pratiques.

Cela signifie que nous devons nous attacher le plus tôt possible à reconnaître les faiblesses et les talents de nos enfants et à éviter de leur apposer des étiquettes comme «intelligent», «stupide», «normal» ou «en difficulté d'apprentissage». Nous devons aider chaque enfant à trouver les domaines où il est fort et ceux où il est plus faible.

Ce faisant, nous devons aussi nous soucier des émotions qu'un enfant «investit» dans tout ce qu'il apprend à faire, qu'il s'agisse de la lecture, des mathématiques, du bricolage, du patin artistique ou de la pêche. Plus ces émotions sont positives, plus l'enfant sera susceptible de devenir un adulte qui prendra plaisir à apprendre tout au long de sa vie, ce qui lui conférera un grand avantage.

Ainsi, dès la plus tendre enfance, les parents et les enseignants doivent commencer à prendre note des qualités particulières de chaque enfant, de sa personnalité, de son tempérament, de son style d'apprentissage, des activités qu'il préfère et des domaines qui lui donnent du fil à retordre. Tout en observant le genre d'intelligence que possède votre enfant, vous voulez aussi l'aider à réussir et à trouver du plaisir dans au moins une forme d'apprentissage, sinon de nombreuses formes, ce qui lui assurera une connexion positive avec l'apprentissage. Cette connexion positive rend les enfants à l'aise et heureux dans le monde de l'information et des idées, ce qui favorise non seulement un plaisir durable, mais aussi d'importantes réalisations.

Les parents commettent une grave erreur en mettant l'accent sur les notes et en négligeant les émotions qui accompagnent tout apprentissage. Si votre enfant aime apprendre et sait demander de l'aide sans se sentir stupide ou honteux, il assimilera beaucoup mieux les connaissances qu'un enfant qui se sent hésitant ou craintif. Comme le dit

Priscilla Vail, spécialiste en éducation : « Les émotions sont les interrupteurs de l'apprentissage. »

Permettez-moi de vous citer un exemple tiré de ma vie. Lorsque j'étais en première année, je n'arrivais pas à lire. J'ai appris plus tard que je souffrais de dyslexie. En 1955, si un élève n'arrivait pas à lire, on concluait qu'il n'était pas intelligent. Heureusement pour moi, j'ai eu la chance d'avoir une enseignante, Mme Eldredge, qui sentait intuitivement que les enfants qui n'arrivaient pas à lire n'étaient pas stupides. Elle ne connaissait pas les méthodes sophistiquées utilisées aujourd'hui pour traiter la dyslexie — par exemple la méthode multisensorielle d'Orton-Gillingham —, mais elle savait qu'il était important que je ne me sente pas honteux.

Mme Eldredge a fait ce qu'elle a pu. Elle ne pouvait pas me donner un cerveau non dyslexique, mais elle pouvait m'aider à bien me sentir avec le cerveau que j'avais. Ainsi, lorsque les élèves lisaient tour à tour à voix haute, Mme Eldredge s'asseyait à côté de moi pour me serrer contre elle. Quand mon tour arrivait, je ne pouvais que bégayer, mais les autres n'osaient pas se moquer de moi.

Quel merveilleux soutien m'apportait Mme Eldredge ! Et quelle merveilleuse initiative pédagogique de sa part ! Ce bras reste à jamais posé autour de mes épaules. Je continue à être un lecteur lent, car je souffre toujours de dyslexie. Malgré cela, j'ai réussi à faire des études de littérature anglaise à Harvard où j'ai obtenu mon diplôme *magna cum laude*. Sans Mme Eldredge, cela n'aurait pas été possible.

Les recherches démontrent qu'un enfant qui développe une connexion positive avec l'apprentissage et avec le monde de l'information et des idées augmente considérablement ses chances d'avoir du plaisir et du succès dans la vie. En revanche, les enfants qui reçoivent très tôt le message qu'ils manquent d'intelligence courent le risque de le croire, de renoncer à apprendre et de ne jamais développer leurs talents.

L'intelligence est le domaine dans lequel les enfants sont le plus susceptibles de se rabaisser. Or, les enseignants, les pairs et même les parents prennent part à ce phénomène négatif depuis des siècles. Il est temps que cela cesse!

Les parents et les enseignants devraient faire des efforts spéciaux pour aider les enfants à apprendre, mais aussi pour les aider à se sentir heureux de leur intelligence. Bon nombre d'enfants grandissent en ayant honte de leur «intelligence» parce qu'ils ne sont pas forts dans les matières valorisantes à l'école. Ne laissez pas cela arriver à vos enfants. Apprenez-leur à reconnaître ce que leur cerveau aime faire et ce qu'il fait bien, au lieu de passer des années à leur bourrer le crâne de choses que leur cerveau n'assimile pas.

Pour soutenir les parents dans leurs efforts, j'ai écrit un livre pour enfants intitulé *A Walk in the Rain with a Brain,* dans lequel le personnage principal, Fred, est un cerveau. Dans cette histoire, une petite fille appelée Lucy (j'ai écrit le livre d'abord pour mes enfants) demande à Fred de la rendre intelligente. Fred répond: «Tu l'es déjà! Il ne te reste qu'à découvrir dans quel domaine.» Pendant que Lucy réfléchit à cette notion, Fred ajoute: «Il n'y a pas deux cerveaux pareils; il n'y a pas de meilleur cerveau, chacun a sa spécialité.»

Chaque enfant a besoin de connaître ce qui le rend unique: les talents — et les limites — de son cerveau. Les paroles de Fred sont tirées d'une histoire pour enfants, mais elles sont valides sur le plan scientifique. Il n'y a pas deux cerveaux identiques et aucun n'est meilleur qu'un autre.

Je conseille donc aux parents d'adopter l'approche de Fred. Nous sommes tous intelligents. Nous devons simplement trouver dans quel domaine.

Expliquez à vos enfants que la grande aventure de la vie les amènera à découvrir le fonctionnement de leur cerveau et à cerner leurs forces et leurs faiblesses pour voir ce qu'ils peuvent en faire. Dites-leur que chaque cerveau a sa propre façon de faire et que, en vieillissant, ils en apprendront davantage sur ses fonctions extraordinaires.

En plus de reconnaître les points forts et les intérêts de vos enfants, vous devez aussi repérer leurs faiblesses et y remédier sans tarder. Si vous percevez un problème, parlez-en immédiatement à votre pédiatre, au psychologue de l'école ou à tout autre spécialiste. N'attendez pas. On estime que *soixante-dix pour cent* des enfants qui ont des problèmes de lecture et qui reçoivent l'aide appropriée *n'auraient jamais eu de problèmes* si leur entourage était intervenu plus tôt.

Plus tôt signifie à la maternelle ou en première année. Plus on est âgé, plus on a de la difficulté à changer. De nombreuses recherches récentes ont démontré que les connexions cérébrales changent au cours des premières années de la vie en fonction de l'interaction avec l'environnement. Si vous faites la lecture à haute voix à vos enfants et si vous vous adonnez avec eux à des jeux de rimes ou de lettres à la maison, et si les enseignants savent développer l'habileté d'associer les sons et les lettres, vous aurez fait un grand pas dans la prévention d'un problème de lecture chez eux.

Dans la plupart des écoles, on attend que l'élève échoue. G. Reid Lyon, grand spécialiste des difficultés d'apprentissage, a écrit : «Les enfants qui partent du mauvais pied en lecture arrivent rarement à se rattraper. Nous attendons, et ils échouent. Pourtant, il pourrait en être autrement!»

Si votre enfant a plus de mal que ses camarades à apprendre ses lettres, à émettre les sons qu'elles représentent, à les réunir en mots, à faire des rimes ou à distinguer les syllabes des mots semblables, je vous conseille de consulter un spécialiste. Si l'enfant connaît en vieillissant des difficultés à s'exprimer oralement ou par écrit, à lire, à retenir ce qu'il a lu ou à faire des mathématiques, je vous conseille aussi de consulter un spécialiste.

Enfin, si votre enfant, quel que soit son âge, vous dit qu'il se sent frustré à l'école et qu'il a l'impression d'être plus intelligent que ses notes ne le montrent, s'il vous dit que les enseignants vont trop vite pour lui, qu'il ne comprend que la moitié du temps, qu'il fait beaucoup d'efforts dans une matière en particulier et qu'il se sent stupide ou inapte, montrez-le à un spécialiste qui pourra établir un diagnostic d'après l'examen de nombreuses variables. Vous serez peut-être étonné du nombre de fonctions mentales qu'une bonne évaluation peut déterminer. En voici quelques-unes :

- habileté intellectuelle ;
- stratégies de résolution de problèmes ;
- langage réceptif ;
- langage expressif ;
- mémoire (verbale et visuelle) ;
- mémoire automatique ;
- rappel des mots ;
- perception ;
- organisation visuelle et spatiale ;
- attention ;
- conscience phonologique ;
- décodage de la lecture ;
- fluidité de la lecture ;
- compréhension, fluidité et mécanique de l'écrit ;
- langage écrit ;
- reconnaissance de l'orthographe ;
- rappel de l'orthographe ;
- automatisme en mathématiques ;
- calcul et concepts mathématiques ;
- résolution de problèmes mathématiques.

Ce genre d'évaluation est complexe et dépasse les compétences de la plupart des spécialistes en milieu scolaire. Vous ne pouvez pas toujours vous fier au spécialiste de l'école pour plusieurs raisons : manque de formation, surcharge de travail ou conflit d'intérêts (l'école lui demande de ne pas recommander de services spéciaux à un trop grand nombre d'élèves, puisque ces services coûtent cher).

Un spécialiste hautement qualifié vous coûtera plus cher qu'un orthodontiste, mais il est autrement plus important.

Cependant, on ne trouve pas ce genre de spécialiste au coin de la rue. Vous pouvez commencer par en parler à votre pédiatre. Malheureusement, comme tous les pédiatres ne sont pas au courant de ce qui constitue une évaluation complète, vous pouvez demander qu'on vous réfère à un neuropsychologue, le spécialiste le mieux formé pour le faire. Un neuropsychologue est plus qu'un psychologue : le préfixe *neuro* indique qu'il a suivi une formation complémentaire en neurologie, en science du cerveau et en évaluation avancée du fonctionnement cognitif. Je ne veux pas trop insister, mais j'ai souvent constaté les dommages que cause une évaluation superficielle et inadéquate.

En revanche, j'ai aussi pu observer les merveilles que produit une évaluation exhaustive suivie des interventions appropriées, comme le tutorat individuel, la consultation à l'école, un changement de classe ou même des traitements par médicaments.

Voici quelques suggestions pour aider votre enfant à établir cette connexion fondamentale avec le monde de l'information et des idées :

- Soyez conscient que tous les cerveaux sont différents, qu'il n'y en a pas de meilleurs que d'autres et que la dichotomie «doué» et «stupide» avec laquelle nous, adultes, avons grandi est inexacte et destructive. Essayez de connaître le mieux possible l'intelligence de votre enfant et, fort de cette connaissance, conseillez-le sur la meilleure façon d'en tirer parti. Il s'agit d'un point très complexe qu'on pourrait ressasser longtemps. Si vous avez besoin de conseils pour comprendre l'esprit de votre enfant, je vous recommande l'excellent ouvrage du Dr Mel Levine *A Mind at a Time*;

- Faites tout ce que vous pouvez pour éliminer le trouble d'apprentissage le plus répandu et le plus dangereux qui soit : la peur et la honte. Plus que n'importe quel autre trouble connu, la peur et la honte nuisent à beaucoup d'enfants. C'est par crainte de commettre des erreurs que les gens renoncent à réaliser leur potentiel. Assurez-vous que votre enfant ne fréquente pas une école où la terreur règne. N'utilisez pas le ridicule pour «motiver» votre enfant. Dès qu'un enfant a l'impression qu'une erreur lui attirera des moqueries, il fera tout pour ne jamais en commettre. Malheureusement, sans erreurs, on n'apprend plus ;

- Faites l'éloge du savoir à la maison. Assurez-vous que le savoir est vénéré au même titre que les habiletés athlétiques, la politesse ou la coopération. Pas besoin d'avoir de bonnes notes pour apprendre. Vous pouvez vénérer la connaissance en félicitant votre enfant lorsqu'il réussit à attacher ses lacets ou à faire un puzzle, ou lorsqu'il comprend que grand-maman ne dit pas vraiment la vérité en affirmant bien se porter. Ce dernier exemple, qui exprime une nuance sociale, représente une forme d'apprentissage qui mérite plus d'attention et d'encouragement qu'on ne lui en accorde habituellement, car elle est d'une grande utilité dans la vie ;

- Ayez toujours un dictionnaire bien en vue. Consultez-le souvent. Pendant le dîner, si un mot nouveau se glisse dans la conversation, trouvez-en la signification. Vous pouvez même jouer aux devinettes si tout le monde fait une suggestion avant que vous lisiez la définition ;

- Jouez à des jeux de chiffres. La vie de tous les jours offre des tas d'occasions de se perfectionner en calcul : il faut compter la monnaie, diviser un plat en portions, estimer de grandes quantités (brins d'herbe, cheveux, grains de sable, étoiles dans le ciel), calculer des intérêts, des probabilités, ainsi de suite ;

- Faites la lecture à haute voix à vos enfants. Je donne ce conseil à répétition, car la lecture à haute voix crée une intimité familiale et favorise le développement de la connexion avec l'information et les idées;

- Vous pouvez initier vos enfants à l'ordinateur dès leur plus jeune âge si vous le désirez. Laissez l'ordinateur faire partie de leur monde, mais soyez vigilant et assurez-vous que l'ordinateur encourage bien la connexion à l'information, aux idées et surtout aux gens;

- Exposez vos enfants au monde de l'information et des idées en en faisant un grand terrain de jeu au lieu d'une salle de torture;

- Encouragez vos enfants à demander «pourquoi». Pas quand il faut se brosser les dents, mais lorsqu'il s'agit d'un sujet qu'ils ne comprennent pas;

- Apprenez à vos enfants à regarder toute chose qu'ils ne connaissent pas comme une occasion d'apprendre plutôt que comme une source de honte. Personne ne sait tout. Au lieu d'être honteux de son ignorance, il faut l'admettre sans hésitation et être heureux d'avoir la chance d'apprendre. Par exemple, à ma dernière année à l'université, je n'avais pas lu *Guerre et Paix*. Tous les étudiants en littérature devaient avoir lu ce chef-d'œuvre de la littérature mondiale. Je n'oublierai jamais le commentaire du professeur William Alfred quand je lui ai avoué, l'air penaud, que je ne l'avais pas lu: «Quelle chance vous avez! s'est-il exclamé, quel énorme plaisir vous vous réservez!»;

- Si vous pouvez transmettre la sagesse de William Alfred à vos enfants (et à leurs enseignants, peut-être?), ils seront plus susceptibles d'aborder avec enthousiasme ce qu'ils ne connaissent pas que de se montrer craintifs et honteux.

Institutions et organisations

En réfléchissant à ce qui fait une enfance connectée, vous ne penserez peut-être pas aux institutions et aux organisations, qui peuvent paraître trop «adultes». Pourtant, l'enfance est jalonnée de grandes institutions. S'il y a d'abord l'école, il y a aussi les clubs, les ligues et les équipes sportives, les associations, et ainsi de suite. Il est donc important que vos enfants apprennent à bien s'intégrer dans les groupes de gens parfois amorphes que nous appelons institutions et organisations.

Apprendre à prospérer et à grandir au sein d'institutions et d'organisations est une habileté de base très utile, au même titre que la lecture et l'écriture. Pourtant, c'est une habileté que nous négligeons, laissant nos enfants l'apprendre par eux-mêmes. Au lieu de les laisser sauter à l'eau pour voir s'ils apprendront à nager, j'estime pour ma part qu'un peu de pratique et des conseils avisés leur fourniraient de meilleurs outils pour vivre et travailler en groupes.

Il est important que nos enfants apprennent à vivre en groupes, non seulement pour leur bonheur, mais aussi pour la santé de nos institutions et organisations. Comme le signale Robert Putnam, sociologue de Harvard, dans son ouvrage intitulé *Bowling Alone*, on a assisté au cours des dernières décennies à un déclin des institutions et des organisations, dont un grand nombre destinées aux enfants, notamment les scouts et les guides, et les institutions religieuses.

La connexité avec les institutions et organisations, comme toutes les autres formes de connexité, deviendra plus durable et plus solide si elle s'est établie pendant l'enfance.

Voici des suggestions pour mettre vos enfants sur la bonne voie :

• Expliquez-leur certaines règles de base qui régissent la vie au sein de groupes importants. L'entrée à l'école est un bon moment pour le faire. Vous leur avez peut-être donné de tels conseils pour la maternelle ou la fête d'anniversaire d'un petit copain. Enseignez-leur à respecter les règles élémentaires de la politesse, à attendre leur tour, à écouter les autres, à partager, et ainsi de suite;

· À mesure qu'ils vieilliront, vous pourrez leur expliquer certaines réalités pratiques au sujet des groupes. De cette façon, ils seront moins choqués ou blessés par la cruauté qu'un groupe peut manifester. Il peut arriver, par exemple, qu'un enfant devienne le souffre-douleur de la classe. Si cela arrive à votre enfant, apprenez-lui à réagir de manière constructive au lieu de vous morfondre ou de vous précipiter au bureau du directeur. Apprenez-lui des façons de détourner l'attention négative et de demander de l'aide. Contrez l'effet des messages négatifs qu'il reçoit à l'école en lui apportant un soutien positif à la maison. S'il est assez grand pour comprendre, expliquez-lui que le côté sombre de la nature humaine ressort dans les groupes, qui se sentent facilement menacés par tout ce qui sort des sentiers battus. Racontez-lui que de nombreux progrès accomplis dans l'histoire de l'humanité ont été le fait de personnes assez braves et talentueuses pour oser être différentes, aller à contre-courant du monde et penser par elles-mêmes. Si votre enfant fait partie du groupe qui prend un élève comme souffre-douleur, apprenez-lui à ne pas suivre les autres comme un mouton. Cette leçon lui sera utile toute sa vie. S'il apprend à résister à la volonté d'un groupe qui fait preuve de cruauté ou qui commet des actes répréhensibles, il deviendra une personne d'honneur pour la vie. Vous pouvez l'aider en lui racontant des histoires dans lesquelles un groupe tente de détourner un personnage du droit chemin ou en lui relatant des anecdotes tirées de votre vie. Vous pouvez aussi imaginer des situations et lui apprendre comment y réagir. Vous pouvez lui demander, par exemple, comment il réagirait si quelqu'un disait au parc : «Venez les amis, nous allons battre Tommy parce qu'il a l'air bizarre» et qu'un grand nombre d'enfants répondaient : «Ouais, allons-y!» Si votre enfant ne sait ni quoi dire ni quoi faire, expliquez-lui qu'il pourrait dire : «Je ne veux pas battre Tommy. On s'en fiche de son air» ou : «Je ne suis pas d'accord pour me battre sauf si on m'attaque.» Naturellement, toutes ces réponses seront conformes à vos valeurs. Le secret consiste à inculquer à vos enfants la conviction qu'il est mal et cruel de recourir à la loi du plus fort, mais que personne n'y est à l'abri et qu'il est bien de s'y opposer (même si cela est souvent difficile). Si un enfant peut apprendre à penser par lui-même et à ne pas se laisser mener par les autres, il deviendra une personne de caractère et d'honneur ;

- Vous pouvez ensuite élargir la discussion pour parler du courage et de l'honneur en général. Lorsqu'ils sont confrontés à des décisions pratiques à l'école, les enfants découvrent à quel point il est difficile d'être brave et d'agir selon ses convictions. Par exemple, pourquoi ne pas tricher si personne ne regarde? Pourquoi ne pas regarder ailleurs au lieu de séparer deux élèves qui se battent?,

- Liez-vous d'amitié avec l'école de vos enfants. J'utilise *se lier d'amitié* au lieu d'une formule plus formelle comme *participer*, car je tiens à souligner le lien fondamental qui vous fera persévérer dans les institutions et les organisations en tous genres : la force de la chaleur humaine. Une fois cette chaleur en allée, la déconnexion ne tarde pas à disparaître aussi ;

- Comment pouvez-vous vous lier d'amitié avec une institution ou une organisation? Vous vous liez avec des personnes qui la composent. Par exemple, l'école. Liez-vous d'amitié avec l'enseignant de votre enfant, le concierge, le directeur ou l'adjoint du directeur. Rencontrez les parents d'autres élèves et liez-vous d'amitié avec toute personne qui vous semble sympathique ;

- Si vous vous liez d'amitié avec des gens de l'école, vous serez plus porté à vous engager dans des groupes ou des comités de parents. En outre, il y a fort à parier que, en cas de crise, vous ne vous déroberez pas mais passerez à l'action, ce qui vous vaudra l'appui enthousiaste des gens de l'école ;

- En entretenant des liens avec des personnes de l'école, vous améliorez l'éducation que reçoivent vos enfants, car les enseignants et les administrateurs les traiteront avec égard, et vous montrerez à vos enfants comment fonctionner au sein d'une institution ;

- Servez-vous de l'école comme modèle pour enseigner aux enfants ce qu'est une institution ou une organisation. L'école constitue un exemple concret de la valeur du travail d'équipe, de la coopération et de la responsabilité sociale. Sachez que si vous ne donnez pas une référence concrète aux enfants, ces concepts restent désespérément vagues dans leur esprit ;

- Voyez s'il y a dans le voisinage des associations auxquelles vous ou vos enfants aimeriez vous joindre. Une personne qui prend l'habitude de participer à la société — au lieu de rester à la maison — garde cette habitude toute sa vie ;

- Parlez de politique. Expliquez à vos enfants le fonctionnement des gouvernements. Remettez à l'ordre du jour ce qu'on appelait autrefois l'«éducation civique». Un grand nombre d'enfants grandissent dans la plus totale ignorance des rouages de la démocratie ;

- Dans le même ordre d'idées, reconnaissez que l'apathie est le principal obstacle au développement de la connexité politique. Essayez de trouver des moyens simples d'éveiller la curiosité de vos enfants et de les intéresser à ce qui se passe au gouvernement. Faites un voyage dans la capitale ou allez rencontrer votre député. Demandez à vos enfants de vous accompagner lorsque vous allez voter. Discutez des divers candidats. Aidez-les à devenir plus tard des électeurs avisés ;

- Soulignez les dangers inhérents aux institutions et aux organisations, comme l'élitisme, la bureaucratie et les querelles intestines. Aidez vos enfants à trouver des manières constructives de faire face à ces problèmes au lieu de s'en désengager. Par exemple, beaucoup d'adultes manquent de maturité dans les conflits de travail. Au lieu d'essayer de les résoudre, ils s'en remettent à la démagogie et aux coups bas, rejettent le blâme sur les autres, se plaignent continuellement et vont même jusqu'à mentir. De nombreux adultes traitent leur patron et l'organisation qu'il représente comme s'ils étaient leur père et leur mère, et qu'ils étaient vilains en plus. Ils boudent, trépignent et font des crises au lieu d'adopter une attitude plus digne. Sachez que l'enfance est un excellent moment pour découvrir ce qu'est la dignité. Si vous apprenez à vos enfants à faire la distinction entre leurs enseignants, leurs entraîneurs et, plus tard, leurs patrons et vous-même comme parent, vous leur aurez enseigné une leçon très utile pour l'avenir, qu'ils deviennent des employés ou des patrons ;

- Montrez à vos enfants que vous êtes fidèle à certaines institutions et organisations, comme votre université ou un organisme de charité particulier. Vous éviterez de leur parler de ces choses en public pour ne pas avoir l'air de vous vanter, mais vous devez leur en parler. Ils doivent savoir que vous faites des dons à certaines organisations et pourquoi vous le faites.

Dieu et la vie spirituelle

Comme les enfants sont curieux de nature, ils nous posent toutes sortes de questions sur le monde et, naturellement, ils finissent par aborder les grandes questions, comme les croyances religieuses. Ils se demandent ce qui arrive après la mort ou ce qui se cache derrière l'étoile la plus éloignée. Ils veulent savoir pourquoi certaines personnes sont mauvaises et s'il existe une force qui les protégera contre le mal. Ils se demandent pourquoi ils ont des frères et des sœurs et qu'ils n'ont pas toute l'attention. Ils se demandent qui prendrait soin d'eux si vous disparaissiez, qui écoute quand on prie ou, comme ma fille Lucy, « s'il y a quelqu'un avec moi quand je suis toute seule ».

Une personne a une vie spirituelle dès lors qu'elle pose ces questions.

J'encourage les parents à aborder ces questions avec leurs enfants, car cet exercice leur sera tout aussi salutaire qu'à ces derniers. La naissance d'un enfant nous donne l'occasion de réfléchir à notre propre spiritualité afin de mieux guider cet enfant.

L'appartenance à une religion était autrefois la norme, mais ce n'est plus le cas. De nos jours, l'attitude irréligieuse est la norme, car de nombreuses personnes ont tout rejeté en bloc pour échapper à l'hypocrisie et aux mauvais traitements qui ont caractérisé certaines religions organisées.

Si ce rejet crée un vide, il nous procure aussi une occasion unique de faire le point. Nous n'apprenons plus automatiquement à nos enfants à croire en une doctrine héréditaire. Nous le faisons par choix. Par exemple, Sue et moi avons décidé de faire baptiser nos enfants et de les élever dans la foi épiscopalienne; cependant, nous ne sentons pas les pressions sociales qu'on exerçait autrefois sur les gens pour qu'ils se joignent à une Église. Nous avons la chance de pouvoir choisir notre religion; un privilège pour lequel des millions de gens sont morts au cours de l'histoire.

J'encourage les parents à profiter pleinement de cette liberté au lieu de l'ignorer ou de la tenir pour acquise.

Votre vie spirituelle est une chose très personnelle, protégée par la loi, tout comme ce que vous souhaitez inculquer à vos enfants. La conviction qu'il n'existe pas une seule vérité est l'une des pierres angulaires de notre démocratie et l'une des plus grandes libertés de notre nation.

Je vous recommande simplement de ne pas ignorer le sujet. La religion est un sujet si intime et déconcertant qu'il est tentant de l'écarter. Ne faites surtout pas cela à vos enfants. Ils ont besoin de votre aide pour discuter de questions spirituelles, comme ils ont besoin de votre aide pour composer avec leurs amis, gérer leur argent ou comprendre leurs premières pulsions sexuelles.

Vous ferez naître une connexité spirituelle chez vos enfants en leur parlant tout simplement de l'énigme de la vie, en abordant librement les *grandes questions* et en les aidant à y réfléchir. En vous attaquant à des questions fondamentales — la finalité de la vie, l'existence du mal, la vérité de la mort —, vous leur transmettrez progressivement un ensemble d'intuitions, sinon de croyances, et un ensemble de sentiments qui s'amalgameront pour former ce que nous appelons la spiritualité. La spiritualité est une facette de notre personnalité qui peut grandir et se développer tout au long de notre vie, pour peu que nous l'entretenions, une ressource qui peut nous aider quand nous en avons besoin (et nous en avons souvent besoin au moment où nous nous y attendons le moins).

Malgré la tension que suscitent ces questions, on finit par éprouver un sentiment qui va au-delà de la connaissance. Comme une personne dans une pièce sombre, on cherche à tâtons pour se faire une idée de sa configuration, des choses qu'elle contient et des endroits qui sont sûrs. Il suffit de garder l'esprit ouvert et de chercher sans relâche, mais sans ne jamais savoir tout à fait ce qu'on a trouvé.

Peu importe ce que vous êtes — athée, catholique, bouddhiste, agnostique ou épiscopalien —, vous demeurez un être humain et aspirez à connaître ce que vous ne connaissez pas.

Les enfants sont particulièrement humains à cet égard. Ils veulent tout savoir. Lorsqu'ils posent des questions relatives aux croyances religieuses, vous devez être prêt à leur prodiguer des conseils. Sachez cependant que vous n'avez pas à leur fournir des réponses. Il existe une prière qui dit : «Seigneur, aidez-moi à toujours chercher la vérité, mais épargnez-moi la compagnie de ceux qui l'ont trouvée.»

Pour aider votre enfant à établir une connexion spirituelle, peu importe vos propres croyances, il vous suffit d'être présent pendant sa quête et de l'épauler. Faites-lui part de votre opinion, quelle qu'elle soit, que vous pensiez qu'il n'y a pas de Dieu ou que Dieu est partout. Respectez ses interrogations et aidez-le à trouver des réponses. Vous ne savez pas ce que vous-même pourriez découvrir!

Voici des suggestions pour aider votre enfant à développer une connexion avec la spiritualité :

- Sondez votre âme. Cette idée ne vous enthousiasme peut-être pas beaucoup. Je sais qu'il ne suffit pas de claquer des doigts pour le faire, mais vous pouvez au moins vous poser les deux questions suivantes : Quelles sont les croyances vers lesquelles vous tendez? À quelle forme de croyances aimeriez-vous initier vos enfants? Posez les mêmes questions à votre conjoint. Vous pouvez répondre «aucune croyance», mais il vaut mieux y avoir réfléchi que d'ignorer la question ;

- En vous fondant sur vos penchants spirituels, faites un plan pour initier vos enfants à la spiritualité, que vous le fassiez par l'intermédiaire d'une religion organisée ou non. Par exemple, vous pouvez choisir d'avoir des conversations avec vos enfants au fil des ans. Vous pouvez aussi lire certains ouvrages avec eux, prendre part en famille à des retraites ou à des festivals religieux, fréquenter diverses églises ou vous adonner à la méditation et à la prière ;

- Soyez préparé à répondre aux questions de vos enfants. Les enfants ne prennent pas de détour et n'ont aucun scrupule à demander ce qui arrivera à grand-maman après sa mort ou qui leur achètera un cadeau d'anniversaire si papa et maman meurent dans un accident;

- Vous pouvez admettre que vous ne connaissez pas toutes les réponses. Soyez respectueux des questions de vos enfants et ne vous montrez pas ennuyé lorsqu'ils vous les posent. Les questions auxquelles nous ne pouvons pas répondre nous mettent généralement mal à l'aise. En conséquence, soyez préparé à vous sentir stupide et incompétent lorsque vous discutez de ces sujets avec vos enfants. Encouragez-les quand même à poser des questions. Celles-ci sont comme des lances qu'ils enfoncent dans la terre à la recherche de trésors enfouis;

- N'oubliez pas que les enfants aiment obtenir des réponses. Si vous avouez votre ignorance, vous pouvez vous attendre à ce qu'ils insistent. Ils apprendront ainsi à réfléchir et à trouver des réponses par eux-mêmes. Réjouissez-vous pour eux lorsqu'ils le font. Si vous n'êtes pas d'accord avec leurs réponses, dites-vous que leurs conclusions sont bien moins importantes que le processus qui les y a menés, car ce processus leur permet d'aborder l'inconnu avec créativité et enthousiasme;

- Réjouissez-vous aussi du fait que vos enfants peuvent vous en apprendre sur le monde invisible. Soyez heureux que vos enfants vous posent des questions. Ils cherchent. Ils sont sincères. La force motrice qui stimule la croissance spirituelle est la curiosité, ou ce que d'aucuns appellent les «aspirations»;

- Si vous êtes membre d'une Église, faites en sorte qu'elle fasse partie de votre vie quotidienne. Ne limitez pas votre pratique aux services religieux et aux fêtes. Faites une prière du soir et dites le bénédicité. Encouragez vos enfants à parler à Dieu — c'est-à-dire à prier — lorsqu'ils se sentent désorientés, malheureux et seuls, ou même lorsqu'ils sont heureux;

- Essayez d'aider vos enfants à associer la spiritualité non seulement à des services solennels et à des moments de tristesse,
mais aussi à des événements joyeux. On présente souvent la
religion ou la spiritualité comme une chose effrayante, formelle,
rigide, ennuyeuse et culpabilisante. Bien qu'il ne soit pas étonnant que tant d'enfants délaissent la religion à la première occasion, cela est malheureux. La spiritualité devrait être une source
de plaisir, une célébration à la fois joyeuse et empreinte de douleur et de tristesse. En voici un exemple : lorsque nous arrivons
au chalet que nous louons au mois d'août au lac Doolittle, lac
où nos enfants ont appris à nager, je vide la voiture, j'enfile mon
maillot de bain et je saute immédiatement à l'eau. Je suis habituellement le premier dans l'eau puisque les enfants veulent
toujours faire autre chose, vérifier si rien n'a changé, aller aux
toilettes ou prendre une collation. Je plonge donc dans le lac
tout seul. Je bats des mains et je nage en rond, exultant ! Je
goûte le plaisir de l'eau et du soleil couchant (nous arrivons
habituellement à la fin de l'après-midi) en pensant à tous les
bons moments que nous avons connus à cet endroit et au bonheur que je compte y trouver cette année. Je lève les yeux au
ciel et je hurle : «Merci, mon Dieu!» Mes enfants, qui arrivent
généralement au bord de l'eau à ce moment-là, m'entendent
rendre grâce à Dieu de ses bontés et cela les fait sourire. Ils ne
se mettent pas à danser pour remercier Dieu, car ce n'est pas
leur genre ni celui de leur mère, mais même s'ils sont un peu
déconcertés de voir leur père s'ébrouer et rendre grâce à Dieu,
je sais qu'ils sont heureux et contents. J'essaie de parler de
Dieu quand des événements positifs surviennent afin que mes
enfants pensent à Dieu dans un contexte de joie ;
- Encouragez vos enfants à apprécier la diversité des religions et
des croyances. L'intolérance est le pire ennemi de la spiritualité.

Faites bien comprendre à vos enfants que nul ne peut répondre à toutes les questions ;

- Essayez de traduire votre spiritualité en actes. Autrement dit, ne faites pas que parler et prier, mais agissez sur le monde, partagez ce que vous avez, faites des dons, etc. On n'est pas forcé de croire en Dieu, mais on devrait réfléchir à ces questions.

La connexion à soi

Comme la connexion au monde spirituel, la connexion que vous établissez avec vous-même est privée et personnelle et, à l'instar de la connexion spirituelle, elle change et évolue toute la vie durant. Or, la façon dont cette connexion s'établit pendant l'enfance détermine si elle sera fondamentalement agréable ou désagréable. Elle peut être la ruine de toute une vie. Certains adultes se détestent tellement eux-mêmes, souvent sans raison, qu'ils ne connaissent jamais de plaisir durable. La plupart du temps, cette aversion prend racine dans l'enfance, à une époque où l'on aurait pu intervenir en tendant la main et en offrant une perspective différente.

La connexion spéciale que nous établissons avec nous-mêmes croît selon notre capacité de nous observer. J'entends par connexion à soi les sentiments que nous entretenons à notre propre égard. Cette connexion peut sembler absurde — c'est un peu comme une main qui se serre elle-même —, mais il faut la regarder comme une métaphore, une façon de décrire les sentiments qu'entretient à votre égard la partie de vous-même qui vous observe.

Naturellement, ces sentiments changent constamment. Si vous gagnez une partie de tennis, vous vous sentez bien dans votre peau. Si vous rompez avec votre petit ami, vous vous sentez malheureux. La plupart des gens ont envers eux-mêmes des sentiments aussi changeants que le temps.

Cependant, certains thèmes sous-tendent notre relation à nous-mêmes.

À mon avis, quand on a une saine relation à soi, on est bien dans sa peau et heureux la plupart du temps; on ne prend pas de grands airs et on n'essaie pas de passer pour meilleur qu'on l'est. On peut se joindre à divers groupes et s'y sentir à l'aise.

Cela ne veut pas dire qu'on est «imbu» de soi-même. Je pense que la notion de s'aimer soi-même a été galvaudée. D'après mon expérience, les gens qui s'aiment terriblement eux-mêmes ne sont guère aimables.

Je souhaite que mes enfants soient bien dans leur peau la plupart du temps et que, quand ils ne le sont pas, ils trouvent une oreille compatissante.

Dans le monde actuel, nous nous sentons tenus d'être à la hauteur d'idéaux souvent impossibles à atteindre. Je ressens moi-même cette contrainte. Comme je fais un peu d'embonpoint, j'essaie de perdre quelques kilos et je me juge sévèrement si je n'atteins pas cet objectif. Je ne suis pas riche, tandis qu'un grand nombre de mes collègues et anciens confrères le sont; et même si je ne mesure pas ma valeur à l'aune de la richesse, une petite voix persiste en moi et me dit que, si j'avais mieux réussi ma vie, je serais plus riche. Certaines personnes ne m'aiment pas; et même si je sais qu'il y aura toujours des gens qui ne m'aimeront pas, toute antipathie me blesse et me culpabilise. Je souffre souvent d'insécurité émotionnelle et j'ai besoin de réconfort. Même si mon insécurité est compréhensible compte tenu de l'instabilité de mon enfance, je me reproche souvent d'être plus exigeant que les autres à ce chapitre.

Malgré cela, je suis heureux de dire que je me sens plutôt à l'aise avec moi-même. Il m'arrive rarement de prétendre être meilleur que je ne le suis et j'aime mettre les autres à l'aise en admettant mes propres faiblesses au lieu de porter un masque pour me protéger. J'accepte d'être vulnérable, mais, comme je le fais intentionnellement, j'estime qu'il s'agit d'une force.

Quoi qu'il en soit, bien qu'il y ait des choses en moi que j'aimerais changer, je suis fondamentalement heureux de ce que je suis et je m'accepte avec mes défauts.

Voilà ce que je souhaite pour mes enfants : qu'ils se sentent assez bien pour baisser la garde et être eux-mêmes. C'est ce que j'entends par une connexion saine avec soi-même. Il ne s'agit pas de narcissisme, mais d'acceptation de soi.

La meilleure façon d'établir une connexion à soi-même consiste à s'occuper des onze autres connexions que j'ai déjà décrites et à les rendre aussi solides que possible. Les enfants connectés se sentent presque tous bien dans leur peau.

À mesure qu'un enfant progresse dans le cycle en cinq étapes, son estime de soi s'épanouit naturellement. Une saine connexion à soi en est une conséquence. Ainsi, si votre enfant a une vie riche en connexions, s'il joue, pratique, acquiert des compétences et reçoit la reconnaissance de son entourage, il aura confiance en lui-même et assez d'assurance pour admettre qu'il lui arrive de douter de lui-même.

Même les gens les plus heureux doutent parfois d'eux-mêmes. La connexion à soi peut être douloureuse pour les enfants, particulièrement pour les adolescents. La plupart d'entre nous passons par des périodes où nous ne nous aimons pas. À l'exception de quelques âmes parfaitement sereines, la plupart d'entre nous souhaiterions être plus minces, plus intelligents, plus populaires, plus attirants, etc.

Il est important que vous ne laissiez pas votre enfant s'isoler dans ce cycle émotionnel.

Ces sentiments sont normaux et sans danger. Ils font partie de la nature humaine, comme les rages de dents et les mauvais rêves. J'ai lu assez de biographies de personnes célèbres pour savoir que même les gens que nous considérons comme les plus forts et «au-dessus» de tels sentiments, comme Winston Churchill, Eleanor Roosevelt ou Abraham Lincoln, ont eu à lutter contre ce genre d'émotions de temps à autre. Il est normal de ne pas s'aimer ou de se comparer défavo-rablement de temps en temps. Bien peu de gens peuvent le nier.

Si nous offrons à nos enfants une solution aux rages de dents (une consultation chez le dentiste) ou aux mauvais rêves (la consolation), nous devons aussi faire en sorte qu'ils sachent que les sentiments négatifs envers soi-même sont normaux et qu'il est possible de s'en accommoder.

Ces sentiments ne sont pas dangereux en soi, à condition de réagir sans tarder. L'inaction devant les sentiments négatifs qu'un enfant a envers lui-même peut avoir les mêmes conséquences que la négli-gence des soins médicaux ou dentaires. Avec de la chance, ces conséquences seront négligeables, mais vous devrez avoir beaucoup de chance.

Essayez de faire parler vos enfants de ces sentiments. Ce ne sont pas les sentiments eux-mêmes qui causent le plus de dommages, c'est le secret qui les entoure. Ils couvent, puis ils se répandent. Au lieu de gâter les dents, c'est le cœur et l'âme qu'ils détruisent. Un enfant dont le cœur et l'âme se désagrègent pourrait ne plus jamais ressentir d'espoir.

Si vous ne savez pas quoi dire à votre enfant sur ses sentiments négatifs ou si vos conseils ne semblent pas l'aider, consultez un pro-fessionnel — pédopsychiatre, pédopsychologue ou travailleur social. N'attendez pas une crise. En santé mentale, comme dans tous les autres domaines, l'intervention précoce est plus efficace que la ges-tion de crise. Les professionnels de la santé mentale, réservés autre-fois aux cas les plus graves, traitent aujourd'hui des cas légers, et l'état de l'enfant peut s'améliorer au bout de quelques séances seulement.

En tant que parent, vous pouvez surveiller la connexion à soi de votre enfant de la même façon que vous surveillez tout le reste : en étant présent, curieux, en refusant de vous laisser éconduire et en dis-cutant avec d'autres adultes, comme les enseignants, les amis et les parents de ces amis. Il arrive qu'un enfant ait une relation particulière avec un membre de la famille, comme une tante, ou le grand-père ou la grand-mère, et qu'il accepte de s'ouvrir à cette personne. Ne soyez pas jaloux ; soyez heureux pour lui et ne vous immiscez pas entre eux. Cette relation peut être la bouée de sauvetage dont votre enfant aura besoin pour survivre à une période difficile.

Voici des conseils pour aider votre enfant à développer une forte connexion à lui-même :

- Essayez de renforcer la connexité dans les onze autres domaines. Une saine connexion à soi résulte habituellement de saines connexions avec le monde environnant. Ce n'est pas en regardant vers l'intérieur que les enfants grandissent émotionnellement, mais plutôt en se tournant vers l'extérieur. La croissance intérieure et l'acquisition de qualités comme l'estime de soi et la confiance en soi se font naturellement à mesure que l'enfant s'ouvre au monde ;
- Laissez vos enfants se sentir malheureux. C'est l'une des plus difficiles leçons que j'aie eu à apprendre. Au début, je sentais que je devais effacer tous les sentiments négatifs de mes enfants, mais Sue m'a remis sur le droit chemin. À son avis, si nous ne laissions jamais nos enfants éprouver la tristesse, nous leur transmettrions le message que nous ne voulons pas en entendre parler, ce qui peut engendrer un grave problème ;
- Si vos enfants sentent que vous êtes ouvert à leurs sentiments malheureux, ils seront plus susceptibles de s'en ouvrir à vous. C'est tout ce dont vous avez besoin. N'oubliez pas que c'est l'isolement qui cause les dommages, non les sentiments ;
- Encouragez le cycle connexion-jeu-pratique-compétence-reconnaissance. Ces cinq étapes sont le meilleur antidote au manque d'estime de soi-même ;

- Aidez vos enfants à reconnaître que la frustration et le sentiment d'être stupide ou maladroit font partie du processus d'acquisition de compétences. Le chemin de la compétence est semé d'erreurs et de frustrations ;

- Établissez un plan pour aider votre enfant à composer avec ses sentiments d'envie ou de mépris de soi et ses autres sources d'insatisfaction. À mon avis, la connexité est la meilleure solution à offrir. Elle peut prendre la forme d'une conversation avec une personne en qui votre enfant a confiance, d'une course folle avec le chien, d'une prière, d'une activité physique quelconque (auquel cas l'enfant se connecte à la partie physique de son être qui, à son tour, peut calmer son esprit) ;

- Assurez vos enfants de votre amour inconditionnel ;

- Voyez vos enfants tels qu'ils sont et non comme vous souhaiteriez qu'ils soient ; sinon, ils risquent de ne pas s'aimer eux-mêmes ;

- Ne fixez pas des normes trop élevées ni trop basses. Si vous n'avez aucune attente, votre enfant comprendra que vous n'avez pas une très haute opinion de lui et risque de se percevoir de la même façon. En revanche, si vous fixez des normes qui sont au-delà de ses capacités, il pourrait passer sa vie à essayer d'être à la hauteur de vos attentes sans jamais y parvenir et se sentir à jamais insatisfait de ses efforts. C'est l'une des principales causes d'insatisfaction chez les gens très performants ;

- L'acceptation de soi est un état intérieur qui découle de l'expérience extérieure. Vous devez faire en sorte que votre enfant vive des moments où il se sent bien dans sa peau et pleinement accepté par son entourage. Vous souhaitez le guider vers des expériences positives où sa perception de lui-même coïncide avec celle que les autres ont de lui. Par exemple, à la fin d'une partie de basket, vous lancez : « Bonne partie ! » Et il répond : « Ouais, bonne partie ! »

CHAPITRE 14

EN FAIRE TROP : LA PLUS GRAVE ERREUR DES PARENTS BIEN INTENTIONNÉS

L es bons parents en font souvent trop pour leurs enfants. C'est une de leurs plus grandes erreurs. Une autre est de ne pas savoir dire «non» assez souvent (comme moi d'ailleurs).

Je m'en suis rendu compte à l'occasion d'un voyage en famille à Disney World. Nous avons pris l'avion pour Orlando et avons passé quatre jours hors de prix dans ce royaume magique. C'était spectaculaire, amusant, mémorable, et je suis très heureux que nous l'ayons fait. Je n'oublierai jamais la fois où j'ai fait la file pendant une heure avec Jack (Tucker était trop petit et Lucy et Sue avaient refusé de nous accompagner) pour le «plaisir» de passer dix secondes de terreur à descendre à toute vitesse dans la glissade de Blizzard Beach.

Au cours de ce voyage, je me suis rendu compte que nous, parents, faisons beaucoup d'efforts pour donner de la joie à nos enfants au lieu de les laisser la créer eux-mêmes.

Nous sommes allés de manège en manège. Nous faisions la queue, attendant d'être amusés pendant quelques minutes dans un manège issu d'une technologie hautement sophistiquée qui procure une excitation somme toute assez semblable à celle qu'on peut ressentir quand on saute dans l'eau du haut d'une falaise escarpée (et cela gratuitement).

Nous nous sommes promenés ainsi pendant quatre jours.

Nous avons eu les mêmes disputes qu'à la maison – quoi manger, quand, comment; quelle émission regarder à la télévision, combien d'argent dépenser, à quelle heure se coucher, pourquoi se coucher, et ainsi de suite. En nous chamaillant de la sorte, je me demandais: «Pourquoi ai-je dépensé tout cet argent pour venir ici et vivre ça?»

Et nous finissions par nous réconcilier, l'harmonie revenait, l'un des enfants faisait un jeu de mots adorable, nous nous embrassions et nous nous sentions heureux en attendant le prochain manège.

Dans la mesure où ce voyage a contribué à jeter les bases du bonheur à l'âge adulte chez mes enfants, j'estime que la destination n'y était pour rien et que les bienfaits que nous en avons tirés viennent de la connexité que nous avons tous éprouvée pendant ces vacances. En outre, je me suis rendu compte que nous avions tiré plus de plaisir de l'anticipation du voyage que du voyage lui-même, et c'est l'enthousiasme que nous y avons investi qui l'a rendu mémorable. Nous aurions pu aller n'importe où. La même chose aurait pu se produire dans notre jardin si nous avions fait preuve d'un peu plus d'imagination.

Ce voyage m'a fait prendre conscience d'un grand danger: nous ne devons pas nous sentir obligés de dépenser une fortune pour procurer à nos enfants l'expérience mémorable que nous estimons nécessaire, celle que nous n'avons pas eue étant enfants ou que tous les voisins semblent pouvoir se payer. Au lieu d'acheter des plaisirs, mieux vaut aider un enfant à apprendre à les créer lui-même de manière constructive.

Je commets souvent l'erreur de croire que, en offrant à mes enfants toute la gamme des plaisirs de l'enfance – Disney World, fêtes d'anniversaire spectaculaires, excursions de ski –, je leur fournis tout ce dont ils ont besoin. Je sais bien que c'est faux, mais je m'illusionne et me convaincs que le voyage à Disney World, les chaussures de sport à la mode et les cadeaux chers sont ce qu'il faut à mes enfants pour être heureux plus tard.

Quand mes enfants vieilliront, je pourrais continuer de croire que la clé de leur bonheur est l'admission dans un collège prestigieux ou des résultats exceptionnels aux tests d'aptitude. Je pourrais succomber à la grande illusion de Harvard, ce fameux piège dans lequel tout parent peut facilement tomber.

Je dois souvent me rappeler que les racines du bonheur à l'âge adulte ne résident ni dans un voyage à Disney World ni dans une lettre d'admission à Harvard. Je dois me rappeler (Sue ne l'oublie pas aussi souvent que moi) que mes enfants ont davantage besoin de mon temps, de mon intérêt, de mon amour, de mes conseils et de ma capacité de dire non.

Quand on donne trop à ses enfants, on risque d'en faire ce que John Croyle, directeur du ranch Big Oak pour enfants abandonnés, appelle des «yeux de requin». Lorsqu'il donne des conférences pour des adolescents fortunés, ceux-ci lui jettent des regards aussi inexpressifs que ceux d'un requin. «Ils n'ont même pas fini l'école secondaire et ils ont déjà tout vu, dit John. Je leur raconte mes meilleures blagues, des histoires qui font se tordre les adultes, et ils me regardent toujours de leur regard vide.»

J'ai vu ce regard de requin chez de nombreux enfants. Ils s'ennuient, ils ont tout vu et sont, comme le disait Samuel Johnson, trop raffinés pour être jamais satisfaits. Les données de Mihaly Csikszentmihalyi corroborent l'observation de John Croyle. En se fondant sur de vastes études empiriques, Csikszentmihalyi conclut :

Les préalables au bonheur sont la capacité de s'investir pleinement dans la vie. Si vous vivez dans l'abondance, tant mieux, mais ne laissez pas un manque de ressources financières vous empêcher de trouver une expérience gratifiante intrinsèque dans toutes les expériences qui se présentent. En fait, nos études suggèrent que les enfants de familles fortunées ont plus de mal à vivre l'expérience gratifiante intrinsèque. Ils s'ennuient davantage que les adolescents moins fortunés, sont moins enthousiastes et moins stimulés[1].

Le regard de requin marque la fin de l'enfance, la fin des yeux brillants et candides, et le début d'une vie adulte blasée et cynique. Il faut empêcher le regard de requin.

Pour contrer cette attitude désabusée, je vous conseille de ne pas trop donner trop tôt. Pas de BMW à votre étudiant du secondaire; pas de cartes de crédit. Pour protéger l'innocence des enfants, il faut préserver leur faculté d'émerveillement en s'assurant qu'ils «gagnent» leur plaisir, utilisent leur imagination, économisent leur argent et attendent avant de voir leur moindre désir satisfait.

L'abondance n'est pas mauvaise en soi pourvu qu'on n'en abuse pas. Elle peut cependant être dangereuse si elle distrait les parents et les enfants de ce qui compte vraiment, c'est-à-dire à apprendre à composer avec l'adversité et à intégrer la joie dans sa vie.

Si vous êtes trop généreux avec vos enfants, vous les priverez de toute occasion de composer avec l'adversité et d'intégrer eux-mêmes la joie dans leur vie.

Un jour, alors que je travaillais dans mon bureau, Tucker m'a lancé: «Papa, je m'ennuie!» Du même ton que s'il m'annonçait que la maison était en feu. Une crise se préparait. «Je suis certain que tu trouveras quelque chose à faire», ai-je répondu.

Il fut un temps où j'aurais interrompu mon travail pour soigner l'ennui de Tucker. Je me serais dit que c'était mon devoir de père de lui venir en aide, car Tucker a besoin de moi lorsqu'il s'ennuie.

---

1. Mihaly Csikszentmihalyi, «If We Are so Rich, Why Aren't We Happy?», *American Psychologist,* no 54, octobre 1999, p. 821-827.

Aujourd'hui, je suis de l'avis contraire. Je pense qu'il est de mon devoir de *ne pas* me rendre à ses côtés quand il s'ennuie. Je pense que ce serait une erreur d'accourir pour soigner l'ennui de Tucker avec autant de précipitation que s'il s'était blessé.

Les moments de frustration et d'ennui fournissent des occasions d'apprendre à composer avec l'adversité et à intégrer la joie dans sa vie.

Mon travail consiste à surveiller Tucker de loin afin de m'assurer qu'il ne fait pas de bêtises pour tromper son ennui, comme jouer avec des allumettes et mettre le feu à la maison.

Je suis donc resté dans mon bureau, l'oreille tendue, à l'affût de bruits insolites. Une demi-heure plus tard, je suis descendu voir ce que Tucker fabriquait et je l'ai trouvé dans sa chambre devant une magnifique sculpture de cartes. « C'est un hôtel », m'a-t-il annoncé avec fierté. Il n'avait jamais construit de château de cartes et je ne lui avais jamais suggéré de le faire. Il avait dû lire quelque chose à ce sujet ou en entendre parler. Quoi qu'il en soit, cette première œuvre était magnifique.

J'ai rappelé à Tucker qu'il s'était plaint de s'ennuyer peu de temps auparavant et je lui ai signalé qu'il avait trouvé un jeu merveilleux pour vaincre son ennui. Il a marmonné, ne voulant pas créer un précédent durable, mais il savait que c'était vrai.

La meilleure façon d'aider les enfants consiste à les aider à s'aider eux-mêmes. Ils ont besoin de notre supervision, mais à distance, uniquement pour se sentir rassurés. Ils n'ont pas besoin que nous les amusions sans cesse.

Une maman fatiguée m'a déclaré un jour : « J'ai parfois l'impression d'être une monitrice dans un camp de vacances. Mes enfants me demandent de leur trouver des serviettes, de leur servir à boire et à manger, de les informer des activités de la journée. » C'est le genre de problèmes que les parents consciencieux ont à affronter de temps à autre, voire tous les jours.

Le psychologue Daniel Kindlon a consacré à ce problème un ouvrage intitulé *Too Much of a Good Thing: Raising Children of Character in an Indulgent Age*, dans lequel il écrit : « N'est-il pas ironique que notre succès et notre prospérité — ces valeurs que nous souhaitons si désespérément transmettre à nos enfants — soient justement ce qui les met à risque ? »

Nous devons faire languir nos enfants, du moins un peu, et ne pas leur donner instantanément tout ce qu'ils désirent, même si une telle attitude peut générer beaucoup de tension, des cris, des querelles et des crises. Il y a peu, ce genre de comportement aurait valu une fessée à son auteur ; de nos jours, les parents cèdent et donnent ce qui est exigé. Ni l'une ni l'autre de ces réactions n'est utile.

La meilleure solution consiste à ne rien faire. Veillez à la sécurité de vos enfants, fixez des limites à l'impolitesse et aux comportements répréhensibles que vous tolérez et laissez-les trouver eux-mêmes une façon de composer avec l'adversité et d'intégrer un peu de joie dans leur vie.

Ces moments peuvent être cruciaux pour jeter les bases du bonheur plus tard dans la vie. Les adultes qui n'ont jamais été laissés à eux-mêmes lorsqu'ils étaient enfants sont souvent des gens qui ne trouvent rien de mieux à faire pour chasser leur ennui que de regarder la télévision, prendre un verre ou se mettre dans le pétrin.

Personnellement, j'ai dû travailler fort pour apprendre à ne rien faire et à dire non. Sue aussi. Ce n'est pas facile, mais une fois que vous en prenez l'habitude, ce n'est pas si difficile. Croyez-le ou non, c'est ce que les enfants veulent de nous. Après tout, le reste du monde finira tôt ou tard par leur dire non et personne ne se précipitera pour leur fournir divertissements et collations dès qu'ils s'ennuieront. Nous leur faisons donc une faveur en les y préparant à la maison.

Si votre enfant voulait rester debout jusqu'à minuit pour regarder la télévision, il serait bien plus facile de le laisser faire et d'aller vous coucher. Si votre enfant voulait se faire percer les lèvres, il serait plus facile de lui en donner la permission que de le lui interdire. Si votre enfant tenait absolument à aller à une soirée où il peut y avoir de la bagarre, il serait plus facile de céder que d'endurer la crise qui suivrait votre refus.

Malheureusement, il est essentiel que les parents disent non.

Dans ma pratique, il m'arrive de surprendre un enfant en lui disant non à la place de ses parents, pourtant présents à ses côtés. Récemment, j'ai reçu en consultation un garçon de douze ans qui estimait avoir le droit de faire percer n'importe quelle partie de son corps. Ses parents étaient venus me consulter au sujet de plusieurs petits problèmes et celui-ci a surgi pendant la rencontre. Kevin a commencé en déclarant : «Ils n'ont pas le droit de me dire quelle partie de mon corps je peux faire percer. Ils n'ont aucune idée de ce que les jeunes font. Regardez-les!» Les parents écoutaient, blessés par ces propos. «Que veux-tu te faire percer? ai-je demandé à Kevin.

— Cela n'a pas d'importance, c'est le principe qui compte.

— Je suis tout à fait d'accord, c'est le principe qui compte.»

Croyant s'être fait un allié, il a souri, mais j'ai continué : «Le principe, c'est que tes parents sont aux commandes et pas toi. Ils ont le droit de t'interdire de te faire percer le corps. J'irai même plus loin : ils en ont le devoir.»

On pouvait sentir les parents de Kevin se redresser dans leur fauteuil, tandis que Kevin tentait de reprendre contenance et de m'entraîner dans un débat qu'ils trouvaient extrêmement divertissant. «Comment pouvez-vous dire ça?

— Parce que c'est évident. Tes parents essaient de te protéger contre toi-même. Si tu n'es pas assez fin pour éviter de faire une bêtise, ils sont forcés de t'en empêcher.

— Comment savez-vous que je veux faire une bêtise?

— Je ne le sais pas. Je m'en doute, mais je ne le sais pas vraiment, puisque tu ne me l'as pas dit. Je parle du principe.»

Kevin m'a regardé comme s'il se demandait jusqu'où irait mon imbécillité.

« C'est pas juste. Pourquoi mes parents devraient-ils pouvoir contrôler mon corps ?

— Parce que c'est ce que font les parents : ils interdisent aux enfants comme toi de faire des choses insensées.

— Très drôle.

— Je pense que tu sais que j'ai raison. Aimerais-tu vraiment que tes parents te laissent faire tout ce que tu veux ?

— Je ne dis pas ça, mais ils exagèrent.

— Je ne pense pas.

— Comment le savez-vous ?

— C'est seulement une supposition. »

Ces parents, comme bien d'autres, avaient besoin qu'on leur donne la permission de dire non et, plus encore, de voir comment on s'y prend pour le faire. Ils avaient besoin d'observer quelqu'un affronter leur très brillant garçon, par ailleurs un peu suffisant (trop gâté). Kevin le savait aussi et je n'ai eu aucune difficulté à réfuter ses arguments.

En plus d'apprendre à dire non, un grand nombre de parents aimeraient savoir comment s'y prendre pour fixer des limites. Voici des réponses à certaines questions qu'on me pose fréquemment. Ces réponses se fondent sur les lignes directrices élaborées par l'American Academy of Pediatrics et par l'American Academy of Child and Adolescent Psychiatry, ainsi que sur mon expérience personnelle :

Question : Combien de temps un enfant peut-il passer devant l'ordinateur, à regarder la télévision, à parler au téléphone, etc. ?

Réponse : Nous ne le savons pas vraiment. La moyenne, sept heures par jour, est beaucoup trop élevée, la plupart des autorités en conviennent. Je conseille de limiter ce genre d'activités à deux heures par jour, à moins qu'il ne s'agisse d'une activité scolaire. De plus, il est très important que vous surveilliez non seulement le nombre d'heures que votre enfant passe en ligne ou à regarder la télévision et des vidéos, mais aussi le contenu de ce qu'il regarde.

Q : Les parents devraient-ils permettre à leurs enfants de voir des films cotés «surveillance parentale recommandée»?

R : Cela relève du jugement des parents. Je conseille de suivre les recommandations et de ne pas permettre aux enfants trop jeunes de voir de tels films. Vous devez établir une règle bien définie. Vous pouvez la transgresser, mais à l'occasion seulement, sinon la transgression deviendra la règle.

Q : Quels dommages la violence à la télévision peut-elle causer?

R : Le Dr Susan Villani a publié dans le numéro d'avril 2001 du *Journal of the American Academy of Child and Adolescent Psychiatry* un article qui synthétise les recherches faites depuis dix ans sur l'impact des médias sur les enfants. Les données montrent que l'exposition aux médias peut conduire à «une augmentation des comportements violents et agressifs, des comportements à risque, comme la consommation d'alcool et de tabac, et une plus grande précocité des relations sexuelles». Les données scientifiques sont claires : les parents doivent être vigilants et surveiller ce que leurs enfants regardent.

Q : Existe-t-il des mesures de sécurité éprouvées que les parents doivent faire respecter?

R : Oui. Porter sa ceinture de sécurité. Ne pas garder d'armes dans la maison ou, si cela est indispensable, la garder dans une armoire verrouillée en prenant soin de mettre les munitions dans une autre armoire verrouillée. Ne pas fumer. Si on a de jeunes bébés, adapter sa maison pour la rendre à l'épreuve des enfants. Afficher les numéros d'urgence (ambulance, médecin, pompiers, police, centre antipoison, etc.) près du téléphone. Avoir un plan d'évacuation et en faire l'essai en famille. Se protéger du soleil. Cela se fait en quatre étapes : éviter de trop s'exposer entre onze heures et quinze heures ; porter un chapeau, des manches longues, des pantalons ; rester à l'ombre ; et s'enduire de lotion solaire une demi-heure avant de sortir.

Q : Pourquoi la consommation de marijuana est-elle répréhensible ?

R : Le problème de la marijuana comporte deux facettes. Premièrement, elle est illégale et peut donc causer des ennuis avec la justice. Deuxièmement, la consommation de marijuana enlève le goût de faire autre chose et détruit la motivation. Les jeunes qui fument beaucoup de mari ne font pas grand-chose d'autre.

Certains parents ont parfois besoin de données scientifiques et de bons arguments pour motiver leur refus, tandis que d'autres suivent leur « instinct ». Quoi qu'il en soit, il est très important que vous disiez non lorsque vous devez le faire.

Comme le dit le vieux cliché : vos enfants vous en remercieront un jour.

CHAPITRE 15

DU SIMPLE PLAISIR
À UNE SATISFACTION PLUS PROFONDE :
L'ART DE DEVENIR ADULTE

Un jour, mon fils Jack sautait sur le trampoline que nous avions placé sous le magnolia, dans le jardin. En sautant, Jack a remarqué un petit oiseau perché sur une branche. Contrairement à la plupart des oiseaux qui se perchent sur cet arbre, celui-là ne s'envolait pas quand Jack sautait. Il a donc commencé à lui parler. Il avait trouvé un ami. Au bout d'un moment, Jack a tendu la main et l'oiseau est venu se percher sur son doigt.

Jack était sidéré. Il a emmené l'oiseau à l'intérieur, l'a mis dans sa chambre et a fermé la porte. Puis il a déclaré que nous avions besoin d'une cage pour l'oiseau qu'il avait trouvé dans le jardin. «Quelle sorte d'oiseau? lui ai-je demandé.

— Un oiseau jaune avec un peu de bleu et de vert.

— Est-il gros?

— Comme ça (en montrant son poing).

— Et comment as-tu réussi à le faire pénétrer dans la maison?

— J'ai simplement tendu le doigt et Paris est venu se percher dessus.

— Paris?

— C'est le nom que je lui ai donné.

— Pourquoi Paris?

— Je ne sais pas, c'est seulement son nom.»

Et c'est ainsi que ce jour-là Paris a pris sa place dans notre ménagerie familiale composée des chiens Poppy et Honey et du matou Louie. Nous avons collé des affiches dans le quartier annonçant que nous avions trouvé une perruche, mais personne ne l'a réclamée et Paris est restée chez nous.

Nous sommes allés acheter une petite cage, des graines et deux petits bols, l'un pour les graines et l'autre pour l'eau.

Jack adorait Paris. Il se sentait coupable de la confiner à une si petite cage et la laissait sortir dans sa chambre. C'était très dangereux, surtout quand Louie rôdait dans la maison. Jack a donc décidé de fabriquer une cage plus grande, beaucoup plus grande!

Il a parlé à son prof de menuiserie à l'école et ils ont conçu une cage de la taille d'une camionnette. Jack s'est lancé dans sa construction avec enthousiasme. Il m'informait de temps à autre de l'avancement des travaux. Il avait dû modifier le modèle à quelques reprises et il a travaillé très fort pour construire un ouvrage d'aussi grande taille. Il a mis trois mois à le terminer.

À l'époque où il construisait sa cage, je me rappelle l'avoir embrassé un soir et lui avoir demandé à quoi il penserait avant de s'endormir. «À ma cage à oiseau», m'avait-t-il répondu en souriant.

Avant de m'endormir ce soir-là, j'ai pensé à Jack qui pensait à sa cage à oiseau. Je me suis félicité de savoir qu'il s'endormait avec l'envie de travailler à son projet.

L'état d'esprit de Jack ce soir-là, celui dans lequel vous anticipez joyeusement l'étape suivante d'un effort soutenu, est la clé de l'intégration de la joie dans la vie.

Peut-être jouez-vous au hockey et anticipez-vous joyeusement la partie du lendemain ; peut-être jouez-vous dans une pièce de théâtre et anticipez-vous joyeusement la prochaine répétition ; peut-être lisez-vous un roman fascinant et anticipez-vous joyeusement le prochain chapitre. Quelle que soit l'activité, lorsque vous êtes absorbé au point d'avoir hâte d'y revenir, vous êtes dans un état de joie durable.

Freud est célèbre, entre autres choses, pour sa définition de la maturité, qui consiste à savoir retarder la satisfaction des désirs. Il a expliqué que les nouveau-nés et les enfants fonctionnent selon ce qu'il a appelé le *principe de plaisir* et qu'ils doivent en vieillissant apprendre à retarder la satisfaction du désir infantile de plaisir immédiat.

Ce soir-là, Jack ne retardait pas la satisfaction de son désir, au contraire. Il la prolongeait au-delà du plaisir immédiat de construire la cage pour l'étendre au monde de la pensée : il y réfléchissait lorsqu'il n'y travaillait pas.

Pour être heureux en quittant l'enfance pour l'âge adulte, un enfant doit apprendre à retarder la satisfaction de ses désirs, mais aussi à trouver de la satisfaction dans autre chose que le simple plaisir. C'est ce que Jack faisait ce soir-là. Il étendait sa capacité de trouver de la satisfaction dans la vie. Il planifiait, travaillait et jouait en imagination.

Le plaisir qu'il a pris à anticiper le travail du lendemain était de nature beaucoup plus abstraite et complexe que le plaisir qu'il peut éprouver lorsqu'il mange du chocolat, ouvre un cadeau ou se laisse absorber par la construction de sa cage. En anticipant son travail du lendemain, il ne retardait pas la satisfaction de son désir, comme s'il avait retardé le moment de goûter au chocolat, mais découvrait plutôt une sorte de satisfaction beaucoup plus riche.

Il n'était pas dans l'état que Csikszentmihalyi appelle l'expérience gratifiante intrinsèque, mais il n'en était pas loin. Il travaillait et jouait en esprit, anticipant le plaisir qu'il aurait à travailler concrètement le lendemain.

Cet état d'esprit est au cœur de l'intégration de la joie dans la vie. Plus on se retrouve dans cet état d'esprit, plus on est heureux.

Pour y arriver, il ne suffit pas d'apprendre à retarder la satisfaction de ses désirs. Les gens peuvent faire à longueur de journée une chose qu'ils détestent, anticipant avec plaisir la bière qu'ils boiront après le travail. Ils savent retarder la satisfaction de leur désir de boire de la bière jusqu'à ce qu'ils quittent leur lieu de travail, mais ils ne sont pas ce que j'appellerais «heureux». Ils ont de la maturité, selon la définition de Freud, mais n'ont pas trouvé la joie durable.

En s'endormant ce soir-là, Jack l'avait trouvée.

Il l'a trouvée non pas en se privant de quoi que ce soit, ni en faisant un effort de retenue ou de volonté, mais en élargissant sa capacité de ressentir de la joie au-delà de la simple gratification d'un désir. Il a éprouvé de la joie à construire sa cage malgré la douleur qu'il a ressentie en se donnant un coup de marteau sur le pouce, et il a éprouvé de la joie même lorsqu'il n'y travaillait pas, car il prenait plaisir à y réfléchir le soir dans son lit. Il s'est activement créé toute cette joie; il ne l'a pas reçu passivement comme le goût sucré du chocolat ou le plaisir de recevoir un cadeau.

Les cinq étapes que j'ai décrites sous-tendent l'intégration de la joie dans sa vie. Jack a conçu son projet dans un état de connexion et de jeu; il l'a exécuté dans un mélange de jeu, de pratique et de discipline; il s'est senti de plus en plus compétent à mesure que la cage prenait forme et qu'il apprenait la menuiserie; finalement, il a goûté au plaisir de voir sa compétence reconnue par ses pairs, ses enseignants et sa famille lorsque la magnifique cage (du moins à mes yeux) a été finie.

En fin de compte, la cage en soi avait peu d'importance. Je ne sais pas combien de temps elle tiendra debout, mais Jack gardera à jamais gravée dans sa mémoire l'expérience de l'avoir construite. C'est le processus qui compte.

La joie durable dépend de notre capacité de nous consacrer de manière créative à une activité ou à une personne pendant une période prolongée. Un tel engagement exige naturellement une part de sacrifice et le report de la satisfaction de nos désirs ; mais il procure une satisfaction différente et supérieure à celle qui découle du seul plaisir sensoriel.

Il est bien plus important d'aider les enfants à découvrir ce processus que de les pousser à avoir de bonnes notes aux tests d'aptitude ou à entrer dans une grande université. (Rappelez-vous toutes les célébrités qui n'ont jamais fréquenté l'université.)

Le processus ressemble à la naissance de l'amour. On devient à la fois préoccupé et ravi, prêt à tous les sacrifices, plein d'énergie et motivé comme jamais. On a un sourire accroché aux lèvres et, même si on grimace sous l'effort, on se sent fort et plein de vie.

Un enfant peut éprouver un tel sentiment au sein d'une équipe avec laquelle il a des atomes crochus ; pendant un cours de français qui lui révèle soudainement le sens de la vie ; ou en commençant à peindre un tableau qui lui semble prometteur et auquel il aura hâte de revenir.

Si votre jeune fils s'intéresse aux moteurs, si votre fille dessine ses propres vêtements ou si votre aîné met sur pied un réseau de soutien pour un ami malade, ne craignez pas qu'ils négligent leurs devoirs et que leurs résultats scolaires en souffrent. Vos enfants sont en train de développer un état mental qu'ils voudront constamment retrouver, un état qui siège au cœur de la joie durable. Vous devrez naturellement faire en sorte que leurs notes ne baissent pas trop, mais vous devrez aussi prendre soin de les féliciter de leur projet et de valider l'importance de leur empressement. Cet état n'est pas réservé aux seuls sentiments amoureux.

En fait, je dirais que l'art de devenir adulte consiste à apprendre comment recréer cet état d'esprit dans tous les aspects de sa vie.

Quand on peut insuffler l'enthousiasme, la créativité, l'enjouement et la dévotion d'un amoureux dans toutes ses activités quotidiennes, on est heureux.

Quand vous voyez votre enfant s'enthousiasmer pour quelque chose, réjouissez-vous.

Vous me répliquerez peut-être que les seules choses pour lesquelles les enfants s'enthousiasment sont les hamburgers, le centre commercial, la télé ou les jeux vidéo. Ces activités n'ont rien de répréhensible (sauf à l'excès), mais il est important que vos enfants trouvent d'autres activités qui sollicitent davantage la créativité. L'enfant de la télé et de l'ordinateur se transforme souvent en adulte buveur de bière après le travail. Je n'ai rien contre une bière après le travail, mais si la bière après le travail devient le point culminant de la journée d'une personne, son principal plaisir et sa récompense, cette personne est loin d'être aussi heureuse qu'elle le pourrait. La vie a plus à offrir.

Aidez vos enfants à trouver les projets qui les initieront à cet « extra » qu'ils sont en droit d'attendre de la vie.

Une fois qu'ils en auront fait l'expérience, ils voudront le retrouver encore et encore. Et dans bien des cas, ils y arriveront.

Cet « extra », ce petit quelque chose de plus que le plaisir, n'a pas besoin d'être un projet concret, comme une cage à oiseau. Ce peut être une vraie histoire d'amour ou un engagement dans un club ou une organisation. Ce peut être l'amour de la littérature ou de la pêche. Cet « extra » nous est donné lorsque nous investissons activement et de manière créative dans ce que nous faisons. Sachez que vous pouvez écrire un essai sur la morosité et le vide de la vie tout en éprouvant ce petit « extra » qui donne envie d'écrire la prochaine page le lendemain.

Un enfant qui a des intérêts marqués y trouve souvent la motivation qui lui donne envie d'en faire davantage que ce qu'on attend de lui, ce qui lui permet habituellement de réaliser son potentiel. Mieux encore, les intérêts mènent généralement à d'autres intérêts, comme le montre la recherche du Dr Csikszentmihalyi. Lorsqu'on prend l'habitude de développer de réels intérêts, on est aussi heureux qu'on peut l'être compte tenu de son bagage génétique et de ses expériences de vie.

En rentrant de l'école un jour, le fils de huit ans d'un de mes amis a dit à son père : « Le prof a dit que nous devrions tous trouver une passion. As-tu une passion, toi, papa ? »

Son père, brillant avocat d'une prestigieuse étude de Boston, est une personne à l'esprit ironique et cynique, peu porté sur les épanchements. « Je ne savais pas quoi dire, m'a-t-il confié. Ai-je une passion ? Je ne le sais pas. Est-ce un problème ? Ai-je besoin d'aide ? »

Nous avons ri, sachant que nous n'avions pas particulièrement besoin d'aide. Il est un adulte aussi heureux que sa vision cynique et sa constitution physique lui permettent de l'être, ce qui signifie qu'il est plutôt bien. Il a eu pendant sa jeunesse de nombreuses passions qu'il a canalisées dans une vie adulte productive et satisfaisante. Il n'a donc pas besoin de chercher une passion dans le moment. La jeunesse est le meilleur moment pour le faire.

L'enseignant avait néanmoins raison d'encourager le jeune garçon à se découvrir une passion. Chaque passion enfantine peut faire germer les semences du bonheur à l'âge adulte et transformer l'expérience ordinaire en une expérience supérieure.

La plupart des enfants n'ont aucune difficulté à trouver ce petit quelque chose de plus. Si on leur en donne la chance, ils accèdent naturellement à cet état d'esprit, comme Jack l'a découvert en construisant sa cage et en y pensant avant de s'endormir. Notre seul rôle, en tant qu'adultes, consiste à éviter de surcharger les enfants ou de les traumatiser en leur racontant des histoires d'horreur sur toutes les pressions qu'ils auront à subir un jour ; nous devons éviter de leur donner trop de bonbons, d'ordinateur ou de télé ; et nous devons nous réjouir de la joie qu'ils parviennent à trouver.

MOT DE LA FIN : LA FIN DE L'ÉTÉ

RELÂCHER LES GRENOUILLES

J'ai terminé ce livre à la fin de l'été, l'avant-dernière journée de nos vacances au lac Doolittle.

Comme j'ai dédicacé ce livre aux enfants et à l'été, il m'a semblé normal de le terminer alors que l'été s'évanouit et que mes enfants se préparent à la rentrée.

Vous serez peut-être intéressé d'apprendre que je suis allé à la pêche avec Jack, à cinq heures du matin, quelques jours après avoir acheté les cannes à pêche. Tucker était trop endormi pour nous accompagner, mais Jack et moi nous sommes levés en nous frottant les yeux. J'ai bu une tasse de café et Jack a mangé un bol de céréales. Assis ensemble dans la lumière de l'aube, nous n'avons prononcé que quelques mots, mais l'intimité que nous avons ressentie était aussi chaude que mon café. Nous sommes allés à l'étang Benedict où il y a des barques. Un connaisseur m'avait dit que la pêche était bonne à cet endroit, bien meilleure qu'au lac Doolittle où, selon lui, le poisson est trop rusé.

Jack pêchait pendant que je ramais. Ses deux premiers lancers n'ont rien donné, mais au troisième il a crié : « J'en ai un ! » Un achigan avait mordu à l'hameçon et Jack l'a ramené. Nous avons continué à pêcher pendant un certain temps. Lorsque nous sommes revenus au bord, Jack avait trois achigans.

Je ne sais pas lequel de nous deux était le plus heureux. Je n'oublierai jamais l'expression de son visage lorsqu'il a sorti le premier achigan ni le son de sa voix.

De son côté, Lucy avait invité quatre amies à passer trois nuits chez nous. Je souhaite que cette visite devienne l'une des choses qui aura permis à Lucy de développer les racines du bonheur à l'âge adulte.

Trois jours avant notre départ, Tucker avait attrapé deux grenouilles que nous avions mises dans un pot en verre avec quelques cailloux et un peu d'eau. Il les montrait fièrement à tous ceux qu'il rencontrait. Le lendemain matin, j'ai sauté dans le lac comme je le faisais tous les matins au lieu de prendre une douche. En nageant, j'ai vu Tucker qui s'amenait, son pot de grenouilles à la main. «Salut, Tuckie! ai-je crié de loin. Qu'est-ce que tu fais?

— Salut 'pa, je vais libérer mes grenouilles. Nous avons eu du plaisir, mais il est temps pour elles de rentrer à la maison.»

J'ai dit à Tucker que je l'aimais et que j'étais content qu'il libère ses grenouilles.

C'est le même Tucker qui m'avait dit qu'il ne pouvait pas contrôler sa grandeur lorsque je lui avais demandé de ne plus grandir.

Tucker, Lucy, Jack. Voilà les racines de mon propre bonheur à l'âge adulte. Un jour, mes petites grenouilles partiront aussi. Pas demain, bien sûr, mais ce jour arrivera trop vite. J'espère que j'aurai su faire ce qu'il fallait pour eux.

J'espère aussi que mon livre vous aura convaincu qu'il est préférable de ne pas laisser le bonheur au hasard. Bien que les gènes jouent un rôle important, ils n'expliquent pas tout. J'espère que j'ai su vous persuader que certains gestes de la part des adultes peuvent augmenter considérablement les chances que leurs enfants soient satisfaits d'eux-mêmes et heureux de leur vie. Ces gestes sont tout simples et accessibles à toute personne qui souhaite participer au travail le plus important du monde : l'éducation des enfants.

Dieu vous bénisse, parents, enseignants, intervenants et vous tous qui aimez et aidez les enfants. Et Dieu vous bénisse, enfants du monde entier. Merci de nous donner à nous, les adultes, une nouvelle vie et la joie la plus profonde, la plus chaleureuse, la plus vivante et la plus imprévisible qui soit.

TABLE DES MATIÈRES

PARENTS AUJOURD'HUI

Dans la même collection

Achevé d'imprimer au Canada
en août 2004
sur les presses des Imprimeries Transcontinental Inc.